民法实证研究之展开

徐涤宇 著

法律出版社
LAW PRESS · CHINA

导言

所谓“实证”，是指对实然的描述。

“实证”是在对神学和形而上学的批判中形成的，而用形而上学的方法去认识世界，最大的问题就是主观性。用实证主义之父孔德的话来说，初期哲学（无论是神学的或形而上学的）热衷于纯粹的想象和推理，而不是热衷于观察的顽固倾向，使其本身成为“根本无用的含糊而武断的解释”，“自此以后，人类智慧便放弃追求绝对知识，而把力量放在从此迅速发展起来的真实观察领域”，“思辨逻辑作为一项基本规则承认：凡是不能严格缩减为某个事实（特殊事实或普遍事实）简单陈述的任何命题都不可能具有实在的清晰含义”。〔1〕

在法学领域，与“实证”一词密切关联的一个话题是“实证主义”。实证主义产生于19世纪上半叶自然科学领域取得重大成功的背景之下，自然科学领域的这种成功给社会科学学者带来了强烈的诱惑。于是，自然科学的研究方法也被运用于社会科学之研究领域。相应地，实证主义这种将一切科学与“摸得着的”挂钩的排他性观点，也被运用到法学中。〔2〕 故所谓实证主义，即旨在将法学从所有“形而上学的”特征中解放出来，使其论述在真实性和虚假性上具有可验证性。〔3〕 而法学领域的实证研究，则是深受实证主义学派影响而形成的一种研究

---

〔1〕 [法]奥古斯特·孔德：《论实证精神》，黄建华译，商务印书馆1996年版，第7~9页。

〔2〕 参见[德]伯恩·魏德士：《法理学》，丁晓春、吴越译，法律出版社2013年版，第210页。

〔3〕 参见[德]伯恩·魏德士：《法理学》，丁晓春、吴越译，法律出版社2013年版，第210页。

方法。

虽然人们对“实证”一词的界定已约定俗成,对“实证主义”的认识也高度一致,但吊诡的是,对如何定义“实证研究”,尤其是法学领域内的“实证研究”,意见却不统一。

有学者认为,实证研究是在社科法学的基础上,强调基于实证数据来真实、准确、全面地把握某种法律现象,并在此基础上,或进行深度阐释,或提出法律改革建议。[4] 不难看出,此种观点系站在法解释学与实证研究分野的立场看待法学实证研究方法,其意图是将法解释学排除在实证研究之外,强调有别于传统法学研究范式的法学实证研究。甚至有学者直截了当地指出,法律实证分析是借助实证分析方法改造法学传统研究模式的一种方式。[5] 许多学者均在此种意义上使用“实证研究”一词。[6]

另有学者认为,实证分析方法是在价值中立(价值祛除)的条件下,以对经验事实的观察为基础,来建立和检验知识性命题的各种方法的总称。所谓经验事实,指的是可以通过人们的直接观察或间接观察被发现的、确定的事实因素。对于法学的实证研究而言,经验事实既包括与法律的制定和实施有关的一切可以确定的事实,也包括法律文本中的词语、句法和逻辑结构等事实因素。相应地,法学的实证研究方法,大体上也就可以分为社会实证、逻辑实证和语义分析三种基本的方法。[7]

显然,在这种语境下,法律规范本身就被纳入实证研究对象的范畴,因为法律规范本来就是可以被证实或证伪的,故没有理由认为法解释学不属于法学实证研究的一环。

---

〔4〕 左卫民:《法学研究方法的理论与实践》,载《法学研究》2013 年第 6 期。

〔5〕 白建军:《论法律实证分析》,载《中国法学》2000 年第 4 期。

〔6〕 如薛军:《民法实证方法之内涵与展开》,载《法学研究》2012 年第 1 期;韩世远:《民法实证方法之内涵与展开》,载《法学研究》2012 年第 1 期;黄辉:《法学实证研究方法及其在中国的运用》,载《法学研究》2013 年第 6 期等。

〔7〕 张文显主编:《法理学》,法律出版社 2006 年版,第 20 页(郑成良持笔)。同旨另见谢晖:《论规范分析法》,载《中国法学》2009 年第 2 期。

上述两种观点的分歧，主要在于对现行法的样式作出历史的和现状的素描是否属于实证研究。它们或强调"改良"的实证研究方法，以区别于传统法学研究方法；或从更为广义的角度看待实证研究，将传统的法解释学亦纳入其中。究其实质，它们不过是作为本体论的不同实证主义，即分析的实证主义和社会学的实证主义，在方法论上的不同表现而已。

诚然，法学中社会学之实证主义的兴起甚至睥睨学界，无疑为法学研究注入批判的血液。但在我看来，法学研究的根本仍然在于它是关于规范的科学研究：一方面，我们不能停止对法的形而上的思考，此为法的道德效力或曰信仰效力所要求；另一方面，我们也要关注法的应然效力，这就需要我们吸收实证分析的精神，综合运用规范的、历史的实证研究方法，去发现和证成法律规范的真实含义和"法律"效力，我们甚至可以采用价值实证的研究方法，去客观描述法律规范之所以然。〔8〕在此种意义上，笔者多年来对民法诸领域的研究，虽主题不一而形散，但在方法论上却保持了高度的一致和自觉。事实上，本书每个专题研究所凝聚的方法论上的自省和反思，均为民法研究之规范实证、价值实证和历史实证的展开，只不过每一专题因其研究对象和目的不同，在方法论的侧重上颇有区别而已。〔9〕

---

〔8〕 德国学者魏德士认为，法的效力分为"法律"效力（应然效力）、"现实"效力（事实效力或实然效力）和"道德"效力（认可效力或确信效力），其中法律效力的问题采用的是"实证的"法的概念，法的现实效力（法的实效）属于社会学的范畴，而道德效力则关乎对"正义"的回答，表现为公民对法的接受限度，因此立法者应准确地理解该限度。参见［德］魏德士：《法理学》，丁晓春、吴越译，法律出版社2013年版，第33～34、153～156页。准此，倘若我们以法的不同效力类型为研究对象，则其对应的研究进路和方法迥异。

〔9〕 也正因如此，在我国《民法典》出台之后，本书诸多以民事单行法（如《合同法》《物权法》）的条文为研究对象的论述显得有点"过时"。但就本书民法实证研究方法之主旨而言，这些论述并不过时，所以除《宪法所有权和私法所有权之区分及其意义》一文有一定程度的修改之外，本书对收录的其他论文基本上一仍其"旧"，只是在必要时参照《民法典》的修正，以脚注的形式做出说明。例如，在探讨"法律行为变更权之期间限制"这一问题时，《民法典》虽已在总则编第六章第三节规定可撤销的法律行为时，删除了原《民法通则》和原《合同法》有关法律行为变更权的规定，但该文以规范实证研究的立场探究原《民法通则》和原《合同法》之具体规范的"法律"效力，其方法论上的意义不受实在法修改的影响；何况，在立法论的意义上，该文对变更权性质的质疑和厘清，恰可为《民法典》删除"当事人可以请求变更法律行为"这一规定提供理论支撑。

需要指出的是，目前民法学界诸多分歧的产生，深层次的原因应该在于缺乏方法论的自觉。更令人忧虑的是，很多讨论如果不是在一个“频道”进行，只会产生更多的隔阂或鸿沟，这尤其表现在所谓社科法学和法教义学的对峙上。可以说，对待同一个法律规范，持不同方法论者都在努力说服甚或指责对方，然而事实上又是在自说自话。而笔者相信，只有经由方法论上的自省和相互理解，学界才能在民法学的研究中最大限度地达成共识。不过，尽管本人也能“理解地”倾听社科法学通过所谓社会实证分析的方法批评某些民法规范的“实效”问题，但对运用该方法去研究民法本身的规范品性这一范式是否有效，却心存疑虑。或者可以更坚定地说，尽管法学与其他社会科学有着密切的联系，但它本质上是一门独立的、关于规范的科学，而民法学作为一门规范性极强的部门法学，更应纯粹地关注民法规范的表达和适用，此或为本书基本不包括民法之社会实证研究的缘由。

目录

壹　民法规范实证研究之展开

民法规范实证研究导论　003

法律行为变更权之期间限制
——基于解释论的立场　011

非常损失规则之比较与借鉴　031

债权让与制度中的利益衡量和逻辑贯彻
——以双重让与为主要分析对象　045

间接代理制度对仲裁条款的适用
——法律论证之个案展开　070

民事证明责任分配之解释基准
——以《物权法》第106条为分析文本　092

贰　民法价值实证研究之展开

民法价值实证研究导论　121

合同效力正当性的解释模式及其重建　128

物权行为无因性理论之目的论解释 147

宪法所有权和私法所有权之区分及其意义
——评《物权法》第四、五章 163

法律文本中所有权之类型的法教义学分析
——兼谈中国民法学的知识转型 177

叁　民法历史实证研究之展开

民法历史实证研究导论 199

合同概念的历史变迁及其解释
——以大陆法系为考察中心 206

单方允诺的效力根据 236

无因性原则之考古 262

历史视野下夹缠于非婚和婚姻之间的事实婚
——兼论我国未来民法典对事实婚的应然构建 282

肆　余　论

法律文化视角下中国民法实证研究之展开 299

壹

民法规范实证研究之展开

民法规范实证研究导论

目　次

一、何为规范实证研究
二、如何进行规范实证分析

一、何为规范实证研究

民法中的规范实证研究进路，侧重以现行民法规范为研究对象，主张采用法律解释、案例研究等分析方法，去追问、揭示实证法规范的有效性，而悬置对其价值正当性的评价问题。在这种视角下，法学属于规范科学"家族"，即以处理实证法规范为主要任务的法学，"它关切的是实证法的规范效力、规范的意义内容，以及法院判决中包含的裁判准则"。[1]

我们首先对规范实证这种分析进路的内涵加以说明，以揭示其特质所在。

（一）由规范实证分析之目的产生的特征

实证分析的方法，可以用于讨论具体法律体系在经验事实方面的客观性以及逻辑构成上是否妥当。当然，它只是在描述性的意义上，而不是在规定性的意义上使用"妥当"一词。所以，这里的"妥当"只具有

〔1〕［德］卡尔·拉伦茨：《法学方法论》，陈爱娥译，商务印书馆2003年版，第77页。

逻辑意义而没有道德意义,它并未超出实证分析的范围。[2] 也就是说,规范实证的目的不在于证明应不应当如此规范,或者该规范是否具有正确性,而在于揭示规范的真实含义,即法律规范在有效法秩序的框架内能否被理性地、确实地加以证立。与确实性相关有两个维度:一个关乎真假,即真实性、客观性的维度;另一个有关对错,即正确性、正当性的维度。在它们之间还有两个交叉的维度,即有效性维度和合理性维度。[3] 规范实证从规范的真假维度(真实性、客观性的维度)出发,旨在用一种方式找到可靠的理由,来证明法律规范的真实性与有效性。至于合理性和正确性,是通过真实性与有效性间接证立的,不是规范实证分析的主要目标。由此,目的导出了对规范实证研究的两个要求,它们同时也成为规范实证研究的特征:规范实证分析的逻辑性和客观性。

1. 规范实证分析的逻辑性

规范实证研究的目的在于使法律规范能够在逻辑上得以证立。法的适用,是指将待决案件事实置于法律规范构成要件之下,以获得特定结论的一种逻辑思维过程。法官严格按照三段论法作逻辑推演,遇有法律条文意义不明,只能探求立法者明示或可推知的意思。[4] 规范实证研究实际上是探求法律规范的原意,为法适用的三段论寻找准确的大前提和小前提。与其说规范实证分析是对静态的法律规范的研究,毋宁是为动态的法的适用提供逻辑支撑。

于是,规范实证分析当以法律解释为主要工具。为了探寻可得适用之法律规范,使三段论能有效成立,会出现三种可能的结果:其一,有可适用的法律规范,通过各种解释方法,确定该法律规范的意义内容可以实现逻辑上的证立;其二,没有可适用的法律规范,这种情形即存在法律漏洞,应进行漏洞补充;其三,虽有规定,却因过于抽象,须加以具

---

〔2〕 徐涤宇:《原因理论研究——关于合同(法律行为)效力正当性的一种说明模式》,中国政法大学出版社 2005 年版,第 41 页。

〔3〕 [德]罗伯特·阿列克西:《法律论证理论——作为法律证立理论的理性论辩理论》,舒国滢译,中国法制出版社 2002 年版,第 8 页。

〔4〕 梁慧星:《民法解释学》,中国政法大学出版社 1995 年版,第 191 ~ 192 页。

体化,这种情形应进行价值补充。[5] 这种广义的法律解释的作业活动,层层展开,对法律规范进行逻辑严密的论证。

2. 规范实证分析的客观性

法律规范本身具有客观性。法律规范虽然属于“应当”领域,不能用“是”领域的事实来回答,但对法律规范可以做出中立的描述,这主要通过将法律作为一种语言、语义分析的方法来达到。法律规则实质上是从有实效的社会交往实践中抽象出来的,以基本语义因素和某些规范性语言的使用为特征。法律是一个外在的客体,因为它存在于那里,而不仅是推理的抽象的片段。[6] 此外,法教义学使隐藏在词语中的法律思想得以实证化并固定下来,司法裁判也才能将之视为确实的裁判准则而加以利用。[7]

规范实证分析是从法的“内部视角”对法律规范进行阐释的,是以法律规范具有效力、应该得到遵守为前提的(假定现有法秩序大体上是合理的、正当的),分析规范是什么、何种规则更为合理等问题。一般来说,当事人对待规则的态度并非规范实证研究所关注的。[8] 规范实证研究之目的只是秉持法律实证主义的立场,帮助法官认识和理解实在法,将立法论上的应然转化为解释论上的实然,而尽量避免评价它们。

诚然,法律解释作为规范实证的主要方法也包含价值判断,但该价值判断不应是解释者个人所具有的,而是应当蕴含在从宪法,特别是其基本权利条款拾阶而下的整个法律体系内的。如此这般,解释的客观性方能有所保证。

(二)从规范实证分析的研究对象产生的特征

规范实证分析的对象是作为裁判规范的民法规范,包括制定法规范和司法判决。

---

[5] 梁慧星:《民法解释学》,中国政法大学出版社 1995 年版,第 192 页。
[6] 李桂林、徐爱国:《分析实证主义法学》,武汉大学出版社 2000 年版,第 231 页。
[7] [德]卡尔·拉伦茨:《法学方法论》,陈爱娥译,商务印书馆 2003 年版,第 107 页。
[8] 参见薛军:《实证研究与民法方法论的发展》,载《法学研究》2012 年第 1 期。

1. 规范实证研究受民法规范的限制

民法学作为一门实用科学,带有鲜明的地方性知识色彩。[9] 民法规范实证之进行,必须限制在现行有效的民法框架内。它受制定法包括程序法的约束,必须尊重判例,受制于由制度化推动的法学所阐释的教义学。此外,任何法律规范都基于特定社会的政治、经济、文化环境而运作,具体而言,对我国民法的规范实证研究,必须正视其"中国语境"。至于如何寻求"中国语境",则可能还需要借助历史实证的方法。

2. 规范实证对具体案件的关怀

规范实证旨在揭示实证民法的体系构成和适用规则,其在阐释制定法规范意义的同时,强调加强对案例的研究,在此基础上形成更多主流的或"多数的"观点,积累并分析目前解决模式中的经验和效果。民法规范作为一种裁判规范,自然是为司法服务。而裁判文书作为司法的最终结果,承载着司法工作人员对法律规范的理解,对其进行研究有利于法律规范的理解与适用。此故,利用案例发现具体合适的裁判规范,通过案例批判促进裁判进步,系案例研究作为一种实证方法应予重视的根本原因。

二、如何进行规范实证分析

如果说只有在法官那里,法律才道成"肉身"(拉德布鲁赫语),那么,只有在法律学者手中,规范实证研究的"说明书"方有付诸实践的可能。本书第一部分的内容主要是在明确的规范实证方法论意识下进行的学术创作,旨在通过系列专论,示例性地描述相应规则在现行法秩序下的规范意义及其间的体系关联。

应当承认,《法律行为变更权之期间限制——基于解释论的立场》一文的问题意识来自社科法学者深切关注的"法院如何通过策略性解读法律,精心破解其自身因上访问题而面临的政治难题"这一现实问题,但该文不欲从所谓社会实证研究的角度探讨法院为何以及如何策

〔9〕 韩世远:《裁判规范、解释论与实证方法》,载《法学研究》2012 年第 1 期。

略性地解读法律这一现象，而是要解释《合同法》第55条的规范效力，阐明当事人请求变更合同时法院适用（或不适用）法定除斥期间的条件，以实现司法之平等原则。此故，文章采用规范实证、历史实证等多种实证研究方法，说明除斥期间是对撤销权和以其为基础的变更权的一体限制的问题。该文以司法案例为切入点，首先通过梳理变更权与除斥期间的相关规范，运用历史解释方法分析《合同法》第55条的规范效力，阐明当事人请求变更合同时法院适用或不适用法定除斥期间的条件。在既定规范的基础上，以实证的态度探寻立法者原意，进而得出"《民法通则》以诉讼时效限制撤销诉权或变更诉权乃是立法原意，而最高人民法院通过司法解释创设的中国式除斥期间制度事实上突破了原有立法"这一结论。文章认为，适用除斥期间的先决问题在于变更权是否属于形成权，故必先运用规范实证的方法，分析并解释现行相关规范，探明变更权的形成诉权属性。在此基础上，文章认为，"变更兼含撤销和更改的效力，其中撤销是基础；除斥期间乃是对撤销权和以其为基础的变更权的一体限制"。

《非常损失规则之比较与借鉴》一文，首先运用历史实证的研究方法（实际上是一种历史的规范实证分析），梳理非常损失规则发展到暴利行为、显失公平制度的演进过程，认为实践中以"公平价格"作为给付、对待给付之间是否平衡的判断标准是不合理的。同时，在对德国法、瑞士法中的暴利行为制度与我国立法、司法解释中的相关规范进行实证分析与微观比较的基础上，文章澄清了显失公平与乘人之危规范实质上所调整的权利义务关系。据此，文章认为，"乘人之危其核心问题仍然在于它们客观上导致了合同内容的显失公平；法律没有必要也不应该将其作为意思表示的瑕疵予以单独规定"。无论是在历史分析还是比较分析的过程中，文章围绕非常损失规则，始终紧扣各国实在法来探究制度的来龙去脉并明确制度背后的立法精神，探讨立法在实际中是怎样运作的。所以，即便是比较的分析，实质上也是关于各国非常损失规则的规范实证分析。

《债权让与制度中的利益衡量和逻辑贯彻——以双重让与为主要

分析对象》一文的主旨，在于分析我国法秩序中债权让与规则中的双重让与问题，即经由解释而认知债权让与制度的规范意义。具体而言，文章开宗明义指出我国现行法关于双重让与问题处理存在的缺陷，进而结合不同立法例中的债权让与规则，依目的解释、体系解释、历史解释、比较法解释等方法，就《合同法》第 80 条所隐含的双重让与规则展开规范实证分析。首先，文章通过对《合同法》相关条文的分析认为，从规范目的和逻辑贯彻的角度讲，我国关于债权让与的制度宜采德国法系同样的解释，即我国法上的债权让与应被解释为处分行为，其相关制度的设计，应于考量相关当事人之利益的同时，在逻辑上保持一致。其次，通过对实在法的解释发现，《合同法》第 80 条的规范目的在于保护债务人的利益，其适用时应参酌规范目的做出正确解释；而《〈合同法〉（专家意见稿）》第 83 条在价值基础和体系结构上会造成规范矛盾，且存在对其外国法渊源的理解错误，故不宜作为法律解释的历史性因素被过分强调。最后，本文进一步指出，应在对现行法作出正确解释，弥补德国法系对第三人利益保护不足的缺陷后，填补和修正动产善意取得制度不适用于债权让与制度所导致的制度阙如。

如果按照较为权威的理解，我们把法律教义学或法教义学理解为狭义和本义的法学，那么它是一个“多维度的学科”，是至少三种活动的混合体：（1）对现行有效法律的描述；（2）对这种法律之概念—体系的研究；（3）提出解决疑难的法律案件的建议。与此相适应，它可以区分为三个维度：描述—经验的维度，逻辑—分析的维度，规范—实践的维度。〔10〕 准此，《间接代理制度对仲裁条款的适用》一文以《合同法》第 402 条和第 403 条以及相关判例为研究对象，属于狭义和本义的法学研究（法教义学）范畴。首先，在描述—经验的维度，文章对实务中间接代理制度对仲裁条款的适用进行描述与诊断，并对立法者的实际意图予以澄清。其次，在逻辑—分析的维度，文章主要采用法律解释方

〔10〕 ［德］罗伯特·阿列克西：《法律论证理论——作为法律证立理论的理性论辩理论》，舒国滢译，中国法制出版社 2002 年版，第 310 ~ 311 页。

法,缕析《合同法》第402条和第403条的性质和内涵,并对其中存在的法律漏洞进行认定。通过探究其立法目的与性质,文章将《合同法》第402条定性为归属规范,但因其对实体权利的归属作出了规定,却未规定程序性权利的归属,故属于不真正的漏洞;而第403条结合其他设定条件,赋予委托人和第三人一定的实体权利,即具有形成权性质的介入权或选择权,但对于仲裁条款是否能够自动转移并未规定,即对应予规范之类型根本就未加规范,故属于真正的漏洞。最后,在规范—实践的维度,针对两者独特的性质和特征,文章分别运用类推适用和借助合理利用原则对法律漏洞进行补充。当然,文章并不仅局限于对具体规范的实证研究,结论部分还对中国民法知识形态的转型提出意见,指出立法论已经不能适应法学或是司法实践的发展需要,中国民法研究应转向以解释论为主导的知识形态,以促进民法教义学的本土化成长。

《民事证明责任分配之解释基准——以〈物权法〉第106条为分析文本》[11]一文主张,以依托于规范目的的规范实证分析作为确定证明责任的方法论,更有利于我国对证明责任考虑不足的实体法规范的适用。为证明这一主张的合理性,该文以《物权法》第106条为研究对象,就善意取得制度中"善意"的证明责任分配问题展开分析。具体而言,文章首先运用文义解释、体系解释和历史解释的方法,对《物权法》第106条的规定进行规范实证分析,以客观的态度探明该条规定的规范目的,指出该条规定旨在维护交易安全,而非侧重保护原所有权人的利益。在探明《物权法》第106条的规范目的后,文章就学界存在的关

[11] 民事法在我国被严格划分为程序法和实体法二大疆域,其"楚河汉界"并不清晰但又真实存在,其中民事证明责任的分配问题尤应为兵家必争之地。依主流之"规范说",证明责任的分配被视为民事实体法规范的解释适用问题,故研究证明责任的分配,理应成为民法学者的要务。但吊诡的是,我国民法学者对此却鲜少关注,其原因应该在于他们尚未意识到,证明责任的分配规则事实上已蕴藏于民事实体法规范之中。我曾依实体法解释之路径撰文分析《物权法》第106条"善意"要件的证明责任分配问题(参见徐涤宇、胡东海:《证明责任视野下善意取得之善意要件的制度设计——〈物权法〉第106条之批评》,载《比较法研究》2009年第4期),随即招致一些民事诉讼法学者直接或间接的反驳或批评(参见吴泽勇:《论善意取得制度中善意要件的证明》,载《中国法学》2012年第4期;郑金玉:《善意取得证明责任分配规则研究》,载《现代法学》2009年第6期)。本文依然遵循规范说,在扬弃此前观点的基础上回应了诉讼法学者的批评,故严格意义上仍是关于民事实体法的研究。

于该问题的三种观点进行评论，指出坚持“规范说”的“善意要件之肯定说”会使该条规定的规范目的落空，难谓合理；而“善意要件之否定说”与“善意推定说”均未坚持规范实证的立场，对法律规范本身作出合适的解释。故文章主张另寻适当的解释方案，并借助已探明的规范目的，从《物权法》第 106 条的文字表达着手，对该条规定作符合规范目的的解释，进而指出由原所有权人证明受让人恶意的证明责任分配，虽似乎并未完全遵守法条的字面含义，但却契合善意取得制度的规范目的，这才是科学的法律解释所应得出的结论。

法律行为变更权之期间限制*

——基于解释论的立场

目　次

一、问题的产生及其说明
二、诉讼时效还是除斥期间的限制：在历史文本中寻找端绪
三、我国民法中变更权的性质：法教义学上的先决问题
四、变更权是否适用除斥期间的规定：解释论上的终局结论
五、结语

周某因欠中国农业银行某支行贷款20万元未按期归还而被起诉。2003年判决生效执行过程中，周某与农行签订和解协议，以价值70万元的三处房产抵偿债务。事隔年余，周某以显失公平为由，请求法院撤销该协议，农行则辩称1年的除斥期间已过，周某撤销权归于消灭，农行主张获得法院支持。此后，周某上访不止，地方党委和政府迫于社会治安综合治理责任制的压力，责成法院启动再审程序重审该案。

上访过程中，周某只是一味强调显失公平而主张撤销和解协议，并未提出任何其他符合重审条件的事实和理由，因此，本案判决应已发生既判效力。法院在正确适用法律之司法使命和维持社会稳定之政治任

* 张谷博士为本文写作提供了珍贵的历史解释的资料，如本文引用的苏联作者和刘克希的著作，以及徐开墅教授对1981年4月10日《中华人民共和国民法草案征求意见第二稿》的初步意见，在此谨致谢忱！

务间踌躇两难，由此导致该案久拖难决。时逢友人出任该基层法院院长，精研法律终获灵感，并就其精义求证于我：《民法通则》无论是对民事行为的变更还是撤销都未规定除斥期间，最高人民法院《关于贯彻执行〈中华人民共和国民法通则〉若干问题的意见（试行）》（以下简称《民通意见》）第 73 条第 2 款虽规定，可变更或者可撤销的民事行为，自行为成立时起超过 1 年当事人才请求变更或者撤销的，人民法院不予保护，但《合同法》第 55 条仅对请求撤销规定 1 年的除斥期间，而对请求变更未作规定，故按新法优于旧法的原则，只要将周某的主张撤销改为变更该和解协议，〔1〕则不应适用除斥期间的规定。

一、问题的产生及其说明

就本案原审的法律适用而言，无论是按《民通意见》的上述规定，还是按《合同法》第 55 条的规定，周某之撤销权因 1 年的除斥期间归于消灭，均无疑义。作为法院院长的友人，在字面上发现《合同法》第55条与最高人民法院司法解释在除斥期间之适用范围上的差异，并拟变通当事人的诉讼请求，以绕过法律适用上除斥期间的障碍，倒也印证了苏力关于基层法院法官充当律师角色的基本判断。〔2〕 法院如此殚精竭虑为当事人谋划，虽不能排除其努力通过个案实现"司法为民"之良好愿望的可能性，但其直接动机应在于：通过"策略性地"解读法

---

〔1〕《民通意见》第 73 条第 1 款规定，对于显失公平的民事行为，当事人请求撤销的，人民法院可以酌情变更或撤销。

〔2〕参见苏力：《送法下乡——中国基层司法制度研究》，中国政法大学出版社 2000 年版，第 316 页。

律,精心破解其自身因上访问题而面临的政治难题。[3] 然而,问题在于,法院的这一策略性地解读法律,是否遵守了法治社会的基本原则?

按照法治之平等原则,司法对于相同的案型必须同等对待。为了检验法官是否在事实上对同样的案件做出了相同的裁判,法律适用的方法论要求在用以判决的前提(法律规范)与法官的推论之间存在一个可检验的推导关系。由此,法官在裁判时,必须尽可能准确地解释法律规定,即清楚地说明其据以宣布特定的法律后果的条件。因此,可检验之推导关系的要求,同样也加强了法官的自我监督和法的安定性。[4] 从这一角度看,法院"策略性地"解读法律,在法治原则和规范的意义上,其空间并非法社会学学者想象的那么大。或者我们至少可以认为,法院"策略性地"解读法律,乃以牺牲法的安定性和法官的自我监督为代价。

就本案所涉案型而言,法院欲遵守平等原则,则必须清楚地说明:在当事人针对可撤销的法律行为请求变更时,其据以宣布此种变更权[5]不适用除斥期间这一特定的法律后果的条件是什么?尤其是在最高人民法院上述司法解释以及通说均认为请求变更亦应适用除斥期间的规定时,法院欲以《合同法》第55条为据排除除斥期间的适用,更有说明义务。

---

〔3〕 有学者撰文指出,在我国政治和权力背景下,法院往往通过策略性地解读法律,与其他强势政治权力谈判,以精心盘算和改变其自身的状况。参见贺欣:《为什么法院不接受外嫁女纠纷——司法过程中的法律、权力和政治》,载苏力主编:《法律和社会科学》(第3卷),法律出版社2008年版,第66页以下。但本文所举案例仍然表明,在我国特定的政治和权力结构下,法院事实上很难抵制政治因素带来的压力,其通常做法就是通过平衡现代法律技艺、传统习惯和地方性知识,向纠纷涉及的各方利益者提出均可接受的解决方案。关于这种做法及其评述,请参见贺欣:《为什么法院不接受外嫁女纠纷——司法过程中的法律、权力和政治》,载苏力主编:《法律和社会科学》(第3卷),法律出版社2008年版,第76页。就此而言,我国当代的民事审判,在很大程度上仍类似于古代(如明清时期)民事纠纷的解决方式:诉讼、审判具有的基本性质是"作为行政之一环的司法"或"行政式的审判",民事审判实质上是一种"教谕式的调解"(didactic conciliation)。关于明清时期民事审判的详细论述,主要请参见[日]滋贺秀三:《清代诉讼制度之民事法源的考察——作为法源的习惯》,载滋贺秀三等:《明清时期的民事审判与民间契约》,王亚新等编译,法律出版社1998年版。

〔4〕 参见[德]伯恩·魏德士:《法理学》,丁小春、吴越译,法律出版社2003年版,第292~293页。

〔5〕 从《合同法》第54条的规定和后文的论述来看,所谓的变更权应该是一种形成诉权。因此,本文有时直接在形成诉权的意义上将其称为变更诉权。

基于以上认识,本文首先要做的,并非从法社会学的角度探讨法院为何以及如何"策略性地"解读法律这一现象,而是要解释《合同法》第55条的规范效力,阐明当事人请求变更合同时法院适用(或不适用)法定除斥期间的条件,以实现司法之平等原则。

上述问题的解决,主要目的在于了解法规范的意义,并接受法规范的约束,它属于法规范之主张与建议中的司法者观点,指向的是现有法律规定下对特定法律问题的规范主张,即法官应如何解释适用法律。[6] 这种内在的视角当然无可厚非,因为按照法治的原则,无论在法学还是司法判决中,理性的法律论证必须受制定法的约束并尊重判例,也受制于由制度化推动的法学所阐释的教义学,在诉讼中还须受诉讼制度的限制。[7] 另外,民事法律首先是裁判规范,面向或约束的主要是司法者,因为当事人是否选择审判的方式解决民事纠纷取决于其意愿,但他一旦选择司法,法官裁判的唯一依据是对其具有约束力的法规范,而精确地确定"法律与法"的范围,并正确地解释适用法律,乃法律适用者的宪法任务。[8]

当然,在司法者观点之外,法学中也存在另外一种"立法者观点"。这种观点思考的不是法官应如何解释适用法律,而是立法者针对特定事项应如何制定或修订法律,以较能增进福祉或达成特定的政策目的。[9] 就法律行为的撤销或变更而言,按照我国法律和通说,它们属于形成权,而凡形成权者,应受除斥期间的约束。此种立法及学说借自德国法例,其欲达成的法政策目的在于:形成权包含一种单方的"形成之力"或"变更之力",即形成权人单方的意思表示就足以改变相对人的法律地位,这意味着形成权相对人必须接受权利人作出的决定,所

---

〔6〕 参见颜厥安:《规范建构与论证——对法学科学性之检讨》,载颜厥安:《规范、论证与行动——法认识论论文集》,台北,元照出版有限公司2004年版。

〔7〕 参见[德]罗伯特·阿列克西:《法律论证理论——作为法律证立理论的理性论辩理论》,舒国滢译,中国法制出版社2002年版,第19~20页。

〔8〕《宪法》第131条规定:人民法院依照法律规定独立行使审判权,不受行政机关、社会团体和个人的干涉。

〔9〕 参见颜厥安:《规范建构与论证——对法学科学性之检讨》,载颜厥安:《规范、论证与行动——法认识论论文集》,台北,元照出版有限公司2004年版。

以，相对人的利益在法律上更应得到保障，而除斥期间就是对形成权的行使做出的期间上的限制，以实现此种保障。〔10〕被德国学者认为是“法学上之发现”的形成权理论，亦被宣称“确实增进我们对法律现象的认识，并使权利系谱更为完整，使我们能够借助更完整体系上的认识及正确理论上的问题提出，更妥适地规律社会生活”。〔11〕但我国的这种“不假思索”的借鉴，〔12〕果真能更妥适地规律我们的社会生活吗？尤其在中国特定的政治和法律环境中，这种制度安排能解决如本文前述案例描述的那种社会矛盾吗？对于《民法通则》第 59 条与《合同法》第 54 条所规定的撤销或变更之权利，我们是否真的那么肯定它们与德国法上的撤销权具有同质性？毕竟，在立法者观点下，我们最关心的应该是某种法规范对社会结构及行动会造成如何的影响。〔13〕不过，欲对上述问题作出回答，已超出解释论而进入立法论的范畴，就本文的写作而言，它属于一个完全不同性质的问题，故本文无意置喙。

二、诉讼时效还是除斥期间的限制：在历史文本中寻找端绪

《民法通则》未就民事行为的撤销权或变更权设定除斥期间的限制，从历史解释的角度看，其原因可溯及新中国第一批民法典草案，即 1955 年 10 月 5 日的《民法总则（草稿）》和 10 月 24 日的《民法典（第二次草稿）》。两个草案均在“法律行为”一章，规定了无效的法律行为和由法院确认（宣告）无效的法律行为。从条文表述看，后者为我们现在所称的可撤销（或相对无效）法律行为之肇始，应无疑义。〔14〕对于这种由法院确认（宣告）无效的法律行为，两草案未就当事人的申请作除

---

〔10〕［德］卡尔·拉伦茨、曼弗瑞德·沃尔夫：《德国民法中的形成权》，孙宪忠译注，载《环球法律评论》2006 年第 4 期。

〔11〕［德］Hans Dölle：《法学上之发现》，王泽鉴译，载王泽鉴：《民法学说与判例研究》（第 4 册），中国政法大学出版社 1998 年版。

〔12〕之所以称“不假思索”，是因为正如下文揭示的，无论在法学著作还是立法上，基本未见针对法律行为或合同的撤销、变更设定除斥期间的理由，或者说其立论过于简单、武断。

〔13〕参见颜厥安：《规范建构与论证——对法学科学性之检讨》，载颜厥安：《规范、论证与行动 法认识论论文集》，台北，元照出版有限公司 2004 年版。

〔14〕具体条文请参见何勤华、李秀清、陈颐编：《新中国民法典草案总览》（上卷），法律出版社 2003 年版。

斥期间之限制，但在紧接其后的“诉讼期间的效力”或“诉讼的时间效力”一章，却有诉讼时效之规定。那么，这是否意味着申请法院确认（或宣告）法律行为无效受诉讼时效制度的约束呢？

从当时的讨论意见来看，有人认为在民法典中应规定一个包括请求权时效、诉讼时效和取得时效三部分的完整时效制度，但很多人认为总则中仅规定诉讼时效就够了。[15] 前者意见中的所谓请求权时效，当指消灭时效，准此，诉讼时效应该区别于消灭时效。只是其中诉讼时效究竟何指，是否认为应规定一种类似于除斥期间的时效制度，已无资料可考。不过，明显的事实是，草案规定的统一诉讼时效制度为多数人赞同，即总则中规定的诉讼时效应适用于一切向人民法院提出的请求，其中自然包括当事人向法院申请确认（宣告）无效的情形。从比较法的渊源来说，这种理解最符合当时我国立法“以俄为师”的实况。因为在苏联，除了法律规定不适用诉讼时效的法律关系，或由具体主体权利的本质决定不能适用诉讼时效的法律关系以外，例如，从他人非法占有下索回属于国家财产的诉讼，其他一切诉讼都适用诉讼时效；因此，对于因欺诈、胁迫、威吓、误解、恶意通谋等而实施的法律行为，若提请法院确认其无效，应在时效期限内提出。[16]

此立法意图虽因民法典草案的流产而未表现为实在法文本，但其影响一直在延续，直至《民法通则》通过之时。昙花一现的是，1981 年 4 月 10 日由全国人大常委会法制委员会民法起草小组拟就的《民法草案（征求意见二稿）》，在第 38 条第 1 款和第 2 款规定：一方采取欺骗、威吓、强迫命令、乘人急需、与他人恶意串通的手段，使对方违背本人意志实施的法律行为，以及因重大误解而实施的法律行为，受害方或误解的一方有权撤销。[17] 该规定一改此前“向人民法院请求确认（宣告）无效”的方案，撤销权至少在文义上具有了形成权的性质；顺理成章的

---

〔15〕 参见何勤华等编：《新中国民法典草案总览》（上卷），法律出版社 2003 年版，第 24 页。

〔16〕 参见［苏联］坚金、布拉图斯：《苏维埃民法》（第 1 册），李光谟等译，法律出版社 1956 年版，第 293、318 页。

〔17〕 参见何勤华等编：《新中国民法典草案总览》（下卷），法律出版社 2003 年版，第 442 页。

是，诉讼时效制度对其无适用余地。对此，徐开墅教授在1981年5月30日“对民法草案征求意见第二稿的初步意见”（座谈会秘书处印）中，不无忧虑地指出：“第38条第2款规定了：‘因重大误解而实施的法律行为，误解的一方有权撤销。’但撤销权的行使应该定有期限，否则有长期处于不稳定状态之弊，不利于经济秩序的安定。拟请加上但书：‘但撤销权的行使，以在行为成立后1年内为限。’”此等真知灼见，终未获重视。后来的民事立法，又回到原来的苏俄式轨道：宣布无效或请求撤销须以起诉的方式为之，而一切诉讼当受诉讼时效的限制。在《民法通则》的制定过程中，亦未见对此问题展开进一步的讨论。据此，从历史解释的角度看，《民法通则》中的立法者意图显而易见：请求人民法院或仲裁机构撤销或变更民事行为的，〔18〕须受诉讼时效的限制。

《民法通则》于1986年4月获得通过后，一些学者开始探讨民事行为撤销的期间限制问题。在成稿于1986年12月的《民法新论》一书中，本文所引部分之执笔者王利明先生认为，“如果撤销权人长期不行使其权利，不主张撤销，在民事行为已经生效后的很长时间再提出撤销，则会使一些民事行为的效力长期处于不稳定状况，而不利于社会经济秩序的稳定”，参酌各国立法例，撤销权必须在规定的期限内行使，超期则撤销权消灭，而我国《民法通则》未对此作出明确规定，需由立法机关作出具体规定。〔19〕该观点对其所谓期限的性质语焉不详，但它既然是在诉讼时效制度的背景下提出新的期限理论，那么基本可以被视为此后除斥期间说之肇始。与徐开墅教授在1981年5月30日“对民法草案征求意见第二稿的初步意见”中的见解相比较，可以发现他们在立法理由的说明上貌合神离：徐开墅教授针对的是无须向法院主张的撤销权，以除斥期间加以限制自属合理；王利明先生针对的却是须向法院或仲裁机构主张的撤销，这种撤销按照苏俄模式本受诉讼时效期间的限制，故理论上或规范意义上并不会“使一些民事行为的效力

〔18〕《民法通则》之前的各民法典草案，均使用“法律行为”一词，特此说明。
〔19〕王利明、郭明瑞、方流芳：《民法新论》（上），中国政法大学出版社1987年版，第400页。

长期处于不稳定状况”。

也许是受到学界此种新观点的影响，最高人民法院审判委员会1988年1月通过的《民通意见》第73条第2款确立了此后被学界通称为除斥期间的1年请求期限。[20] 最高人民法院的这一规定，表面上明确了撤销或变更诉权的行使期限，实质上已改变《民法通则》的立法意图，成功实现了“暗度陈仓”。可以说，该解释已经超越了全国人大常委会在1981年6月10日《关于加强法律解释工作的决议》中授予最高人民法院的法律解释权限，事实上具有了立法的性质。按照某些学者的观点，此类司法解释的“法律效力”并非来自其要解释的“法律、法令”，而是来自以司法解释为载体的习惯法。[21] 但我宁愿相信，《民通意见》就其本质来说是一种立法行为，而非习惯法的载体，因为其出台时间距离《民法通则》的实施仅为1年，习惯法尚不足以形成。这种立法行为从此改变了对苏俄模式的模仿，开辟了中国式除斥期间的新天地。

之所以称为中国式的，是因为它既不同于苏俄模式，也不同于德国法系（如德国、我国台湾地区）和法国法系（如法国、意大利、秘鲁、阿根廷等国）的模式。法国与苏联的立法相类似：对于因错误、欺诈、胁迫等合意瑕疵而发生相对无效的情形，均须向法院主张；该诉权因其《法国民法典》第2262条规定一切诉权皆罹于时效，故亦受消灭时效的期限限制。只是依《法国民法典》第1304条的规定，请求宣告契约相对无效之诉适用短期时效，即应在5年（1968年修典前规定的是10年）内提起。例外的是，结合该条第1款后段以及第1676条的规定，因低价受损而导致的撤销买卖之诉，适用的却是和德国法上的除斥期间相

---

〔20〕 但对此也不乏质疑者，如刘克希认为，该期间既非除斥期间，也非诉讼时效，但既有前者内容，也有后者的内容。参见刘克希：《民法通则原理与实务》，重庆出版社1990年版，第145页。

〔21〕 参见曹士兵：《最高人民法院裁判、司法解释的法律地位》，载《中国法学》2006年第3期。

似的2年不变期间或曰预定期间(délai préfix)。[22] 不仅如此,法国法还承认“(合同)无效的抗辩具有永久性”(perpétuité de l'exception de nullité)。该规则来自拉丁法谚:Quae temporalia sunt ad agendum perpetua sunt ad excipiedum(通过主张的方式属于一时性者,通过抗辩的方式则具有永久性)。即无论是在相对无效还是绝对无效的情形下,也无论是针对合同还是其他任何法律行为,主张无效的诉权虽罹于时效,但它可以转化为对抗对方诉讼请求的抗辩,而且此种抗辩是永久性的,它不受权利行使期间的限制。因此,即便主张无效的诉权因时效届满而消灭,但只要合同被诉请履行,被诉请人仍得以抗辩的方式主张合同无效。不过,对于不变期间,该规则并不适用,因为不变期间届满时,司法上抗辩的权利连同司法上主张的权利一起消灭。[23]

在德国法系,撤销权主要由权利人通过对相对人为形成意思的方式来行使,即便在例外的情形,即在实在法个别地、特别认可“当事人通过诉讼要求法院变动权利关系”的形成诉权之情形,形成结果虽通过法院的形成判决而产生,其起诉的根据仍然是形成权,形成效果也系于权利人单方的形成意思,法院通常不能积极地形成新的法律关系。[24] 因此,在德国法系,对以权利人单方意思即可改变他人法律地

---

〔22〕 *Cf.* Jean Carbonnier, *Théorie des obligations*, Presses universitaires de France, paris, 1963, pp. 193-195. 在法国,无效(含绝对无效和相对无效)和撤销被严格区分,“撤销”一词在现代仅用于因低价受损而主张宣告无效的情形。此种区分具有历史的偶然性:在古代法,少数特定的无效(如因低价受损而发生的契约无效)并非由普通法院(les parlements)宣告,而是由枢密院大法官(la Chancellerie)通过颁发“撤销令”的方式宣告。正是因为该类诉讼在古代法上由枢密院大法官宣告,故受制于严苛的条件,其中包括不变期间的适用。*Cf.* Philippe Malaurie, Laurent Aynès et Philippe Stoffel-Munck, *Droit civil*, *Les obligations*, Defrénois, Editions juridiques associées, paris, 2003, p. 309. 由此不妨推论,若非这种历史的偶然性,法国法对于低价受损而导致的撤销买卖之诉权,完全也可能规定其罹于(消灭)时效。

〔23〕 *Cf.* Laurent Aynès et Philippe Malaurie, *Cours de droit civil*, *Les obligations*, Editions cujas, paris, 1990, pp. 307-308; Henri Roland et Laurent Boyer, *Droit civil*, *Obligations*, *Contrat*, Editions Litec, paris, 1989, pp. 359-360.

〔24〕 参见[德]卡尔·拉伦茨、曼弗瑞德·沃尔夫:《德国民法中的形成权》,孙宪忠译注,载《环球法律评论》2006年第4期;[德]卡尔·拉伦茨:《德国民法通论》(上册),王晓晔等译,法律出版社2003年版,第291~292页;[日]高桥宏志:《民事诉讼法:制度与理论的深层分析》,林剑锋译,法律出版社2003年版,第495页;[德]奥特马·尧厄尼希:《民事诉讼法》,周翠译,法律出版社2003年版,第187~188页。

位的形成权加以除斥期间的限制，是完全合理的。而在我国，撤销必须通过诉讼的方式为之，并且根据《民通意见》第73条和《合同法》第54条的规定，当事人请求变更的，人民法院或仲裁机构不得撤销，当事人请求撤销的，法院可以酌情予以变更或撤销。这就意味着，当事人的形成意思在此等诉讼中并非决定性的，法院完全可以主动积极地通过变更等方式形成新的法律关系。所以，以严苛的除斥期间而非时效制度对当事人的此种诉权加以限制，宜给出不同于这些立法例的正当理由。此外，我国民法上的除斥期间也兼含承继自苏联的诉讼时效原理，即它虽不能像诉讼时效那样可以中止、中断和延长，但期满时，消灭的是当事人的胜诉权，而非起诉权。[25] 此与德国法系的除斥期间制度，殊非一事。

当然，在立法论上反思《民通意见》创设中国式除斥期间的得失，并非本文任务。本文只是借历史解释的方法，揭示《民法通则》以诉讼时效限制撤销诉权或变更诉权这一立法者原意，而最高人民法院创设中国式的除斥期间制度，表面上是针对可撤销的或可变更的民事行为，完善了其诉讼请求上的期限限制，事实上却突破了原有立法，表现出司法解释和立法权力的隐性冲突。[26] 当然，一方面因为《民法通则》并未明文规定撤销诉权或变更诉权罹于诉讼时效，而是须借助历史解释和体系解释方能揭其要义；另一方面由于最高人民法院的司法解释在形成新的制度规则方面的作用，[27] 所以，中国式的除斥期间制度不仅在司法实务界，而且在理论界，均被奉为圭臬。然而，本文所举案例却又说明，尽管可能只是为了卸解其压力，法院毕竟有着这样一种思维：除法律明文规定适用除斥期间的情形外，其他一切诉权均受诉讼时效期间的限制。因此，在《合同法》第55条仅明文规定合同撤销之诉权因1年不行使而消灭时，是否意味着留下了一个悬念，即至少就合同变更之诉权的行使而言，《合同法》又回到《民法通则》及其之前的诉讼时效之限制模式？

---

〔25〕 参见刘克希：《民法通则原理与实务》，重庆出版社1990年版，第145页。

〔26〕 关于司法机关和立法机关在解释权上的冲突，已有学者做出初步的评论，参见侯猛：《中国最高人民法院研究——以司法的影响力切入》，法律出版社2007年版，第71页以下。

〔27〕 参见侯猛：《中国最高人民法院研究——以司法的影响力切入》，法律出版社2007年版，第77页以下。

三、我国民法中变更权的性质:法教义学上的先决问题

在民法教义学上,欲阐明当事人请求变更合同时是否应适用除斥期间的规定,经典的论辩应该是说明当事人的此种变更权是否属于形成权。因为在承认形成权和请求权、除斥期间与消灭时效之区分的国家和地区,通说认为,民法规定的消灭时效,仅以请求权为其客体,除斥期间则以形成权为客体。因此,在这些国家和地区,只要在规范属性上将某种权利解释为形成权,则其行使一般排除消灭时效的限制,而应适用除斥期间的规定。例如,我国台湾地区"民法"修正前的第 365 条规定,买受人因物有瑕疵,而得解除契约或请求减少价金者,其解除权或请求权,于物之交付后 6 个月,不行使而消灭。围绕其中减价请求权的限制期间系消灭时效抑或除斥期间的问题,曾展开激烈交锋:消灭时效说认为,"民法"上有"请求权因若干期间不行使而消灭"字样者,皆为时效期间;除斥期间说认为,减价请求权实系减价之主张,不以出卖人承诺为必要,故属形成权,其 6 个月的行使期限为无时效性质的除斥期间,不发生时效之中断、中止问题。修正后的条文采用了除斥期间说,只是将期间延长至 5 年。为防止歧义,该修正的条文甚至在表述上也精雕细琢。[28]

对于我国民法上的减价权,学者在分析时也采用了同样的进路。所不同的是,德国、日本学者将减价权的行使定性为一部解除,故其性质为形成权,自应适用关于解除权之行使受除斥期间限制的规定;韩世远教授则将其解释建立在"合同变更"的思想上,但这种变更显非《合同法》第 77 条第 1 款规定的协商变更,故应诉诸《合同法》第 54 条之变更权的规定。不过,由于此种变更权为形成诉权,须由法院或仲裁机构确定,而减价权乃由一方当事人依单方意思表示而减少价款或报酬,应为单纯的形成权,故两者有所不同。[29] 本文无意评价其舍一部解除理论而如此迂回解释的合理性,仅欲在可撤销的法律行为范围内,探讨

〔28〕 参见黄茂荣:《买卖法》(增订版),中国政法大学出版社 2002 年版,第 397 ~ 401 页。
〔29〕 参见韩世远:《减价责任的逻辑构成》,载《清华法学》2008 年第 1 期。

《合同法》第 54 条之变更诉权是否属于形成诉权。

形成权本由权利人以有待相对人接收之单方意思表示而行使,其行使无须向法院求助。但在某些情形,法律为了对权利行使情况加以控制,以避免在形成行为是否有效方面出现不确定性,设定所谓的形成诉权,要求权利人必须提起诉讼,形成权也只有在判决生效后才发生效力。〔30〕 我国法规定撤销权或变更权皆须向法院或仲裁机构主张,其理由或许在此。然而,形成权的行使是仅仅需要权利人做出表示还是需要法院做出判决并不重要,因为起决定作用的是作为私权利的形成权的授予,而非为其行使所规定的形式。〔31〕 在此意义上,无论是普通的形成权还是形成诉权,只要出现法定的或约定的形成原因(前者如撤销事由,后者如约定的解除事由),权利人即可依自己一方的(形成)意思来行使权利,即单方面创设、变更或消灭某种法律关系,而并不需要他人的意思表示参与。形成诉权的特殊之处仅在于,是否存在形成权,或者是否存在符合法律规定的形成权产生之前提条件(形成原因),应由法院检查或确认,但是否依形成意思行使权利仍由权利人自己决定,法院一般不能以自己的意思参与其决定,除非实体法上明确地授予法院某种裁量权。〔32〕 由此可见,在形成之诉中,与其说是法院以自己的判断为当事人创设、变更或消灭了一个法律关系,毋宁说是形成权人通过法院的检查性的或确认性的判决,对自己依形成意思塑造新的法律关系予以确认,借此实现了自己在实体法上的形成权。

依德国法,对于可撤销的法律行为,一般不会发生由法院进行变更的问题。这是因为,撤销权系单纯的形成权,乃由权利人以单方的形成宣告即被行使,权利人可以通过撤销使法律关系归于消灭(消极的形成),但无权单方面积极地形成新的法律关系,变更法律关系须和对方

〔30〕 参见[德]迪特尔·梅迪库斯:《德国民法总论》,邵建东译,法律出版社 2000 年版,第 76 页。

〔31〕 参见[德]罗森贝克、施瓦布、戈特瓦尔德:《德国民事诉讼法》(下),李大雪译,中国法制出版社 2007 年版,第 666 页。

〔32〕 参见[德]卡尔·拉伦茨、曼弗瑞德·沃尔夫:《德国民法中的形成权》,孙宪忠译注,载《环球法律评论》2006 年第 4 期;[德]罗森贝克等:《德国民事诉讼法》(下),李大雪译,中国法制出版社 2007 年版,第 665 页。

达成新的协议(协议变更)。即使在形成诉权的情形下,法院通常也仅面临两种选择,或者宣告法律行为全部无效,或者宣告其在全部范围内有效,而通过变更法律行为的内容积极地形成新的法律关系,一般是被禁止的。[33] 当然,这也并非意味着,凡是在形成诉权,法官不能有任何的意思参与。在一些非涉及法律行为效力的形成诉权的情形下,法官或多或少享有具体如何形成的自由裁量权。在这些情形下,新的法律关系一般基于法官的裁量而形成,但法院是否以及在多大范围内可以或者应当可以形成法律关系,应该是实体法的问题。[34] 这些情形包括:(1)法官通过判决确定所负的给付,如《德国民法典》第 315 条、第 319 条规定的单方面的给付确定权;(2)法官通过判决减少给付,如《德国民法典》第 343 条规定的过巨违约金之酌减(与我国《合同法》第 114 条第 2 款类似)、第 655 条规定的过巨佣金的酌减;(3)法官通过判决在多个权利人之间分摊给付,如《德国民法典》第 660 条第 1 款规定的悬赏报酬之分配。[35]

与德国法不同,我国民法不仅在上述情形赋予变更诉权,如《合同法》第 114 条规定的违约金增减之诉、第 111 条规定的减价权,[36]更为集中的是针对可撤销的民事行为或合同,广泛地赋予当事人以变更诉权。这些变更诉权,也属于形成诉权的范畴。因为根据《合同法》第 54 条第 2 款以及《民通意见》第 73 条第 1 款的规定,在当事人请求变更时,法院不得撤销,应予变更。这可以解释为,在作为形成原因的变更事由(同时也是撤销事由)被法院确认存在时,法院必须根据当事人的变更请求作出形成判决。可见,当事人的变更请求,其实是向法院表达的单方面变更法律行为内容的形成意思,它不以相对人的同意为必

---

〔33〕 参见[德]奥特马・尧厄尼希:《民事诉讼法》,周翠译,法律出版社 2003 年版,第 188 页。

〔34〕 参见[德]奥特马・尧厄尼希:《民事诉讼法》,周翠译,法律出版社 2003 年版,第 188 页。例如,黄茂荣先生针对买卖合同中减价请求权之减少数额问题,认为应依法律规定的公式计算,法院并无裁量权。参见黄茂荣:《买卖法》(增订版),中国政法大学出版社 2002 年版,第 384 页。

〔35〕 参见[德]罗森贝克等:《德国民事诉讼法》(下),李大雪译,中国法制出版社 2007 年版,第 667 ~ 668 页。

〔36〕 具体参见韩世远:《减价责任的逻辑构成》,载《清华法学》2008 年第 1 期。

要,法院也不得以自己的意思取代之,即不得自作主张予以撤销,但法院对法律关系的内容具体如何形成(变更)则享有一定的自由裁量权。

至于法官在通过变更而具体形成法律关系的内容时究竟享有多大的自由裁量权,应视具体情形而定。在因重大误解而主张变更的情形下,法官的裁量权应仅限于修正错误。例如,在河南省郑州市金水区人民法院的郑州中方园建设发展股份有限公司诉王启明案〔37〕中,被告于2004年4月24日与原告签订商品房买卖合同,购买了38号楼南3单元3层东户的房屋,此套房屋面积与该栋楼南1单元互错,被告所购房屋面积实际为104.07m^2,在合同中被写成了96.42m^2。原告认为,双方所订合同有关面积条款系因原告重大误解而订立,非其真实意思表示,故请求将合同中的房屋面积由96.42m^2变更为104.07m^2。最后,法院支持了原告的该项请求。

在其他情形下,变更诉权主要针对的是给付和对待给付之间的明显失衡,这尤其发生在乘人之危或显失公平的场合。法官在为增减给付之判断时,非可任意酌情增减,也不能以当事人的主观利益为基础,而应参照客观的价值关系(所谓客观的均衡),即交易上常见的均衡(通常表现为市场一般价格),通过变更给当事人维护利益均衡的机会。〔38〕

在我国民法中,变更诉权不仅被单独地赋予当事人,而且正如本文篇首描述的案例,所谓的撤销诉权在被当事人主张时,也可由法院基于具体情形的判断而将其转化为变更之诉。此即《民通意见》第73条第1款的规定:当事人请求撤销时,法院可以酌情予以变更或撤销。该规则不仅在实务界和理论界被大力推行,甚至在1995年1月提交全国人大常委会法制工作委员会的《合同法(建议草案)》〔39〕第52条中,它也被原文承袭。这种解决方案也许来自苏联的理论:“如果由于误解而表示自己意志的人请求确认合同无效,而另一方当事人同意由于确定

---

〔37〕 该案判决书载北大法意网:http://www.lawyee.net/Case/Case_Display.asp?RID=120119&KeyWord=可变更合同%20除斥期间,最后访问日期:2008年12月27日。

〔38〕 参见黄立:《民法总则》,中国政法大学出版社2002年版,第348~349页。

〔39〕 该草案载于梁慧星主编《民商法论丛》(第4卷),法律出版社1996年版,第439~539页。

他方的严重错误而在合同中作某些修改,但要保留合同的效力,那么,合同(修改过的)即应认为有效。如果误解一方对于经过适当修改的合同也不同意保留其效力,法院就有理由认为:对合同进行争执的人是坚持他实际上想表示但又没有表示出来的那种意志的(如果没有新的意思表示的话)。这种情况下,法院在考虑到案件的全部情况后可以修改原来的错误,因为不这样就势必歪曲(苏联)民法典第32条。"〔40〕

此种做法其实赋予法院以极大的自由裁量权,使其意志凌驾于所谓撤销权人的意志之上。在撤销事由存在且当事人主张撤销时,若法院作出变更的判决,则其不仅是对撤销权人意思表示的参与,更有扭曲权利人意志之嫌。因此,我国反对德国法不主动积极地形成新的法律关系的立场,固然有发挥主动矫正"瑕疵民事行为"之司法能动性的可取之处,但也被授以干预意思自治之口实。〔41〕〔42〕

---

〔40〕 [苏联]诺维茨基:《法律行为·诉讼时效》,康宝田译,中国人民大学出版社1956年版,第124页。依此理论,不仅法院的意志,而且相对人的意志,均对撤销权如何被行使具有决定意义。与此相似的是史尚宽先生的观点,他在评注我国台湾地区"民法"第74条关于暴利行为的规定时指出,该条规定利害关系人得声请法院撤销或减轻给付,则在其请求撤销时,法院不妨斟酌情形,仅减轻给付。参见史尚宽:《民法总论》,台北,1980年自版第3版,第311页。所不同的是,史尚宽先生并未强调相对人的意思参与。

〔41〕 进入20世纪以来,对合同或法律行为的司法不干涉主义作为一种政治力量,事实上已黯然失色。法院往往借助所谓的修正解释,亦即通过寻找当事人意愿或对当事人的意愿的解释,取得对合同或法律行为的司法变更权。参见徐涤宇:《论合同的解释》,载梁慧星主编:《民商法论丛》(第8卷),法律出版社1997年版,第716~719页。在此意义上,法院并未为当事人创设新的法律关系,其所做的只是一种解释作业,因而其判决不属于形成判决。这种做法虽然是借解释之名行变更之实,但至少表明其对司法变更权怀揣怵惕之心。相形之下,我国法如此宽泛地明确赋予司法变更权,对于意思自治原则来说,难谓安全。

〔42〕 在本文发表后,朱广新教授发文反思可撤销法律行为的变更问题,认为在撤销权之外再赋予当事人一方一种变更法律行为的权利,不会直接产生权力意志妨害私人自治之弊,因为法院能否介入法律行为之中,完全取决于当事人一方是否行使变更权的自主意思;总体而言,完全沿袭与全部废弃我国现行法关于可变更法律行为规定的极端做法皆不可取,部分保留可变更法律行为制度并对其加以补充完善的做法比较可行。参见朱广新:《论可撤销法律行为的变更问题》,载《法学》2017年第2期。该文见微知著,但显然也未关注到,可撤销法律行为的变更权不同于撤销权的核心,是权利人可以单方面积极地形成新的法律关系;而就法律关系的变更而言,亦须贯彻意思自治和契约原则,即原则上应通过当事人各方达成新的协议为之,各国立法在个别情形赋予变更之形成权(积极的形成),仅仅是例外规定。颇有意味的是,全国人大常委会法制工作委员会2016年5月20日修改完成的《民法总则(草案)征求意见稿》及其后形成的《民法总则(草案)》(一审稿、二审稿及三审稿)和最后通过的《民法总则》(已被《民法典》总则编吸收)改弦更张,对于重大误解、欺诈、胁迫、显失公平的民事法律行为,完全取消当事人主张变更的权利,而仅赋予撤销权人请求法院或者仲裁机构予以撤销的权利,其中原因不得而知。

当然,就此情形下法院所做变更判决的法律性质而言,尽管其判决结果可能不合当事人本欲达至的目的,以致所谓的撤销诉权名不副实,但我们也只能将其界定为具有设权性的或权利变更性的形成判决,因为它创造了一种没有判决就不会存在的法律效果。[43] 唯须强调的是,尽管在撤销之诉中,我国法院被赋予变更之自由裁量权,但在解释论上应作如下限定:首先,正如下文分析,此种变更或者本质上是部分撤销,或者是在撤销的基础上所做的变更,由此方可说明法院之变更其实也尊重了当事人的撤销意愿;其次,和单纯的变更诉权一样,法院在撤销之诉中为变更时,其对法律关系的内容具体如何形成(变更)虽享有自由裁量权,但应视具体情形而有不同限制。

四、变更权是否适用除斥期间的规定:解释论上的终局结论

至此,我们明确了我国民法上变更权的形成诉权属性,但若据此推断变更权的行使必受除斥期间的限制,仍有疑问。因为,请求权罹于时效而形成权罹于除斥期间之传统的教义,只是德国法模式的一般规则。而正如前述,在法国法系,一切诉权皆罹于时效,不变期间之限制仅为例外。即便在采纳德国法模式的国家及地区,也并非任何形成权均受除斥期间之规律。[44] 在日本,其民法第126条甚至明文使用"时效"一词,对具有形成权性质的撤销权的行使加以限制。其参与立法的学者认为,该规定借自《法国民法典》,其规定的期间系时效期间,而非预定期间(或不变期间),故法律行为的撤销权,适用时效之通则,且其时效之中断和停止,与普通情形无异。[45] 该说后来虽遭除斥期间说之反

---

〔43〕 给付判决和确认判决则是宣示性的,即只是对诉讼之外已经出现的法律后果进行确定性的认定并宣告现在是什么。参见[德]罗森贝克等:《德国民事诉讼法》(下),李大雪译,中国法制出版社2007年版,第665页。

〔44〕 在德国、日本以及我国台湾地区,消灭时效一般针对请求权,对某些(非所有的)形成权则个别地设置除斥期间对其行使予以限制。此外,权利失效原则具有补充消灭时效和除斥期间的作用。参见王泽鉴:《权利失效》,载王泽鉴:《民法学说与判例研究》(第1册),中国政法大学出版社1998年版,第380~381页;[日]我妻荣:《新订民法总则》,于敏译,中国法制出版社2008年版,第408~409页。

〔45〕 参见[日]富井政章:《民法原论》(第1卷),陈海瀛、陈海超译,中国政法大学出版社2003年版,第328页。

驳,但仍属通说,不过也有学者认为两种解释差异并不大。[46]

所以,变更权系形成诉权,只是为其适用除斥期间的规定提供了一种解释的可能性,我们并不能由此推出变更权的行使必须受除斥期间的限制。况且,正如前所述,根据《合同法》第55条的明文,以及历史因素提供的解释空间,也不能排除变更权的行使罹于诉讼时效这种可能性。如此一来,我国《合同法》第55条在这一问题上,确实存在两个可能的解释空间。那么,我们如何通过法律解释的方法来确定解释方向呢?

查诸提交给全国人大常委会法制工作委员会的《合同法(建议草案)》,玄机立现。其第52条"撤销权的行使"规定:"有撤销权的合同当事人可以请求法院变更或者撤销合同。"统稿者梁慧星教授在其著作中解释,我国撤销权在效力上具有灵活性,兼含撤销和变更的效力。[47] 据此,合同的变更既属撤销的范畴,则撤销权因1年不行使而消灭的规定,自应适用于合同的变更权。

该意见在司法实务中亦被采用。例如,在前述郑州中方园建设发展股份有限公司诉王启明一案中,郑州市金水区人民法院在其判决书中指出,《合同法》第55条虽仅就撤销权的除斥期间作出了规定,但变更权和撤销权密切相关,变更权是撤销权人享有的一项可选择的权利,撤销权包括了请求变更的内容。因此,可变更合同的除斥期间为原告知道或应当知道撤销事由之日起1年。

这一结论,乃采历史的目的论解释的结果。采此解释方法,系因在法律的文义及其意义脉络有作不同解释的空间时,法官原则上应优先采纳最能符合立法者的规定意向和规范目的的解释。一般而言,立法者的规定意向及规范目的,可以由立法当时的历史情境、立法者规整的动机和意向声明、官方的立法理由等求得,而法律之准备及起草者详细的规范想法只是对规范内容的理解极具价值的辅助资料,并非就是真

〔46〕 参见[日]我妻荣:《新订民法总则》,于敏译,中国法制出版社2008年版,第376~377、406~407页。

〔47〕 参见梁慧星:《民法总论》,法律出版社1996年版,第195页。

正的立法者意志的表现,因而对法律的解释者并不具有拘束力。[48] 准此,专家提交的《合同法(建议草案)》以及梁慧星教授的学术观点,并非就是立法者事实上的意思,所以,由此得出的撤销兼含撤销和变更之效力的观点,对由立法者颁布的《合同法》第55条所言的"撤销权"之范围的界定,应无终局的决定力。不过,由于该建议草案系受全国人大常委会法制工作委员会委托,且梁慧星教授对此草案的领衔者身份,故其作为极具价值的辅助材料,仍为合同的变更诉权是否适用《合同法》第55条规定的除斥期间,划定了解释的空间,指明了解释的方向。也就是说,照此解释方向,只要明确《合同法》第54条所言的变更与合同撤销的关系,即可确认其是否适用第55条撤销权之除斥期间的规定。

《合同法》第54条规定的请求变更,在表达上应该直接渊源于《民法通则》第59条的规定。《民法通则》制定和通过之时的学者认为,所谓变更,是指当事人通过协商改变民事行为的某些内容。[49] 此种解释将《民法通则》第59条规定的变更与法律行为的协议变更混为一谈,令人费解。此后,马俊驹先生在由其执笔的《中国民法》"民事法律行为"一章中认为,变更行为实质上是一个撤销行为和一个新的民事法律行为的结合,若其以双方行为为对象,则须就新设定内容与相对人达成协议。[50] 该观点将撤销作为变更的基础,颇具解释力,但他仍将变更本身视为一个新的民事法律行为,却违背了变更权的规范性质。因为变更权作为形成诉权,其启动来自权利人的意思行为,形成的效果则来自法院的形成判决,其中并无当事人的协议成分。

但马俊驹先生的观点在稍加修正后,可资利用。形成权有消极的或积极的之分,撤销权在于将形成权相对人的法律地位取消,故属前者;变更权的目的则在于对原来的法律关系进行改造,其基础应该是对原法律关系的撤销或部分撤销。因此,我们不妨将《民法通则》第59

---

〔48〕 参见[德]卡尔·拉伦茨:《法学方法论》,商务印书馆2003年版,第220页;黄茂荣:《法学方法与现代民法》,中国政法大学出版社2001年版,第277页。

〔49〕 参见王利明等:《民法新论》(上),中国政法大学出版社1987年版,第399页。

〔50〕 参见佟柔主编:《中国民法》,法律出版社1990年版,第185页。

条和《合同法》第 54 条规定的“变更”解释为，一方面是对旧的法律行为的内容的消极形成(撤销)，另一方面则是通过更改法律行为的内容积极形成新的法律关系。换言之，变更兼含撤销和更改的效力，其中撤销是基础。当然，在变更仅涉及减轻给付的场合，更可将此种变更解释为部分撤销。例如，在法院对显失公平的民事行为仅判决减轻给付时，该行为按所减轻的程度，变更其内容，而维持其效力。〔51〕 其言下之意，就是法院在所减轻的程度上部分撤销了原民事行为。

这种解释结果与梁慧星教授的观点相异，但在法理上更具圆通性。不过，就变更诉权是否适用除斥期间之规定而言，两种解释的最终结果并无二致，其区别仅在于据以解释的法理有所不同：若认为撤销兼含撤销和变更的效力，则变更权被《合同法》第 55 条所言的撤销权所包含，该条关于除斥期间的规定自应适用于变更权；若认为变更乃以撤销为基础，则在撤销权的行使受除斥期间限制的前提下，尽管变更诉权不被撤销权包含，且存在变更诉权的行使受诉讼时效限制的解释空间，也必须将除斥期间的限制解释为针对撤销权和以其为基础的变更诉权的一体限制，此为变更和撤销在效果上交集(部分重叠)的逻辑结论，否则会导致撤销权受除斥期间限制，而以其为基础的变更诉权却罹于时效之割裂的解释结果。

至此，我们对变更权是适用除斥期间的规定还是诉讼时效的规定，有了一个终局的、确定的解释结论。

五、结语

就本文篇首所述案例而言，法院若以为《合同法》第 55 条未明文提及变更权，就断定变更权的行使不受除斥期间的限制，并欲以新法优于旧法的规则化解其困局，其实是对其正确适用法律之义务的违反。须知新法优于旧法之规则的适用前提，在于规范矛盾的存在。就本文所涉问题而言，在解释论上完全可以得出《合同法》第 55 条与《民通意

〔51〕 参见史尚宽：《民法总论》，台北，1980 年自版第 3 版，第 311 页。

见》第73条之规定并不存在规范矛盾这一结论，郑州金水区法院的判决对此就有正确认识（尽管我并不完全赞同其提供的理由）。可以说，在周某和农业银行之纠纷的处理上，法院业已将自己司法者的立场转化为立法者的立场，试图通过“策略性地”解读法律，达到“暗度陈仓”修改立法的目的。司法者这种立场的转换，对法治社会的建设是极其有害的：一方面，这是法官对司法平等原则的违背；另一方面，法官背离已经认识的法律的规范目的或者完全拒绝适用该法律时，是对法律的背离。虽然这种背离不一定是不合法的，[52]因为法官应该“有思考地服从”（菲利普·赫克语），但法官如果拒绝认识或未尽其解释义务去认识对其有约束力的法律的真正含义或规范目的，那么就是以自己的调整意志取代立法者的调整意志，使法律的适用脱离了法律方法的监督，这与法官“有思考地服从”相去甚远。因为，即使借“有思考地服从”之名去修改法律，也必须以弄清楚立法者的调整意志为前提。[53]

（原文载于《中国法学》2009年第6期）

---

〔52〕 参见［德］伯恩·魏德士：《法理学》，丁晓春、吴越译，法律出版社2013年版，第416页。
〔53〕 参见［德］伯恩·魏德士：《法理学》，丁晓春、吴越译，法律出版社2013年版，第319页以下。

非常损失规则之比较与借鉴

目　次

一、非常损失规则之历史源流和比较法上的初步考察
二、非常损失规则的具体构造:评价及启示
三、遭受非常损失的行为或暴利行为的法律效果

我国《民法通则》和《合同法》均对因乘人之危成立的法律行为和显失公平的法律行为作出了规定。对于这两种类型的法律行为,民法学界曾以极高的热情进行百家争鸣式的讨论,但其结果仍然是仁者见仁、智者见智,难以形成统一的认识。

从历史和比较的角度看,我国关于乘人之危和显失公平的立法,应该是来自《德国民法典》、苏联民法中的暴利行为和我国台湾地区"民法"中的显失公平制度;而所谓暴利(wucher),[1]即使不像法国法的"lésion"一样,与罗马法上的非常损失规则(laesio enormis)有着直接的渊源关系,但至少在制度价值方面存在极大的联系。[2] 因此,从历史源流和比较法的角度进行考察,对我国的相关制度应具有一定的解

---

〔1〕 根据《新德汉词典》(上海译文出版社 1999 年版),"wucher"一词可译为"重利、暴利、高利贷",这是该词在我国法学界有"过分利得""暴利""高利贷"三种译法的原因。本文为论述的便利,一般将其称为"暴利"。

〔2〕 从词源的角度看,瑞士法中也以"lesion"一词指称暴利(参见沈达明、梁仁洁:《德意志法上的法律行为》,对外贸易出版社 1992 年版,第 182 页),和法语"lésion"以及西班牙语"lesión"一样,它们都直接来自拉丁文"laesio"。

释力。

一、非常损失规则之历史源流和比较法上的初步观察

早期的罗马法不承认非常损失之瑕疵。即使后来，裁判官在特定的场合就遭受非常损失的行为授予恢复原状(restitutio in integrum)之利益，那也是到帝政时期才变得完善。在该时期，戴克里先(Diocletianus)皇帝和马克西米安(Maximianus)皇帝决定，在不动产的价金低于其价格的一半时，遭受"非常损失"的出售人有权请求撤销买卖。优士丁尼一世基于人道主义将这项限制扩大适用于所有的买卖，推定在价金不足标的市价1/2时，出卖人表面上是自愿的，实际上是受了压迫，并非出于真心，故该买卖可以被撤销。这就是现代民法中的"非常损失"或"暴利行为"规则的发端。[3]

早期罗马法对买卖合同中的价金问题持自由放任的态度，是因为法律只保障价金条款形成过程的公正。只要不存在欺诈或胁迫，买卖合同的价金条款"公平"与否，不影响合同的效力。[4] 有学者经过分析认为，前期罗马法所奉行的实际上是主观价值论。它只是保证在买卖过程中不存在欺诈、胁迫等影响价格机制发挥作用的因素，而对卖主的纯粹低价出售并遭受损失不加干预，这实际上是在买卖合同的价金条款上确立了程序公平观。[5]

创立"非常损失规则"的戴克里先皇帝是一个脚踏两个时代的人物。一方面，他仍拥有盛期罗马人所具有的商品经济头脑，承认自由订价的合理性；另一方面，为了应付他那个时代的可怕混乱，他又不得不背弃自己的信仰，制定了土地买卖和动产买卖的限价令。由此，他开创了后期罗马帝国时代。在该规则被优士丁尼承袭后，罗马法和罗马法学家的著作中出现了"公平价格理论"。其中所谓的"公平价格"(justum pretium)，乃指某个时期内不受市场变动影响的价格，亦即与

---

〔3〕 参见周枏：《罗马法原论》(下册)，商务印书馆1994年版，第694页。
〔4〕 参见徐国栋：《公平与价格—价值理论》，载《中国社会科学》1993年第6期。
〔5〕 参见徐国栋：《公平与价格—价值理论》，载《中国社会科学》1993年第6期。

价值相符的价格。可见,建立在这种客观价值论基础上的后期罗马法,并不考虑不同的人对同一物件具有不同需求强度的因素。此后,随着基督教因素注入罗马法,以及亚里士多德反商业道德态度的全面影响,在后期的罗马法中,价金必须公平与价金必须是金钱、必须确定、必须真实一起,被确认为买卖合同价金条款的有效要件。[6]

在公元5世纪,也就是所谓的中世纪前期的黑暗时期,由于基督教的全面影响,非常损失规则无须被沿用。到了公元6世纪,波伦那(博洛尼亚)学派在进行严格限制的基础上承认了非常损失规则。在公元8世纪,巴托鲁斯扩展了非常损失的概念,而教会法基于公平价格之道德精神,为维护合同中的交易公正并扫除暴利,普及了该制度。[7]

在法国法上,非常损失(lésion),是指由于有偿法律行为的当事人在相互所获利益上的严重不等价,而使一方当事人所遭受的损失。事实上,从文艺复兴以后,非常损失规则重新回到早期罗马法时的受限制状态。法国大革命时期,资产阶级的个人主义立法为扩张个人自由,扫除了司法专横,非常损失规则也就短暂但又完全地被废除了。[8] 在《法国民法典》获得通过之前,Pothier 赞成采用该制度,而 Berlier 则持反对态度。最后,拿破仑定分止争,仅对某些合同或针对特定的人承认非常损失规则。[9] 这里所谓的"特定的人",是指未成年人(《法国民法典》第1305条):未成年人实施的依法不能独立实施的行为,其行为如属监护人或代理人可独立实施的行为,则非常损失构成合同相对无效的原因。而所谓的"某些合同",则与罗马法的传统一致,是指不动产的分割或出售。[10]

按照法国的传统理论,对于不动产的分割,构成非常损失的标准是

---

〔6〕 参见徐国栋:《公平与价格—价值理论》,载《中国社会科学》1993年第6期。

〔7〕 关于公平价格理论以及相关的道德教义在中世纪的发展,参见[美]约瑟夫·熊彼特:《经济分析史》(第1卷),朱泱等译,商务印书馆1991年版,第131~166页。

〔8〕 该制度在1795年被废除,但在两年后又被重新承认。

〔9〕 Véase Jorge Joaquín Llambías, *Tratado de Derecho Civil*, *Parte General*, Tomo Ⅱ, Editorial perrot, Buenos Aires, 1997, p. 299.

〔10〕 参见尹田:《法国现代合同法》,法律出版社1995年版,第106页。

当事人所得数量较其应得数量少 1/4 以上(《法国民法典》第 887 条)对于不动产的出售,其标准则为出卖人因低价所受损失超过不动产价金 7/12(《法国民法典》第 1674 条)。此后,这种客观标准也被委内瑞拉、秘鲁、西班牙和智利的民法典采用。[11]

对于这种依客观标准而认定的非常损失,理论上又存在两种解释。依主观解释的传统理论,非常损失构成意思表示的瑕疵。换言之,只要存在对待给付的不平衡,即可推定当事人的同意具有瑕疵。因为如果当事人的意思表示是完全自由和自愿的,当事人肯定不会订立这样的合同。而依客观解释,非常损失又构成标的的瑕疵,因为非常损失之所以导致合同的相对无效,并不是基于对当事人的同意具有瑕疵的推定,而是因为这种损失违反了决定双方意思表示一致的"交易公正"。[12]

《德国民法典》、《瑞士债务法》和《墨西哥民法典》对非常损失的态度,明显不同于《法国民法典》。这些法典并不对损失进行数量上的评价,其强调的只是对待给付的失衡,此外,它更强调对受损害人的危难、轻率或无经验存在滥用行为,此即所谓的主观损失(lesión subjetiva)。[13]

对于非常损失,《意大利民法典》第 1448 条也要求同时符合主观和客观两个方面的标准,但它在客观标准方面又采用了法国法的做法。易言之,只有在一方当事人受到损失超过其给付或者他在合同订立时承诺给付的价值的一半(数量上的客观标准),并且这种不均衡是在相对人利用其需要乘机牟取利益的情况下发生(主观标准),他才享有因损失而请求撤销合同的诉权。[14]

二、非常损失规则的具体构造:评价及启示

(一)对各立法例的评价

从罗马法到法国法,非常损失规则一直以单纯的客观标准为其适

---

[11] Véase Jorge Joaquín Llambías, *op. cit.*, p. 298.

[12] 参见尹田:《法国现代合同法》,法律出版社 1995 年版,第 111 ~ 112 页。

[13] Véase Jorge Joaquín Llambías, *op. cit.*, p. 298.

[14] 参见《意大利民法典》,费安玲、丁玫译,中国政法大学出版社 1997 年版,第 382 页。

用条件,而对主观要件不作任何要求。换言之,只要存在所谓的“非常损失”(主要从数量上进行衡量),受损害方就可以主张合同的相对无效。这实际上奉行的是“公平价格主义”。因此,虽然法国法对非常损失规则存在主观解释和客观解释两种理论,但由于法律只是对非常损失规则的适用规定量上的客观标准,如《法国民法典》第887条、第1674条以及其他特别法的规定,[15]所以这两种理论都要借助所谓的“公平价格”作为参照系数,并与合同约定的价格作数量上的对比,以便在达到法律规定的比率时确定“非常损失”的存在。

然而,所谓“公平价格”呢?若依前文关于罗马法的解释,这种价格只不过在抽象意义上存在。而依法国学者的见解,对于许多给付而言,人们可以参照市场通常价格来判断其公平性。但以这种方式确定的“公平价格”,是难以令人信服的。因为一方面,以市场通常价格订立的合同不一定就是公平的,19世纪自由经济时期企业老板依“通常价格”付给工人的工资即为适例;另一方面,没有以通常价格订立的合同也不一定不公平,如当事人因个人爱好而以高价购买收藏品的合同,就不能说是不公平的。[16]

其实,所谓的公平价格不过是对合同价金的一种道德要求:按照亚里士多德和中世纪学者的学说,合同必须是合理地,而不仅是自由地产生的。公平价格理论本身意味着,合同规定的交换物应有相同的价值,它要求的是一种分配的正义(实质性的公正),这是亚里士多德传统“唯实论”的价值观念。[17]

随着资本主义的兴起,分配的公正逐渐被程序的公正取代,这是资本主义范例的一大标志。按照这种范例的理解,每一份得到所有合同方不是强迫同意的合同,都是公正的合同。公正性不存在于对当事人的状况或合同客体的“本体性”价值的考虑之中,而是包含在各方的同

〔15〕 参见尹田:《法国现代合同法》,法律出版社1995年版,第107页。

〔16〕 参见尹田:《法国现代合同法》,法律出版社1995年版,第112~113页。

〔17〕 参见[德]P.科斯沃夫斯基:《资本主义的伦理学》,王彤译,中国社会科学出版社1996年版,第12页。

意当中，包含在他们的意志决定当中。对一个合同的同意包含了相互有益的交换，这样也就包含了合同的公正性。[18] 因此，现代民法制度基于意思自治的理念，对于合同价格条款的形成不在实质上做出一种道德评价，它只是谴责意思表示过程中存在的不公正性（如欺诈、胁迫等），从而在程序上对法律行为的质量进行控制。[19]

不过，社会、经济的发展以及宗教的、道德的传统影响，使“合同即公正”的信念也一直受到怀疑。仅仅从意思表示本身不能违背自由、自愿的原则来理解法律行为的公正性，本来就存在局限性。一方面，对待给付之间的不平衡虽然并非必然意味着不公正，但其中至少存在不公正的可能性；另一方面，当事人一方利用对方一些客观存在的困难情势，如果不构成胁迫，也就难以成为意思表示的瑕疵而予以否定。因此，《德国民法典》第 138 条第 2 款规定的法律行为因暴利而无效，不同于因意思表示有瑕疵而可撤销，或者说，法官至少不必追究暴利是否构成意思表示的瑕疵。按照其正确理解，暴利本身明显违反善良风俗，即使产生暴利的乘人之危（如利用对方的窘迫）不足以构成意思表示的瑕疵。然而，这里所谓的“暴利”虽然本身违反善良风俗，但它只不过是《德国民法典》第 138 条第 2 款规定的法律行为无效的一个纯粹物质条件。这项物质因素是从客观角度加以考虑的，它并不对意思表示进行考虑。在此之外，该款对暴利行为的构成还附加了一个主观要件，亦即当事人一方利用对方的劣势地位，这一点和意思表示的瑕疵有

---

〔18〕 参见［德］P. 科斯沃夫斯基：《资本主义的伦理学》，王彤译，中国社会科学出版社 1996 年版，第 12 ~ 13 页。

〔19〕 1865 年的《阿根廷民法典》可谓最早质疑非常损失规则的法典之一。其起草人萨尔斯菲尔德未在法典中规定非常损失规则，理由主要在两个方面：(1)虽然当时大多数国家就非常损失作出了规定，但从比较法的角度看，并不存在一个统一的原则以建立该理论；(2)“在商法典中，不存在因重大损失或非常损失而撤销买卖。有人认为商品是动产，但动产的价值往往和不动产相当甚至超出不动产。各种买卖的手段是相同的；而印刷术、经纪人行业、证券交易所等不为罗马人所知且在《七章律》（西班牙国王 Alfonso X de Castilla 统治时期的法律汇编）制定之时也不为人知的手段，提供了寻求更高价格的便利手段。如果法律允许修正我们所有的错误或所有的不谨慎，那么我们就可能不再对我们的行为负责。非因欺诈、错误或胁迫而自由表示的同意，在符合法律所要求的形式时，应该使合同不可撤销。”参见 *Código Civil de la República Argentina*, ABELEDO – PERROT, Buenos Aires, 1998, pp. 195 – 196。

相近之处。但这里的意思表示不是受害者的意思表示,而是施加压力者的意思表示。承受压力者的意思表示被推定是完整的,施加压力者的意思表示则被视为有罪。在德国学者看来,法律所打击的非不平衡本身,而是施压人的行为。[20]

由此可见,在德国法上,只有在对待给付不平衡是因为环境导致不正常时,才受到法律的制裁。也就是说,如果不存在不正常的不平衡,或者如果不平衡的不正常性不触犯舆论,从而不构成法律上所谓的不正常,那么利用对方的劣势即使非同寻常,法律行为仍然有效。在这种情况下,如果乘人之危构成诈欺或胁迫,法律行为即可被撤销。相反地,即使乘人之危是一般的,但暴利所涉金额极高,法律行为也将因触犯善良风俗而告无效。当然,如果同时存在暴利和真正的意思表示的瑕疵,也就同时存在法律行为的无效和撤销原因,此时合同已归于无效,不必再予以撤销。[21]

可以说,《德国民法典》第 138 条第 2 款和《瑞士债务法》第 21 条规定的暴利行为制度,兼顾民法中公平和自由两大价值目标,在确定暴利或非常损失本身不是法律行为可撤销或无效的原因这一基本原则的基础上,于意思表示瑕疵制度之外建立了原因(利用对方的劣势地位)和结果(对待给付的不平衡)相结合的规则,可谓顺应现代立法和当代社会哲学中的公正与自由并重的思潮。这种立法例已为此后的墨西哥等国家和我国台湾地区[22]的"民法"所采用。[23] 即使是在以"公平价格理论"作为其初始立法基石的法国,维护主观解释理论的现代学者也主张改造原有理论,采纳德国法系的先进制度,这种动向在民法典修

---

〔20〕 参见沈达明、梁仁洁:《德意志法上的法律行为》,对外贸易教育出版社 1992 年版,第 181 ~ 182 页。

〔21〕 参见沈达明、梁仁洁:《德意志法上的法律行为》,对外贸易教育出版社 1992 年版,第 181 页。

〔22〕 参见胡长清:《中国民法总论》,中国政法大学出版社 1997 年版,第 203 ~ 204 页。

〔23〕 事实上,美国法也有相同的理论。按照美国法院就显失公平(unconscionability)的构成要件确立的一系列原则和具体规则,现代意义上的显失公平由两种基本因素构成:一方面,合同条件不合理地有利于一方而不利于另一方(实质性显失公平);另一方面,另一方在订立合同时没有做出有意义的选择(程序性显失公平)。参见王军:《美国合同法》,中国政法大学出版社 1996 年版,第 204 ~ 218 页。

改委员会的意见中得到反映。[24]

然而,一些法国学者也对德国、瑞士的此种立法例提出质疑。他们认为,在当事人利用对方危难、轻率或无经验得到证明的同时,一方当事人的误解、欺诈或胁迫往往也已得到确认。因此,以暴利行为的构成来确认合同的无效也就失去其意义。[25] 对此,《德国民法典》其实是有所考虑的,其第138条第2款的规定毕竟不同于第123条关于胁迫的规定。对于胁迫,法律要求胁迫人的行为是被胁迫人意思表示的直接原因,而第138条第2款没有要求乘人之危造成的逼迫必须是获利人所为。逼迫一般是外界事物引起的,获利人只是加以利用而已。获利人可能是利用受害人的急迫需要主动做出意思表示,但也有可能是受害人遭受损害的合同是他自己提出要约,而由获利人加以承诺。[26] 我国学者在论述乘人之危和胁迫的区别时,也有相同的解释。[27]

值得注意的是,法国现代学理以及民法典修改委员会虽然倾向于对非常损失规则添加一方当事人处于不利地位和对方当事人利用此种地位两个条件,[28] 但由于在对不动产分割和买卖适用该规则时,法律毕竟已对所谓"非常损失"的确定规定了数量上的客观标准,所以它和《意大利民法典》的规定一样,依旧摆脱不了"公平价格理论"的阴影。

我们不否认,在现代社会中,存在大量"大众化的合同"(如雇佣合同、房屋租赁合同、保险合同、贷款合同等),这些合同的公正性往往可通过一般价格或费率的直接或间接确定来加以保证。例如,对于租赁合同和保险合同,可通过特别法在某一特定时期根据合理的测算确定租金收费率、保险费率;对于雇佣合同,可由法律规定最低工资标准,超过这些标准的行为完全可以视为本身违法而予禁止。[29] 这种方式虽

---

〔24〕 参见尹田:《法国现代合同法》,法律出版社1995年版,第113页。
〔25〕 参见尹田:《法国现代合同法》,法律出版社1995年版,第113页。
〔26〕 参见沈达明、梁仁洁:《德意志法上的法律行为》,对外贸易教育出版社1992年版,第182页。
〔27〕 参见刘守豹:《意思表示瑕疵的比较研究》,载梁慧星主编:《民商法论丛》(第1卷),法律出版社1994年版,第93~94页。
〔28〕 参见尹田:《法国现代合同法》,法律出版社1995年版,第113页。
〔29〕 参见尹田:《法国现代合同法》,法律出版社1995年版,第114页。我国法律规定其利率超过银行同期利率4倍以上的民间借贷属于高利贷,也为适例。

然能确定一个普遍适用的“公平价格”的最高或最低限度,但对于大多数合同(如买卖、有关知识产权的合同等)来说,其价格完全受市场机制以及当事人的需求程度决定,而以所谓的“公平价格”来判断是否存在对待给付之间的不平衡,显然违背市场规律。并且,正如前述,每一个法律行为主要通过当事人追求的目的意思来体现其交易意图,其中只要不存在意思表示的瑕疵以及违背法律禁止性规定的因素,价格的形成就应完全尊重当事人自己的意思,而法律不能假借正义的“幌子”,将所谓的“市场普通价格”强加给根据具体情形进行交易的当事人,否则当事人的目的意思难以实现,意思自治原则和交易安全之价值目标也就会受到破坏。何况,以诸如“出售人因低价所受损失超过不动产价金的7/12”之类的标准作为判断依据,不但会增加该规定的适用难度,还往往不能照顾个案处理的公正性。因为,这种数量标准由于其确定性和僵硬性,会导致在某些情况下,虽然对待给付之间已明显不相称,但因未达到法定界线而不被认为显失公平;相反,在另一些情形下,尽管对待给付之间依具体情形并非不相称,但可能因超过界线而被认定遭受低价损失。这种适用上的困难,又进一步加剧其在个案处理上的不公正性。

正因如此,德国法和瑞士法在确定相互给付之间是否存在明显的不均衡时,一般赋予法官以自由裁量权,要求他们按照特定情况,不仅应考虑给付的通常价值,还应考虑当事人承受的风险(包括附加的义务和可能的违约责任)。如果给付本身存在巨大风险,则无所谓“不相称”(如射幸合同)。〔30〕显然,德国法和瑞士法是不承认公平价格理论的。

(二)对我国相关立法的启示

从非常损失规则和暴利行为制度的历史发展脉络当中,我们不难发现它们都是通过关注合同当事人之间对待给付的价值平衡问题,从

〔30〕 参见沈达明、梁仁洁:《德意志法上的法律行为》,对外贸易教育出版社1992年版,第182~183页。

一个特定的角度来实现合同的公正。各个国家及地区立法经验告诉我们,以公平价格理论作为这种制度的基石,除一些"大众化合同"之外,对于大多数合同类型而言是不妥当的。对此,我国《民法通则》虽然规定了等价原则,[31]但在具体制度上并未体现该精神,而只是在一些特别法和司法解释中,对诸如民间借贷之类的特定合同在利率或费率方面作出了禁止性或限制性的规定。除此之外,《民法通则》和《合同法》只是就乘人之危和显失公平的法律行为作出规定,以实现合同的个别正义。这种做法,基本符合社会主义市场经济的要求并顺应各国立法潮流。

就乘人之危和显失公平而言,虽有学者认为是我国民法制度的一项独创,但通过上文的比较分析,此项"独创"在立法精神上和国外立法存在的理论联系,至少是清晰可见的。[32] 笔者认为,大陆法系各国关于非常损失和暴利行为的立法,对我国相关制度的完善应具有一定的启发意义。

我国学理上关于乘人之危和显失公平的理论林林总总。综其观点,可以归纳为以下几点:(1)乘人之危属于意思表示瑕疵的范畴(意思表示不自由),[33]换言之,乘人之危的法律行为之所以无效,是因为当事人一方利用对方的急迫需要,迫使对方作出了违背其真意,并使自己蒙受严重不利的意思表示;[34](2)显失公平行为的特征在于其内容(标的)有悖于公平、等价有偿原则,其结果是经济利益的明显不对称。

---

[31] 关于该原则,我国已有学者通过对大陆法上的非常损失规则和英美法相关判例的比较分析,否定了其存在价值。请参见徐国栋:《公平与价格——价值理论》,载《中国社会法学》1993年第6期。

[32] 有学者认为,我国民法上的乘人之危和显失公平,乃德国法上暴利行为一拆为二的结果。请参见张俊浩主编:《民法学原理》(上册)(修订第3版),中国政法大学出版社2000年版,第290页;梁慧星:《民法总论》(第4版),法律出版社2011年版,第208页;崔建远:《合同法总论》(上卷),中国人民大学出版社2008年版,第299页;李永军:《民法总论》,中国政法大学出版社2008年版,第217页。但从《民法通则》第59条和《合同法》第54条之文义看,显失公平似乎强调的是纯结果判断,故毋宁说,显失公平并非暴利行为拆分的结果,它与公平价格理论更具亲缘性。

[33] 《合同法》第54条明确将乘人之危列入意思表示瑕疵的范围。

[34] 参见刘心稳主编:《中国民法学研究述评》,中国政法大学出版社1996年版,第232~233页。

但对于其性质，一种观点认为属于标的不合法的范畴，另一种观点则认为是欠缺意思表示自愿的要素。[35]

如前所述，德国、瑞士等国的法律原则上不要求当事人之间的给付在客观上保持平衡，只要不存在意思表示的瑕疵，对待给付之间的不平衡本身并不意味着不公平。所谓的暴利，必须“是环境使此种不平衡成为不正常”。[36] 换言之，必须是某种不公平的原因导致了对待给付之间的不正常失衡。因此，显失公平不是给付之间的纯粹不均衡，它还必须是一方当事人利用了对方的劣势地位。不过，显失公平的首要构成要素还是其客观性表征（给付之间的明显不均衡），所以其最终落脚点还是在于法律行为标的的妥当性。正因如此，德国以瑞士民法中的暴利行为和我国台湾地区“民法”中的显失公平，都被放在法律行为或合同之标的的章节中加以规定和论述。也就是说，显失公平属于标的不合法的范畴。

至于乘人之危，正确的理解应该是，它必然包含一方处于危难或急迫需要的境地以及他人加以利用两个要素。如果仅仅在客观上存在危难情势，那么就不能据此认定该情形中成立的法律行为应受法律的规制，否则交易安全难有保障。而所谓“利用”，当指“为某种利益而用”。最高人民法院《关于贯彻执行〈中华人民共和国民法通则〉若干问题的意见（试行）》第70条明确指出，乘人之危必须是一方当事人“为牟取不正当利益”。显然，对他人危难境地或急迫需要进行利用，只有在谋求的利益是不正当的时候，法律才加以制裁。那么，这种不正当性究竟如何体现出来呢？

在现实生活中，当事人地位的平等仅仅是个别的，而绝对平等只能在理论上存在，不平等的情形应该是多数的。并且，大多数合同的一方或双方当事人都有急需的情形。可见，利用他人的急迫需要而谋取利益不足以说明该利益的不正当性。因此，大陆法系各国（乃至包括美

〔35〕 参见刘心稳主编：《中国民法学研究述评》，中国政法大学出版社1996年版，第245页。
〔36〕 参见沈达明、梁仁洁：《德意志法上的法律行为》，对外贸易教育出版社1992年版，第181页。

国在内的一些英美法系国家)的立法例,都规定只有在一方利用对方的危难,并且所成立的法律行为或合同的内容显失公平时,才构成法律行为或合同无效或可撤销的事由。[37] 我国学者在论述乘人之危的构成要件时,也一致认为其中必须存在"意思表示内容对自己严重不利"这一要件。[38] 由此可见,乘人之危和利用对方的无经验、轻率一样,都只是显失公平主观构成要件的具体表现形式而已,其核心问题仍然在于它们客观上导致了合同内容的显失公平。

据此,我认为,我国《民法通则》和《合同法》规定的乘人之危,没有必要作为单独的法律行为无效或可撤销的原因而存在,它作为显失公平的一种具体类型,完全可以合并规定于其中。[39] 因此,那些并未导致显失公平结果的乘人之危行为,除非足以构成欺诈或胁迫,[40] 否则不对合同效力产生任何影响。

三、遭受非常损失的行为或暴利行为的法律效果

受传统思想的立法例,认为存在非常损失的法律行为违反交易公正,该行为在公正被破坏时存在瑕疵,但这不妨碍交易的公正被恢复时法律行为继续有效。[41] 因此,以法国为代表的立法例(包括《瑞士债务法》),将此类行为的效力认定为相对无效,这种无效可因合同缺陷被"治愈"而转化为有效:一方面,受损害的一方虽然可在合同成立时起一定期间内(各国对期间的规定不一),向法院主张或单方宣告无效,但在该期间届满后,如果受损害方未作主张或宣告,合同即对双方当事人产生效力;另一方面,在法国法系的国家,此类合同也可因当事

---

〔37〕 参见李永军:《合同法原理》,中国人民公安大学出版社 1999 年版,第 257 ~ 258 页;沈达明、梁仁洁:《德意志法上的法律行为》,对外贸易教育出版社 1992 年版,第 181 ~ 183 页。

〔38〕 参见刘心稳主编:《中国民法学研究述评》,中国政法大学出版社 1996 年版,第 233 页。

〔39〕 2020 年 5 月 28 日通过的《民法典》第 151 条已正确处理这一问题。

〔40〕 乘人之危和胁迫之间虽然存在区别,但两者之间并不存在不可逾越的界限。乘人之危一般不足以构成胁迫,如某人在他人急需周转资金时以高利率放款,但并未以某种他可控制的恶果逼迫他人承诺。但是,如果一个人在进行意思表示时,以他人所处于的危难境地产生某种恶果相威胁,而他又对这一恶果拥有某种控制力,那么在这种威胁不法时,就构成了胁迫。在这种情况下,乘人之危已转化为胁迫,从而构成意思表示的瑕疵。

〔41〕 Véase Jorge Joaquín Llambías, *op. cit.*, p. 300.

人的承认而转化为有效。此外,《法国民法典》中增补的法律条文对其直接规定之外的一些非常损失的情形,更是采取积极措施,允许法官以减少给付的方式变更合同,这实质上意味着合同的部分无效。[42] 更有意味的是,按照《法国民法典》第 891 条和第 1681 条的规定,获得不正当利益的不动产共有人或不动产买受人,甚至可以通过适当补充其过少的给付,而积极挽救不动产分割或买卖的效力。

德国法在历史上对高利贷的态度几经变化,早期的德国甚至通过《禁息令》确定利息收取行为构成犯罪。之后,德国很快又允许了一定利息的存在。到 19 世纪中叶,作为自由经济思潮的表征,其《统一商法典》第 292 条为商人规定的最高利率之条款被废除,北德各邦甚至将之扩展到其他领域。但到 1880 年,信用高利贷(Kreditwucher)因其所规定的利率与提供的给付之间显然不相称而被禁止。1893 年,这一禁令的效力扩及所有的暴利方式。基于这种历史情感,德意志帝国议会委员会在《德国民法典》第一稿草案的提案中,将暴利划入"违反善良风俗"一类。[43] 于是,在以《德国民法典》为榜样的立法例(包括《墨西哥民法典》)中,暴利行为往往被视为违反善良风俗而当然无效。但批评者认为,暴利的存在并不比欺诈、胁迫等更违反公序良俗原则,因此应对它们作同等对待,亦即赋予受损害的当事人以选择的权利。事实上,德国法院极少适用《德国民法典》第 138 条第 2 款的规定,原因应在于其制裁过于严格。[44] 瑞士和我国台湾地区则更是旗帜鲜明,明确将显失公平之法律行为的效力定为可撤销。

我国《民法通则》和《合同法》都将显失公平的法律行为或合同列入可撤销的范围,[45]受损害方在此情形下有权请求人民法院或仲裁机

---

〔42〕 尹田:《法国现代合同法》,法律出版社 1995 年版,第 108 页。对此,瑞士学者虽然有相同的主张,但判例认为不得强迫获得暴利的一方接受部分无效。沈达明、梁仁杰:《德意志法上的法律行为》,对外贸易教育出版社 1992 年版,第 183 页。

〔43〕 Staudinger BGB, J. Schweiter Verlag, Berlin, 12. Auflage, 1980, SS. 469 – 470.

〔44〕 Véase Jorge Joaquín Llambías, *op. cit.*, p. 300.

〔45〕 应注意的是,《民法通则》将乘人之危的法律行为列入无效的范畴,《合同法》对此做出修改,视其为可撤销的法律行为。由于本文认为乘人之危应作为显失公平主观构成要件的具体表现形式而得到规定,所以也就未对乘人之危之法律行为的效力再作讨论。

构变更或撤销。并且,依照其规定和解释,撤销权人仅要求变更的,法院或仲裁机关不得撤销;撤销权人要求撤销的,法院或仲裁机构可以进行变更,也可予以撤销。这种较具灵活性的做法符合各国家及地区潮流,应予肯定。但在此之外,笔者建议,不妨采纳法国法的做法,为获取不正当利益的一方提供积极补救的机会,使其能审时度势,在认为必要时主动增加或减少显失公平的给付,以挽救法律行为的效力。总之,对于显失公平之法律行为的效力,正确的态度应该是:在交易的公正受到损害时,最好的补救方法是重新确立交易双方利益的平衡,而不是摧毁已经发生的一切。[46]

(原文载于《法律科学》2001 年第 3 期)

〔46〕 颇为蹊跷的是,《民法典》总则编对所有可撤销法律行为,都取消了相应当事人可以请求人民法院或仲裁机构“变更”的表述。就本文所论而言,在乘人之危或显失公平的场合,可撤销法律行为之变更诉权主要针对的是给付和对待给付之间的明显失衡。法官在为增减给付之判断时,并非可以任意酌情增减,也不能以当事人的主观利益为基础,而应参照客观的价值关系(客观的均衡),即交易上常见的均衡(通常表现为市场一般价格),通过变更给当事人维护利益均衡的机会。所以,立法者这种“把婴儿和洗澡水一起倒掉”的做法,也是一种简单的粗暴。

债权让与制度中的利益衡量和逻辑贯彻

——以双重让与为主要分析对象

目　次

一、问题的缘起

二、对让与人和受让人之利益的保护:债权让与之法律可能性和安全性的基础

三、债权让与中第三人的地位:利益平衡抑或逻辑贯彻

四、如何保护债务人的利益:各国家及地区制度之考察

五、整体制度背景下对《合同法(专家建议稿)》第 83 条的检讨

六、总结

一、问题的缘起

我国《合同法》主要效仿欧陆各国立法例,就债权让与作出了较为详尽的规定。但对债权双重让与问题,即在让与人重复让与债权时,何人取得债权的问题,《合同法》并无详细规定。于是,学者在探讨其解决方案时,一般以《合同法》起草过程中的"专家建议稿"[1]第 83 条为根据,认为让与人将已让与的债权再次让与他人时,在各受让人之间,依据如下标准确定取得债权的受让人:(1)两个以上的让与中,有偿让

[1] 该建议稿载于梁慧星主编:《民商法论丛》(第 4 卷),法律出版社 1996 年版。

与的受让人取得债权;(2)两个以上的让与中,有可撤销事由的让与的,无可撤销事由的受让人取得债权;(3)两个以上的让与中,同时有全部让与和部分让与的,全部让与的受让人取得债权;(4)两个以上的受让人中,先对债务人为有效通知的受让人取得债权。〔2〕

乍看之下,该方案区分债权让与的不同情况,颇为周到地为双重让与确定了可操作的规则。但稍加推敲,就会发现其破绽百出,矛盾重重。单在稍具逻辑知识的人看来,同一个债权让与事实,完全可以按不同标准被归属为上述四种不同性质的让与情形,那么问题此时就变得复杂了:假设部分让与已被通知于债务人,那么是否优先于未为通知的全部让与?〔3〕又如有偿的部分让与和无偿的全部让与,孰为优先?此类假设还可按不同的排列组合设定。

事实上,债权双重让与的处理远非如此简单,它涉及的是让与人、受让人、债务人和次受让人之间错综复杂的法律关系,进而关涉债权让与制度之整体设计。不同立法例对该问题的不同处理,反映其债权让与制度之规范目的和逻辑结构迥然相异。因此,笔者以债权双重让与为主要分析对象,选择制度设计中利益衡量和逻辑贯彻这两个剖析工具(妥当的利益衡量是法律规范之价值理性的保障,而逻辑贯彻则是其形式合理性的基础),运用比较法学、民法解释学以及法学方法论上的一些分析手段,分别从让与人、受让人、第三人以及债务人之利益保护的角度,缕述双重让与中体现的让与制度之规范目的。其目的不仅是要在既有的让与规则中为双重让与问题寻找答案,以消除理论上的谬误,同时也试图借此揭示让与规则背后隐藏的价值功能,并在此基础上为其发展提供某种指导思想。

---

〔2〕 参见余延满:《合同法原论》,武汉大学出版社 1999 年版,第 469 页;李永军:《合同法原理》,中国人民公安大学出版社 1999 年版,第 383 页;崔建远主编:《合同法》(修订版),法律出版社 2000 年第 2 版,第 183 页;魏振瀛主编:《民法》,北京大学出版社、高等教育出版社 2000 年版,第 358 页。后两本著作未列出第二个标准。

〔3〕 英美合同法为这一问题提供了确定的答案:"就部分让与为通知后,对让与人或对第二受让人为全额偿付,不起解除债务人义务的作用。"参见 A. L. 科宾:《科宾论合同》(一卷版)(下册),王卫国等译,中国大百科全书出版社 1998 年版,第 317 页。但依"专家意见稿"第 83 条确定的标准,并不能得出这一结论。

二、对让与人和受让人之利益的保护：债权让与之法律可能性和安全性的基础

债权的财产化意味着债权从人身关系到纯粹经济关系的一个质变。“在人类文化史发展的初期，债权纯粹体现债权人与债务人之间的人身关系。”[4]在这一时期，如果债务未被履行，则债务人就要将其整个人身（人格）置于债权人的权力之下；而且，债权作为联结债权人和债务人的法锁，其任何一端发生变更都会使其失去同一性，所以债权的让与未能被承认。随着观念的更新，债权本身实现了从主观的人身关系到客观经济关系的推进，债务人的人身责任逐渐演化为纯粹的财产责任。于是，债权自身取得了完全的财产价值和物权、知识产权等一同归属于财产权的范畴，债权由此失去人的色彩而实现了独立财产化，完成了其对人的直接支配性到非人格化的转变。[5]

债权的财产化（非人格化），使债权的自由让与成为可能。诚如日本学者胜本正晃所言，债权的本质，乃特定人对特定人请求一定给付的请求权，这种相对的、抽象的关系，在经济交易不频繁的时代，纯属当事人间的内部关系，在经济交易方面并不发生独立性的机能或特别意义；但在近现代经济生活中，一方面，财货的交易不再以直接消费为目的，而以增加交换价值为其目标；另一方面，近代资本主义经济组织不仅将物质作为资本，甚至欲将一切关系均予资本化。结果，以往局限于个人相对内部关系的债权，逐渐脱离其主体（非人格化），成为一种客观的、独立的财产。[6] 这种“债权所有权化”的观点虽然未能得到多数学者

〔4〕［日］我妻荣：《债权在近代法中的优越地位》，王书江等译，中国大百科全书出版社 1999 年版，第 20 页。

〔5〕［日］我妻荣：《债权在近代法中的优越地位》，王书江等译，中国大百科全书出版社 1999 年版，第 48～49 页。

〔6〕刘绍猷：《“将来之债权”的让与》，载郑玉波主编：《民法债编论文选辑》（中），五南图书出版公司 1984 年版，第 888～889 页。

的认同,但债权人对其债权享有的支配和排他等权能,也不可否认。[7] 债权的非人格化,以及债权人对其债权享有的支配权能,使债权人自由处分其债权成为可能,因为债务人向谁履行在这里已变得不重要,并且自由处分本身就是支配的当然内容。由此可以说,债权财产化的观念催生了债权让与制度。

另外,债权让与制度本身虽然是在债权财产化的过程中孕育,但又是促使债权财产化的工具。这就意味着,欲使债权完全失去人身色彩而表现为纯粹的财产关系,就必须承认债权让与的可能性。换言之,增加债权之财产性质的最重要之点,就是完善其转让的可能性。[8] 19世纪后,各国立法就债权让与所作的诸多努力的根本动机,更是为了完善债权的财产性质,使之资本化而成为投资工具。

一般而言,债权的财产性因其自身的请求权性质和期限性而表现为一种预期的利益,债权人往往在需要时感到不便和不安。因此,在债权能予实现之前,只有允许其自由转让,才能使债权人将这种预期的利益转化为现实利益,从而推动债权的资本化。由此观之,债权让与制度首先应该是为债权人的利益而设定的。近现代各国民法逐步扩大可让与债权的范围,以至于将来的债权也可让与,莫不以实现债权人之利益并推进债权的资本化为其立法指导思想。并且,只要是可让与的债权,各国立法趋势不再要求其让与须取得债务人的同意,此亦为债权财产化(这意味着债权本身可成为支配权的客体)的逻辑结论。

---

〔7〕 刘绍猷:《"将来之债权"的让与》,载郑玉波主编:《民法债编论文选辑》(中),五南图书出版公司1984年版,第889页。假若承认债权所有权化的观点,那么会削弱对债务人的保护。因为所有权是绝对权、支配权,债权的所有权化意味着债权人(包括债权的受让人)完全支配债务人成为可能。美国学者在阐述英美法上的合同权利让与时有相似的论述:如果承认受让人获得的是"法定产权"(legal title),就会削弱对债务人的保护。参见A. L. 科宾:《科宾论合同》(一卷版)(下册),王卫国等译,中国大百科全书出版社1998年版,第255页。但科宾在回答"合同权利是'财产'吗"时,又说对它(指合同权利)的所有权不仅涉及对特定的可确认的人的权利,而且还涉及与不可胜数的不特定人的种种法律关系。此外,他也一再使用"合同权利的所有人"的表述。参见A. L. 科宾:《科宾论合同》(一卷版)(下册),王卫国等译,中国大百科全书出版社1998年版,第262~263页。由此可见,合同权利对外的支配权、绝对权特性,在英美法系也于一定程度上被承认。

〔8〕 [日]我妻荣:《债权在近代法中的优越地位》,王书江等译,中国大百科全书出版社1999年版,第22页。

债权人得自由让与其债权，只是在法律上使债权转让成为可能。然而，从经济角度观察，债权是否容易转让，债权让与是否有法律障碍并非决定性因素，保障受让人安全地位才是决定性因素。[9] 换言之，债权让与的安全性，须受让人能完全取得债权而受保障，这就要求：其一，债权的让与应不受被让与债权的成立、存续及内容上之瑕疵（无效、消灭及附有抗辩权等）的影响；其二，应不受连续让与中之瑕疵行为的影响。[10] 第一方面的保障涉及受让人和债务人之利益的兼顾，第二方面的保障则关涉受让人和第三人（实际上也是延伸环节中的受让人）之利益的冲突和协调。对此，我们将在以下两个部分分别讨论。

除此之外，在笔者看来，债权让与制度能否发挥其效用，关键还在于如何确定债权让与行为本身的法律性质。对于这一问题，应区分不同立法例予以回答。法国法坚持“广义财产权”理论，其所谓的财产，包括物、物权、债权和无形财产，没有物权和债权的科学划分。[11] 同时，法国法也不区分债权让与行为和原因行为（如买卖、赠与等）。因此，《法国民法典》将债权和其他无形权利的转让安排在“买卖合同”一章，从而将其定性为买卖合同的一种。于是，和移转物之所有权的买卖合同一样，债权的转让也仅须当事人意思表示一致即可发生，债权应在转让合同有效成立时移转。[12] 相反，在德国法系，债权让与本身和其应移转债权之债权契约（原因行为）是有区别的。后者仅发生应移转债权之债务，[13] 属于负担行为的一种，而债权让与则为准物权行为，属于处分行为的一种。

初看之下，法国立法例程序简单、直观明了，较德国立法例为优。因为，在法国法上，只要债权买卖合同一旦有效成立，即发生债权移转

〔9〕［日］我妻荣：《债权在近代法中的优越地位》，王书江等译，中国大百科全书出版社1999年版，第23页。

〔10〕史尚宽：《债法总论》，中国政法大学出版社2000年版，第709页。

〔11〕尹田：《法国物权法》，法律出版社1998年版，第14页。

〔12〕张元再、孙卫华：《合同权利转让若干争议问题研究——兼评〈合同法草案〉有关债权让与之条款》，载《河南省政法管理干部学院学报》1998年第3期。

〔13〕史尚宽：《债法总论》，中国政法大学出版社2000年版，第704～705页。

的法律效力，此点颇有利于受让人即时取得债权。而在德国法上，由于原因行为只是产生应移转债权之债务，与它相独立的债权让与行为才产生债权的移转效果，所以德国债权让与制度完全可能与其物权行为理论一样，备受“人为拟制、歪曲实际生活”之责难。

然而，姑且不论负担行为和处分行为之区分是否为法律生活中的客观存在，不容置疑的是，该区分在导入无因性原则后，对债权让与中受让人之安全地位的保障确有实益。因为按照区分原则和无因性原则，债权让与虽基于买卖、赠与、代物清偿等各种各样的原因而发生，但无论其原因行为有效与否，对于债权让与本身并无直接影响，受让人仍有效取得债权，其安全地位由此得到切实保障。反之，在法国法上，原因行为和债权让与行为被视为一体，无因性原则更无从谈起，于是债权买卖合同的无效或被撤销，也就意味着受让人不能有效取得债权。相比之下，法国法对受让人之安全地位的保障远为逊色。

上述结论的链条如果再被拉长，区分原则和无因性原则对受让人之安全地位的保障作用更是显露无遗。其中原因很简单：受让人受让债权时完全可能具有再向他人为转让的意图，如果其受让的债权并无无因性原则的保障，则其后手受让人就有所顾虑而踌躇于继续受让。如此制度安排，致使受让人于受让之前即有顾虑，债权之资本化的目的如何达成？何况，这一问题还涉及第三人利益的保护（容后详述）。

如果说区分原则和无因性原则在指名债权让与中的作用尚不明显的话，那么就证券化债权而言，这些原则构成其安全流通的基础却是不争的事实，因为无论是在法国法系、德国法系还是在英美法系，原因行为和票据行为（其实质就是证券化债权的让与）相区分以及票据行为的无因性，都是得到承认的。然而，不难发现，只有在德国法系，指名债权之让与行为的独立性及其无因性才在民法上被承认，同时，也正是该行为的这两种性质，沟通了民法与商法的关系，使其在整个私法的层面构建了一个以负担行为与处分行为之区分为基础的和谐一致的逻辑体系。于是，从这种意义上说，既然债权的加速资本化已成为全球立法的导向，而受让人安全地位的保障又是债权自由流通的前提之一，那么在法国法系和英美法系，为何要厚此薄彼，在承认证券化债权之让与的独立性和无因性的同时，却否认指名债权之让与的独立性和无因性，从而导致私法体系上的不协调？

三、债权让与中第三人的地位：利益平衡抑或逻辑贯彻

由以上论述可知，债权的非人格化使债权的自由让与成为可能，同时，各国立法为促进债权的财产化，也力求从债权人利益尤其是保护受让人安全地位这两个方面来进一步扩大债权的可让与性。然而，这种制度安排只是假设了一种简单模式，在债权让与的这种模式中，只存在让与人和受让人两个抽象的人。但事实上，债权让与并非如此简单，第三人的介入往往使此种模式更趋复杂。一般而言，在有第三人介入的债权让与图景中，我们可以比照买卖法律关系，将第三人描述为以下两种：[14] (1)受让人将债权再让与他人，或无权利人将债权让与给他人后，该他人对原让与人或真正权利人而言为第三人。(2)与让与人有法律关系的第三人，其典型例子就是双重让与。在此情形下，会产生两个以上的受让人，而这些受让人在法学上互为第三人。

其实，这两种情形下的第三人不过是债权让与各个延伸环节中的受让人，对其加以保护，是促成债权财产化和增益其让与性的当然内容。在第一种情形下，对第三人的保护实际涉及的是如何对待连续让与中的瑕疵问题，其中又隐含两个问题：(1)债权人将债权出售给受让人后，受让人再将此债权让与给第三人。如果债权人和受让人之间的买卖合同无效或被撤销，那么第三人是否取得债权？对此，鉴于其不区分原因行为和让与行为，法国法系的回答应该是：受让人因买卖合同无效或被撤销而成为无权利人，故第三人不能取得债权。此时，问题转化为以下第二个问题。在德国法系中，则由于其区分负担行为和处分行为并承认无因性原则，所以其回答应该是：如果仅仅是买卖合同无效或

〔14〕 此处借用了孙宪忠教授的分析模式，参见孙宪忠：《物权法基本范畴及主要制度的反思》(上)，载《中国法学》1999 年第 5 期。

被撤销,则由于无因性原则切断了原因行为和让与行为之间的联系,故后者的有效仍然使受让人成为有权处分人,第三人可以取得债权,而原债权人只能针对受让人请求返还不当得利;如果让与行为本身无效,则即使买卖合同有效,受让人也无从有效取得债权,此时受让人的再次让与显为无权处分,于是问题也转化为以下第二个问题。两相比较,德国立法例对第三人利益的保护更为有力。(2)无权利人将债权人之债权让与给第三人后,该受让人是否能取得债权?或者债权人和受让人之间的让与无效或被撤销,致使受让人成为无权利人,此时后手受让人能否取得债权?对这一问题,就指名债权而言,德国、日本等国民法都无保护第三人的相关救济。〔15〕 但对于证券化债权,各国民法尤其是商法都作出了保护第三人的规定,这在一定程度上保障了受让人的安全地位,从而推进了债权的可让与性。〔16〕

在第二种情形下,会产生两个以上相互为第三人的受让人。在他们之间,谁能取得债权,应由一个法律标准来确定。这个标准的确定貌似简单,实际上却关涉民法体系中相关制度的协调一致,非分析其后隐藏的制度价值莫能得出结论。因此,要对其作出回答,首先也须考察不同法律制度对债权让与性质的不同认识。

---

〔15〕 [日]我妻荣:《债权在近代法中的优越地位》,王书江等译,中国大百科全书出版社 1999 年版,第 24 页。我国学者也认为,关于无权处分他人债权,因没有和动产善意取得制度类似的规定,故不发生善意取得的问题。参见史尚宽:《债法总论》,中国政法大学出版社 2000 年版,第 705 页;王泽鉴:《民法学说与判例研究》(5),中国政法大学出版社 1998 年版,第 52 页;崔建远主编:《合同法》(修订版),法律出版社 2000 年版,第 176、179 页。欲获致其中原因,则须剖析善意取得制度之理论根据。学者普遍认为,动产善意取得制度主要是建立在交易安全和便利之确保上,占有之公信力为其不可欠缺的基础。谢在全:《民法物权论》(上册),中国政法大学出版社 1999 年版,第 220 ~ 221 页。但就债权而言,却很难以占有作为正当理由和权利推定的依据(Hans Hattenhauer, *Conceptos Fundamentales del Derecho Civil*, Traducción Española de Gonzalo Hernández, Editorial Arial S. A., Barcelona, 1987, p. 56)。在英美法上,学者也认为,"人类的思维把握有体物或有形变化的观念比把握权利或其他法律关系的概念,远为容易","在普通法上,有形的占有在诉讼中几乎总是稳操胜券"。参见科宾:《科宾论合同》(一卷版)(下册),王卫国等译,中国大百科全书出版社 1998 年版,第 264 页。由此观之,以占有之公信力为其基础的善意取得制度,或以"占有的权利正确性推定"为基础的"从无权利人处取得(动产物权)"之制度(孙宪忠:《论物权法》,法律出版社 2001 年版,第 34、182 页),难以适用于无权处分他人债权的情形。

〔16〕 [日]我妻荣:《债权在近代法中的优越地位》,王书江等译,中国大百科全书出版社 1999 年版,第 33 ~ 37、41 ~ 42 页。

前已述及,法国法并不区分债权让与行为和原因行为,债权的转让仅需当事人意思表示一致即可发生,债权应在转让合同有效成立时移转。由此可知,在法国法上,纯粹意思主义不仅在物权变动中得以体现,而且在债权及其他无形权利的转让(变动)中也被一以贯之。据此,对于双重让与的情形,究竟由谁取得债权,在法国法上似乎应按转让合同之成立先后来确定,即最先成立之转让合同的受让人取得债权,此乃债权在第一次转让合同有效成立时即已发生移转之故也。〔17〕

法国法所采的意思主义,程序简单,便利交易活动,是其优点。但物权的变动或债权的转让若欠缺足以由外界辨识的表征,对作为交易秩序整体之化身的第三人将保护不周。因此,为保护交易安全,《法国民法典》第 1141 条规定,如果出卖人将标的物再让与第三人,而该第三人先于前买受人占有标的物,则前买受人不受保护。就债权的双重让与而言,可将此规定表述为:如果让与人将债权再让与第三人,而该第三人先于前受让人占有债权,则前受让人不受保护。同时,《法国民法典》为进一步明确何时发生该条所谓的"占有",在第 1690 条更设如下规定:受让人,仅依其向债务人进行有关转让的通知,或依债务人在公证文书中接受转让的表示,始对第三人发生占有权利的效力。结合这两条规定,可以推知,在发生双重让与的情形时,虽然按照意思主义的规定,前一受让人自转让合同成立之时起即取得债权,而后一转让合同应为无效(第 1599 条),并且让与人应负权利存在之保证责任(第 1692 条);但如果后一受让人依其向债务人所为的转让通知,或依债务人在公证文书中接受转让的表示,而占有债权,则应由其取得债权。法国法

〔17〕 应指出的是,在不区分原因行为和债权让与行为的立法例下,债权既然在第一个买卖合同成立时即已移转,那么原债权人再次出售其债权虽然在生活中会经常发生,但在法律上应无可能,因为他此时已无权处分该债权。质言之,在法国立法例下,以同一债权为标的的买卖合同在逻辑上不可能复数地有效成立。这一点和后述德国立法例迥然相异。

的这种做法也为日本、[18]意大利等国民法典所采。

法国法系的这种做法,貌似简便易行,但和其物权变动理论一样,由于未有效区分买卖合同和债权让与本身,同时又以纯粹的意思主义决定债权的移转,所以在法理上难圆通,这主要发生在双重让与的情形:甲在将债权出售给乙后,乙即取得债权,假设若甲再将债权出售给丙,则该转让合同应为无效(《法国民法典》第1599条),丙不能取得债权;但由于《法国民法典》第1690条和第1141条之故,丙之权利在这两个条文所预设的条件满足时可优先于乙之权利,于是乙依在先合同取得的权利顿成泡影,而甲丙之间原本无效的转让合同却摇身变为有效合同。最终,前述"最先成立之转让合同的受让人取得债权"的规则被否定。[19]

这种逻辑上存在悖论的解决方案实际上采用了经院主义的辩证推理方法。该方法经常被应用于具体的法律问题,以便调和权威性文本中的矛盾,并从中得出新的学说和规则。根据这种方法得出的结论往往可以对原初的命题加以限定或放弃。[20] 显然,在债权让与制度方面,法国法虽以纯粹意思主义为其制度基石,但为了保护第三人的利益,它又以《法国民法典》第1690条和第1141条的规定对纯粹意思主义做出限定乃至否定。此种方案的副作用是削弱了对第一受让人之利益的保护,并牺牲了逻辑上的合理性。于是,任何人在受让债权时,虽然在名义上能于转让合同有效成立的同时取得债权,但他若要避免

---

〔18〕《日本民法典》第467条第1项和《法国民法典》第1690条的规定相仿:"指名债权的让与,非经让与人通知债务人或经债务人承诺,不得以之对抗债务人及其他第三人。"尽管日本民法并未将债权让与视为买卖合同的一种,但该项规定的适用,和其民法典就物权变动所做的规定(《日本民法典》第176~178条)一样,乃基于相同的机理。既然学界一般认为日本民法在物权变动方面的立法模式,只不过是采纳法国民法后来发展出来的一些理论和原则的结果,所以本文在债权让与方面就法国立法例所做的剖析,基本上也应适用于日本民法的情形。

〔19〕法国立法例上这一法理上的不圆通性,在物权变动方面表现更为明显。参见孙宪忠:《论物权法》,法律出版社2001年版,第44、70页。

〔20〕[美]哈罗德·伯尔曼:《法律与革命——西方法律传统的形成》,贺卫方等译,中国大百科全书出版社1993年版,第177~180页。该书中列举了一些具体应用的例子,这些例子和法国法对双重让与貌似矛盾的处理方案颇为相似。

《法国民法典》第 1690 条和第 1141 条的适用而遭受不利,以真正有效地取得债权,就必须主动通知债务人,或尽其努力促成债务人以公证书做出接受转让的表示。这就是《法国民法典》第 1690 条和第 1141 条所具有的"消极强制"作用。

在德国法系,既然债权让与为准物权行为,属于处分行为的一种,那么按照其法理,对于处分行为,应适用优先次序原则(Priorittsgrundsatz),且其有效以处分人具有处分权为要件。而对于作为原因行为的负担行为,则无次序规则,且不以负担义务者具有处分权为必要。〔21〕 因此,在双重让与的情形下,就原因行为而言,其可复数地同时存在,也就是说,让与人可就同一个债权和数人同时或先后有效地成立应移转其债权的债权契约(如买卖)。在此种意义上,可以说让与人有将其债权同时或先后转让给数人的自由,并且所有此等债权契约都是有效的(避免了以上所述的法国法在两个让与合同之有效性问题上的矛盾规定)。其实,这种情形和双重买卖一样,也体现意思自治的精神。〔22〕 但就作为处分行为的债权让与本身而言,如果让与人在让与其债权后,又将其让与第三人,则后一让与不生效力,因为按照次序原则,让与人为第一次让与后,已非债权之债权人,他不再具有处分权,其第二次让与实为无权处分。〔23〕

德国立法例区分负担行为和处分行为,就物权变动而言,其实益颇多。〔24〕 但就债权让与来说,虽然它有效区分了债权契约性质的原因行为(如买卖、赠与等)和准物权行为性质的债权让与本身,从而解决了上述法国法中的一些逻辑悖论,但其优越性毕竟不似物权行为理论,难为第三人利益提供有效保护。究其原因,在于物权行为采形式主义立

---

〔21〕 王泽鉴:《民法学说与判例研究》(5),中国政法大学出版社 1998 年版,第 47 页。

〔22〕 关于双重买卖是合同自由原则的体现这一结论,请参见徐涤宇:《试论双重买卖》,载《法商研究》1996 年第 5 期。

〔23〕 这里不发生第二受让人之善意取得的问题,其理由请见前注〔15〕。

〔24〕 孙宪忠教授对此有精辟的分析,请参见孙宪忠:《再谈物权行为理论》,载孙宪忠:《论物权法》,法律出版社 2001 年版,第 155 页以下。

法例,有明确的外部表征(以交付或登记为其成立或生效要件),[25]即彰显物权得丧的公示方法,而债权让与虽为准物权行为,但无外部表征的要求,其成立或生效并不以交付债权证书或进行登记为要件。此故,在债权人为第一次让与后,受让人即已取得债权,而第三人又未能从外部认知债权发生移转的事实,不免沦为债权交易的牺牲品。如此,该制度对第三人利益和交易安全照顾难谓周到,有妨碍债权的流通性并进而影响债权财产化之嫌。

以上所述似乎要求采此立法例的国家应为第三人的利益设计妥当规则。但综观这些国家的立法,却无一像法国立法例那样,以通知债务人或债务人的承诺作为保护第三人利益的手段。究其原因,应在于德国法系舍弃第三人利益的保护,而追求处分行为之性质和次序原则的逻辑贯彻。设想在双重让与中,按照处分行为的次序原则,受让在先者取得债权,若以未为通知为由否定其效力,从而使受让在后但已为通知者取得债权,则无异于否认处分行为一经成立即生权利变动之效力的原则以及次序原则。由此可见,德国法系宁可在法律逻辑上保持圆满,也不愿因所谓的利益平衡而以辩证的方法动摇其制度基石。当然,德国法系轻视第三人利益之保护的做法,只是相对于双重让与中第一受让人和第二受让人谁优先取得债权而言的,这并不意味对第三人(双重让与中的第二受让人)利益的绝对忽视,因为基于原因行为所生之债,原债权人须对该第三人承担履行不能的责任。

四、如何保护债务人的利益:各国家及地区制度之考察

前已述及,债权可予让与是债权非人格化的结果。由于债务人向谁履行债务已显得不重要,所以债权的相对性被弱化,而债权人对债权的支配力却得到强化。于是,在构建债权让与制度时,保证债权人对债权的自由处分权和受让人的安全地位一直是其价值判断的出发点。这

---

〔25〕 关于交付或登记是物权行为的成立要件抑或生效要件,学界有不同观点。谢在全:《民法物权论》(上册),中国政法大学出版社 1999 年版,第 68 页。

种立法思想滥觞于近现代债法制度,以至于各国家及地区纷纷采用不以债务人的同意作为债权让与之要件的规定,牺牲了债务人的一定利益。

然而,债权毕竟是特定人之间的一种相对权,它基于各个具体的交易关系而被创设,并各自反映其交易关系的特异性。[26] 在这种关系中,债权人和债务人之利益的实现往往唇齿相依、互为条件。虽然这种利益的相互依赖性因各国家及地区的相关规定日益突出债权的非人格化而不应被过分强调,但债务人本来面对的毕竟只是具体交易关系中产生的债权人,而在发生债权的让与后,他却要面对与之并无交易关系的"陌生"受让人,其利益的实现难免不受到阻碍。有鉴于此,各国家及地区的相关规定一方面确认债权让与不以债务人同意为必要的原则,以保障债权人对债权的自由处分,倡导债权的可让与性,另一方面则基于对债务人之利益的保护,针对某些在立法政策或性质上不可非人格化的指名债权(普通债权),将其划入不得让与之债权的范围,从而在一定程度上限制了债权让与的自由。[27] 至于证券化债权,则由于其彻底的资本化而完全脱离其主体,成为几乎不受限制的可让与财产。

保护债务人之利益的第二个难点,就是如何处理他和受让人之安全地位的问题。正如前述,一方面,债权本为特定当事人之间的请求权,倘若任由债权人进行让与,而不使债务人基于原来的具体交易关系主张其本可对抗原债权人的事由,则不免牺牲其利益;另一方面,如果债务人得主张一切可对抗原债权人的事由,那么受让人就债权让与一事必定心存疑虑,进而影响债权的让与性。因此,各国家及地区一般就指名债权作出重要规定:债务人仅得以受通知时所能对抗让与人(原债权人)的事由对抗受让人。但相对于证券化债权,其让与性不免因此逊色。因为指名债权乃基于各个具体交易关系而被创设,其个别性不容漠视;证券化债权则因流通性是其首要特性而被划一对待,亦即除

---

〔26〕 史尚宽:《债法总论》,中国政法大学出版社 2000 年版,第 709 页。

〔27〕 至于约定不得让与的债权,不过是意思自治的结果,并非立法对让与自由的限制。

债权证书记载事项及由证书性质当然产生的结果外，债务人一般不得以可对抗原债权人的事由对抗善意受让人。[28]

债权让与中关于债务人利益之保护最为棘手之处，在于债权让与原属债权人和受让人之间的合同，这种合同因缺乏公示方式而难以为债务人和第三人了解。详言之，对于物权变动，法国法系虽采纯粹意思主义，且不作处分行为和负担行为之区分，但还是以占有的移转和登记作为对抗第三人的要件；在德国法系，则以物权行为之形式主义，卓有成效地解决物权变动和第三人利益之保护问题。但就债权让与而言，无论在混同债权让与本身和买卖合同（原因行为）的法国法系，还是在区分处分行为和负担行为的德国法系，皆不以某种形式作为债权发生移转的要件，故有外界难以认知债权已发生移转之事实的弊端。

由于这一弊端的存在，故有债务人可能不知债权让与的事实，而对原债权人为清偿或为抵销等行为的情况发生。如果仅因债权已发生移转的效果而使此等行为皆归于无效，则债务人将踌躇于为清偿，受让人或第三人也不敢轻易受让债权，这大大有害于债权的让与性。基于这种考虑，《法国民法典》第 1691 条明确规定，如债务人在让与人或受让人向其通知转让之前，已向让与人清偿债务，则其所负义务即告有效解除。此外，《法国民法典》第 1690 条的规定，貌似仅针对双重让与而为第三人利益而设，但其中第三人并不限于受让人之第三人，而应解释为让与人和受让人之外的一切第三人，即债务人也被包括在内。因此，该规定不仅是为第三人利益，同时也是为债务人利益而设。换言之，在双重让与的情形下，虽说债权已在转让合同成立之时移转于前一受让人，但如果未就该受让向债务人为通知，或债务人未依公证文书对其加以承认，则在债务人向第二受让人为清偿或抵销等行为后，后一受让人有效取得债权，债务人则解除其债务。

德国法将债权让与视为处分行为的一种，但对让与未采形式主义立法例，即不以特别的形式为其成立或生效要件，其结果是：债权让与

---

〔28〕 史尚宽：《债法总论》，中国政法大学出版社 2000 年版，第 709 ~ 710 页。

契约一旦有效成立,即使未向债务人为通知,对包括债务人在内的一切人均发生移转的效力。这就意味着,债务人在债权让与后若向原债权人为清偿或抵销等行为,则此等行为归于无效。此种欠缺公示手段的立法例,未考虑债务人可能不知让与事实这一情形,对其利益保护之不力显露无遗。为对此做出补救,《德国民法典》特设第 407 条,明定不得以上述规定对抗善意(不知让与之事实)的债务人;并设第 408 条关于双重让与之特别规定,强调为了债务人的利益而准用第 407 条的规定。如此,债务人在不知债权让与之事实时,如向原债权人为清偿或其他履行行为,或在双重让与的情形,向第三人(后受让人)为此等行为,则前一情形中的新债权人或后一情形中的先受让人,不得主张债务人的履行行为不能产生债之消灭的效果,而仅能以自己乃真正的债权取得人为由,向原债权人或后受让人主张不当得利的返还。

然而,意之善恶为债务人知或不知让与之事实要件,对债务人的保护端赖证明责任分配规则之设计及解释,[29] 故其规定徒增债权让与之复杂程度,削弱债权的流通性。于是,为增进债权的流通性,我国台湾地区"民法"虽仍采让与无须为通知即生效力的规定,但却对此规则略加变更:债权让与仅因让与契约即生效力,但对于债务人,则以让与人或受让人的通知为其生效要件;对于债务人以外的第三人,则不以通知为对抗或生效要件(第 297 条第 1 款)。[30] 依此规定,在债权双重让与的情形下,虽然根据处分行为的优先次序原则,第一受让人优先于第二受让人取得债权,但在未为通知时,让与的效力不及于债务人。换言之,无论债务人善意与否,只要其未受通知,即可向原债权人或任一受让人为给付,从而免其债务。而在债务人为给付后,若受给付者并非第

---

〔29〕 类似的证明责任之分配问题,可参见本书《民事证明责任分配之解释基准——以〈物权法〉第 106 条为分析文本》一文。

〔30〕 史尚宽:《债法总论》,中国政法大学出版社 2000 年版,第 724 页。依《瑞士债务法》第 167 条的规定,虽然让与人或受让人对债务人所为让与通知常可用来对抗债务人,但在通知前,债务人善意对原债权人,在双重让与时对受让在后者为给付的,也免其责任。该规定与我国台湾地区"民法"的规定貌似相同,但其本质上仍然采用的是德国立法例,即债权让与无须通知就对包括债务人在内的任何人生效,不过在未为通知时,不得以此对抗善意的债务人,而对债务人所为的通知,事实上是用来证明债务人恶意的手段。

一受让人,则依处分行为的优先次序原则,应由因此获利的原债权人或第二受让人向第一受让人返还不当得利。显然,此种以是否为通知作为客观标准的规定,一方面解决了意之善恶的证明责任分配之解释难题,另一方面更加直接体现对债务人之利益的保护。但就债务人以外的第三人而言,其利益保护略嫌不足。所以,在此种规定下,受让人应在受让后即刻通知债务人,以保全其权利,而第三人由原债权人受让债权时,应探询债务人是否已受让与之通知,以免蒙受不利。[31]

诚然,在债权让与制度设计中如何实现对债务人利益的保护这一问题上,我国台湾地区的相关规定较德国立法例为优。但尽管如此,由于其制度设计的基础并无二致,故在法律逻辑上均存在障碍。详言之,根据债权让与之处分行为的性质(一经让与即发生债权移转的效果)及处分行为的优先次序原则(受让在先者取得债权),在债权双重让与的场合,第一受让人既然无须为通知即已优先于第二受让人取得债权,那么又以债务人未受通知(我国台湾地区)或债务人善意(德国)为由否定其取得债权的效力——即便这种效力的否定只是针对债务人而言,在法律逻辑上就难见圆通。因为如果要根据让与之处分行为的性质及优先次序原则将其逻辑贯彻始终的话,其必然结论应该是:在债权双重让与的场合,债务人只有对第一受让人为清偿,才能免其责任;倘若债务人对原债权人或第二受让人为清偿,则无论其是否为善意,或是否受有通知,均属不适当履行,所以他必须对第一受让人另为清偿,然后请求受偿的原债权人或第二受让人返还不当得利。

于是,问题似乎在于,此种逻辑障碍是否成为德国法系在债权让与之制度安排上的硬伤。笔者认为,依"概念数学"的方法进行逻辑推演,是体系化民法之立法和法律适用的基础。但是,法律逻辑毕竟只是达到目的的手段,而非目的本身。[32] 也就是说,法律上的逻辑推理是一种实践的理性推理,它不同于纯粹的理性推理之处就在于,它只是实

---

〔31〕 史尚宽:《债法总论》,中国政法大学出版社 2000 年版,第 724 页。
〔32〕 梁慧星:《民法解释学》,中国政法大学出版社 1995 年版,第 74 页。

现一定法律价值、目的的工具,必然带有价值判断的因素。因此,在进行制度设计和法律解释时,不应仅为了追求科学的体系和方法以及实现法律形式上的“可计算性”,而过于注重法律概念层面的逻辑演绎,此外还必须对现实社会生活中各种各样互相冲突的利益,根据法律的目的和一般价值予以衡量,最后求得制度安排的妥当性。具体到债权让与的制度设计上,德国、瑞士民法,尤其是我国台湾地区“民法”,首先着力贯彻处分行为乃至法律行为理论在整个民法体系中的逻辑演绎,同时也注重债权让与中债务人利益之保护,其科学性、合理性不容置疑。

由以上论述可知,在我国台湾地区“民法”上,债权让与系准物权行为,本可对抗任何人,但法律为保护债务人而特别规定非经通知债务人,对于债务人不生效力。唯债权让与并未对债务人造成不利益,或其不利益乃因其恶意所致时,债务人不得主张该条款的适用。诚如学者所言,由此演进出来的“规范之保护目的”,对该条款的适用产生很大影响。首先,在债权确已移转时,如果债务人自动对受让人为给付,则债权既已移转于受让人,其清偿自属有效,而不得执该条“对于债务人不生效力”之用语,认为系“非债清偿”,否则,即与该条文保护债务人之意旨不符。其次,在债务人因基于接受通知以外的情形中,而知晓债权让与的“事实”,并对受让人为给付时,如果债权确已移转,则债务人对受让人所为的给付自可认为是清偿;反之,若债权未经让与,则债务人的给付就属于“自陷于危险”的行为,此时不能发生清偿的效力,而只能依不当得利的规定,对“受让人”为主张。最后,在未受通知而对受让人为给付的情形中,债务人如果知道原债权人之让与的意思表示有瑕疵,则他日原债权人主张其意思表示无效或撤销其意思表示时,债务人所为的给付对原债权人仍不构成清偿。债务人遭受此项不利益,是因其非善意,与我国台湾地区“民法”第297条保护债务人的意旨无关。[33] 无独有偶,我国有学者在解释《合同法》第80条第1款(其直

〔33〕 黄茂荣:《法学方法与现代民法》,中国政法大学出版社2001年版,第80~81页。

接渊源是前述第 297 条第 1 款)时,从另一角度认为,在债务人未收到让与通知时,如果有证据证明该债务人已知悉合同权利让与的事实,而仍向让与人履行债务的,则显然有违于诚实信用原则。于此情形,不能免除其对受让人的债务;对此,应由受让人负举证责任。〔34〕在这里,债务人之所以遭受不利益,也是因其非善意。

以上解释用于双重让与的情形,其结论就是:在其中一个让与已为通知时,债务人只有向所通知的受让人为给付,方可免其债务,因为此时通知已对其构成约束;在两个让与均未为通知时,债务人向让与人或第一受让人为清偿,按处分行为的次序原则以及保护债务人的意旨,自可免其债务,〔35〕但债务人若向第二受让人为给付,则属于“自陷于危险”的行为,此时不能发生清偿的效力,因为按照次序原则,第二受让人不能取得债权,并且由于第二次让与未为通知,故债务人不应受到保护。

五、整体制度背景下对《合同法(专家建议稿)》第 83 条的检讨

至此,我们看到,债权让与制度设计中牵涉的利益繁多而且复杂,如何在坚持法律逻辑的前提下兼顾各方当事人的利益,是求得妥当制度安排的有效保障。法国民法不区分原因行为和具有处分行为性质的让与合同,在债权让与上也采纯粹意思主义,但为了弥补此种制度安排对债务人和第三人造成的不利益,又运用辩证的方法,以《法国民法典》第 1690 条和第 1141 条的规定,对作为其权利变动之理论基石的纯粹意思主义进行限定(实质上是一种否定),于是产生了前述之法理上的不圆通。

相反,德国法系更注重逻辑概念的贯彻,但也不排除利益衡量对纯粹逻辑推演带来的不公正加以修正。首先,它有效区分原因行为和让

---

〔34〕 参见崔建远主编:《合同法》(修订版),法律出版社 2000 年版,第 182 页。需说明的是,该书作者主要参考的是《意大利民法典》第 1264 条之规定。

〔35〕 此种情形下,若债务人向第一受让人为给付,则因处分行为的次序原则,第一受让人已有效取得债权,其清偿当然有效;债务人向让与人为清偿而可免其债务,实为两次让与均未向债务人为通知而不对债务人形成约束之故。

与行为本身,从而连同物权变动中的原因行为和物权行为相区分理论,构建了由负担行为和处分行为为核心要素的一套概念确定、逻辑周延的法律行为理论体系。其次,在债权让与制度中,它坚持其处分行为的性质并严守优先次序原则,绝不因第三人利益的强调而放弃逻辑的贯彻,其具体表现就是不因未为通知或第三人的善意就否定第一次让与的效力。例如,在双重让与中,纵使第一次让与未为通知,或者第三人不知第一次让与的事实而重复受让,根据处分行为的性质及其次序原则,也应由第一受让人取得债权,此时不发生第三人善意取得债权问题。最后,为避免债务人在债权让与中可能处于不利地位,它又以通知作为债权让与对债务人生效的要件(我国台湾地区),或以债务人的善意作为其对抗要件(德国、奥地利、瑞士)。但该规则仅为债务人的利益而被适用,债务人以外的第三人则不得加以利用。[36] 于是,在保护债务人利益的同时,债权让与的处分行为性质及其次序原则仍被维持。虽然此种规定更为强调法律逻辑的贯彻,对第三人利益的保护稍嫌不足,但由逻辑保障的法律规范之确定性和可计算性,较诸在立法中借重以利益平衡为借口的价值判断,也许更符合法治的要旨。因为利益衡量中的孰重孰轻,实因社会的、经济的、道德的因素变化无常而难有确定的标准,立法者在立法之时就利益衡量所做的取舍,并不一定恒久有效。因此,从规范目的和逻辑贯彻的角度讲,我国关于债权让与的制度,宜采德国法系的解释。

此外,从立法过程来看,我国大陆地区《合同法》(尤其是专家建议稿)中的债权让与制度,多仿自我国台湾地区的"民法"。[37] 依历史解释或法意解释的方法,参照立法过程中的草案、立法理由书等有关资

---

〔36〕 在这一方面,法国法系的做法显然不同。因为按其规定,债权让与除非被通知于债务人,或经债务人承诺,否则不得以之对抗债务人以及其他所有第三人。

〔37〕 1994 年,《合同法》建议草案被分别委托给 12 个学术机构起草,原中南政法学院承担数章的起草任务。由徐国栋教授领导的三人小组负责起草"合同权利义务的转让"一章,笔者有幸参与该工作,所以对具体条文的比较法渊源和立法理由有所了解。虽然合同法草案后来数易其稿,但就债权让与制度而言,其背后蕴藏的立法者意图并无实质性的变化。

料，我们也可划定债权让与有关条文在立法渊源上的解释范围，[38]即应参酌我国台湾地区的规定作出适当解释。于是，依我国合同法立法目的和规范意旨，并参考我国台湾地区相关条文的规定理由和学理上的解释，关于我国债权让与制度的妥当解释应该是：(1)债权让与为处分行为，无须通知即生债权移转的效果；(2)在发生双重让与时，应依优先次序原则解决由谁优先取得债权的问题；(3)债权让与，仅在通知债务人时，始对其发生效力（让与双方以及债务人之外第三人不适用该规定），[39]而债务人意之善恶，并不为立法所关心。[40]

对于上述第一点和第三点结论，我国学者多持肯定态度，[41]但对于第二点，从目前有关双重让与的论述来看，债权让与之优先次序原则事实上已被否定，这极易导致在规范体系上构成所谓的"不可化解的规范矛盾"。这种规范矛盾在很大程度上来自《合同法（专家意见稿）》第83条之条文，因此，以历史解释和规范分析的方法重新检视该条文，尤显必要。

从历史材料的角度看，《合同法（专家意见稿）》第83条的规定直接源自《科宾论合同》一书（英文版）（第902节：同一权利的连续让与）。如果回过头再来研读该著作，就会发现《合同法（专家意见稿）》第83条对原作相关内容的提炼存在理解上的错误。

首先，从法学方法论的角度看，对同一问题的多标准对待极可能构

〔38〕 历史解释的主要任务，与其说是终局地决定法律的内容，不如说是在划定法律解释的活动范围。除非基于其他解释因素的考虑，认为对这个范围有加以修正的必要，否则解释活动，不得超出这个范围。请参见黄茂荣：《法学方法与现代民法》，中国政法大学出版社2001年版，第277页。

〔39〕 《合同法》第80条第1款、《合同法（专家建议稿）》第80条，参见梁慧星主编：《民商法论丛》（第4卷），法律出版社1996年版，第457～458页。

〔40〕 笔者做此结论，只是说在设计债权让与的制度时，无须像德国法那样，以债务人意之善恶作为是否对其进行保护的标准，但这并不意味着债务人的恶意不会给其带来不利益。在前面论述我国台湾地区"民法"第297条第1款以及我国大陆地区《合同法》第80条第1款时，我们已就债务人未收到通知时如有恶意会遭受的不利益做过探讨。显然，在我国台湾地区的规定下，只有在债务人未收到让与通知时，考虑其是否为恶意才有意义。

〔41〕 参见崔建远主编：《合同法》（修订版）法律出版社2000年版，第180页；张广兴：《债法总论》，法律出版社1997年版，第235页。但对此也有持不同意见者，全面评析可参见徐涤宇：《〈合同法〉第80条（债权让与通知）评注》，载《法学家》2019年第1期。

成“体系违反”。例如,在双重让与中,如果第一次让与为有偿的部分让与,第二次让与为无偿的全部让与,或者第一次让与属于未为通知的全部让与,第二次让与属于已为通知的部分让与,那么依《合同法(专家建议稿)》第83条,就不可能得出结论。这种情况,是数个不同的法律规范对同一法律事实加以规范并赋予不同的法律效果而产生的,学理上称为“规范矛盾”。并且,由于该矛盾不能依有关竞合的理论,通过法律解释的途径圆满解决,所以更被称为“不可化解的规范矛盾”。其结果是,该矛盾所牵涉的法条会互相废止对方,从而形成一个“碰撞漏洞”,它只能依法律补充的一般规则来填补。[42]

那么,作为《合同法(专家建议稿)》第83条之直接渊源的英美法,是否也存在相同的问题?回答是否定的。在《科宾论合同》一书中,在为同一合同权利的连续让与(重复让与)确定优先标准时,其表述的方式为“其债权在其他方面相同的两个同一权利的连续受让人之间,以……为优先”,或“若各受让人在其他方面都同等地应得到债权,则以……为优先”。[43] 其言下之意是,如果两个让与在其他方面并不相同,则不适用该规则,而应适用例外规则。这样,它就在一定程度上避免了“碰撞漏洞”的产生。

上述避免“碰撞漏洞”产生的方法,其实是在各冲突的规则之间安排了一个适用顺序,即首先确定一个一般规则,然后规定五种例外情形。[44] 而我国《合同法(专家意见稿)》第83条却不加分析,将它们作

---

〔42〕 黄茂荣:《法学方法与现代民法》,中国政法大学出版社2001年版,第281页。

〔43〕 科宾:《科宾论合同》(一卷版)(下册),王卫国等译,中国大百科全书出版社1998年版,第333页。

〔44〕 科宾:《科宾论合同》(一卷版)(下册),王卫国等译,中国大百科全书出版社1998年版,第333页以下。笔者认为,在发生“规范矛盾”的情形时,如果该矛盾涉及的两个条文在立法中即已明确其适用顺序,那么优先适用的条文就会废止对立的条文,从而避免“碰撞漏洞”的产生。事实上,这就是经院主义惯用的辩证方法。例如,在物权变动方面,法国法采债权意思主义的立法例,规定买卖合同一旦有效成立,买受人即取得标的物的所有权,但《法国民法典》第1141条又规定,若出卖人将标的物再出售于善意第三人,而该第三人先于前买受人占有标的物,则前买受人不受保护。由于第二个规范为例外规定,有优先于前一规范而为适用的效果,所以事实上虽因后一规范废止,前一规范在法理上难见圆满,但至少不会产生“碰撞漏洞”。

为处理重复让与的相互独立的标准而糅合在一个条文中,使其所列的四个标准成为并列关系,而无适用的顺序,有囫囵吞枣之嫌。

其次,从实体内容看,《合同法(专家意见稿)》第 83 条对英美法的处理规则也存在消化不良的问题。

第一,在美国法上,关于同一合同权利重复让与的一般规则是:其债权在其他方面相同的两个同一权利的连续受让人之间,以较早受让者为优先。因为美国法对合同权利的让与并不要求对债务人为通知,这样,通过第一次让与,权利已归该受让人所有,让与人在为第二次让与时已不享有权利,他无可让与;[45] 通知的效果也仅仅是使合同权利的让与对债务人生效。[46] 该规则和我国台湾地区的相关规定并无二致。

相反地,在英国和美国的某些州,却适用不同的规则,即如果各受让人在其他方面都同等地应得到债权,则按他们对债务人为通知的先后排列顺序。[47] 这一规则事实上已接近法国立法例:债权让与,非经通知,不得以之对抗债务人以及任何其他第三人。

显然,《合同法(专家建议稿)》第 83 条第 4 项采用了英国法的规则。于是,这在一个更高的层面又产生所谓的"规范矛盾",即不是在双重让与的处理问题上,而是在整个债权让与规则的层面产生了规范矛盾。因为正如上述,就我国债权让与制度而言,参照依目的解释和历史解释所得的结论,债权让与合同一经有效成立,即发生债权移转于受让人的效果,而原债权人若再次让与债权,已属无权处分。但根据《合同法(专家建议稿)》第 83 条第 4 项的规定,若因第一次让与未为通知而第二次让与已为通知,即遽然认为第二受让人优先取得债权,从而否定第一次让与的效力,岂非自相矛盾?如此"规范矛盾",又因相互矛

[45] 科宾:《科宾论合同》(一卷版)(下册),王卫国等译,中国大百科全书出版社 1998 年版,第 333 页。

[46] 科宾:《科宾论合同》(一卷版)(下册),王卫国等译,中国大百科全书出版社 1998 年版,第 334 页。

[47] 科宾:《科宾论合同》(一卷版)(下册),王卫国等译,中国大百科全书出版社 1998 年版,第 333 页。

盾的两个规范并无适用上的优先顺序，所以必然发生相互废止的效果，形成“碰撞漏洞”。

显而易见，欲避免上述“碰撞漏洞”的形成，在立法上就不应采用英国法的规则。发人深省的是，《合同法》正式文本虽已删除《合同法(专家意见稿)》第83条的规定(尽管其删除意图如何并不清楚)，从而避免了规范矛盾的产生，但学者却在《合同法》颁行后仍以其为立法资料，用历史解释的方法来重现该规则，其论断之轻率，以至以讹传讹，不可不察。

第二，《合同法(专家建议稿)》第83条第1项确定的标准是，有偿让与的受让人优先于无偿让与的受让人取得债权。但在美国法上，该规则的适用是有条件的，它只是针对一般规则(受让在先者优于受让在后者)的例外，而且这种例外仅适用于四种情况：其一，付出代价的第二受让人已善意地收受了金钱；其二，善意行动并付出了代价的第二受让人得到了针对债务人的胜诉判决；其三，付出代价的第二受让人善意地与债务人达成了变更债的合同；其四，付出代价的第二受让人未得到通知，并事实上能创立一个针对第一受让人的反悔禁止。其主要理由是：仅仅通过让与时间上的在先，看来不是剥夺第二受让人善意地以勤勉和努力获得的金钱或胜诉判决的充分理由。[48] 显而易见，其规范目的在于保护善意第三人的利益，而不是要否定受让在先者优于受让在后者取得债权这一规则。这一规则的机理类似于动产的善意取得制度，但它并不以占有的公信力为其制度基石。就此点而言，我国合同法在坚持债权让与的处分行为性质及其优先次序原则的前提下，不妨通过进一步分析，有效借鉴该规则，以弥补善意取得制度不适用于债权让与的情形而造成的对第三人利益保护的不足。

第三，《合同法(专家建议稿)》第83条第2项确定的标准本来是一个不言自明的规则。因为在让与人可撤销第一次让与的情形下，第

〔48〕 科宾：《科宾论合同》(一卷版)(下册)，王卫国等译，中国大百科全书出版社1998年版，第334～335页。

二个让与起到撤销第一次让与的作用,第二受让人自然优先于第一受让人。[49] 唯这一规则在我国法律体系下,却是有问题的,此乃我国法律规定有撤销事由的法律行为须由法院或仲裁机关撤销之故。所以,在法院或仲裁机关作出撤销判决或裁决之前,让与人的第二次让与并不能起到撤销第一次让与的作用。此外,如果在我国债权让与被解释为有别于原因行为的处分行为,那么根据无因性原则,就只有在债权让与合同本身有瑕疵时,才有上述规则适用之余地。

第四,《合同法(专家建议稿)》第83条第3项标准的确立,完全是对其外国法渊源的误解。科宾在其著作中明确指出,美国法对于同一权利的连续让与的一般规则是,较先受让的优先于较后受让者,即使是在第一个让与为部分让与或是仅作为担保的让与的场合,也无适用例外。[50] 当然,在英美法中,确实也存在一些判例,认为对于让与人的全部债权的后续受让人,部分让与无效。但科宾根据另一些判例认为:“让与只是部分让与的事实,不应对这一问题有任何影响。”[51]

六、总结

妥当的利益衡量是法律规范之价值理性的保障,而逻辑贯彻则是其形式合理性和科学性的基础。准此,若结合目的解释、体系解释和历史解释的方法,则我国法上的债权让与应被解释为处分行为,其相关制度的设计,应于考量相关当事人之利益的同时,在逻辑上保持一致。以此观之,债权让与的处分行为性质及其优先次序原则,已为双重让与的处理埋下伏笔;而《合同法》第80条的规范目的在于保护债务人的利益,是对前述基本规则的补充或限制,其适用时应参酌其规范目的作出正确解释;《合同法(专家意见稿)》第83条既然在价值基础和体系结

---

〔49〕 科宾:《科宾论合同》(一卷版)(下册),王卫国等译,中国大百科全书出版社1998年版,第335页。

〔50〕 科宾:《科宾论合同》(一卷版)(下册),王卫国等译,中国大百科全书出版社1998年版,第333页。

〔51〕 科宾:《科宾论合同》(一卷版)(下册),王卫国等译,中国大百科全书出版社1998年版,第317页。

构上会造成规范矛盾，且存在对其外国法渊源的理解错误，故不宜作为法律解释的历史性因素被过分强调，但因其第 1 项标准能弥补德国法系对第三人利益之保护的不足，故不妨在对其作出正确解释后，以其作为对上述规则的例外或修正，从而填补动产善意取得制度不适用于债权让与制度所导致的制度阙如。

(原文载于《中外法学》2003 年第 3 期)

间接代理制度对仲裁条款的适用

——法律论证之个案展开

目　次

一、问题的提出
二、《合同法》第 402 条对仲裁条款的适用余地：法解释学的视角
三、仲裁条款与《合同法》第 403 条：法律适用中的司法拟制
四、问题之延伸：中国民法知识转型的向度

一、问题的提出

《合同法》第 402 条规定："受托人以自己名义，在委托人的授权范围内与第三人订立的合同，第三人在订立合同时知道受托人和委托人之间的代理关系的，该合同直接约束委托人和第三人。"仲裁实践中，对该条的适用存在很多问题。试举一例言之：〔1〕

2002 年 10 月，中国国际经济贸易仲裁委员会（以下简称贸仲）受理了申请人新加坡 MT 公司（以下简称第三人）与被申请人中国 B 公

〔1〕 有关该案的详情，请参见文隽实：《适用〈合同法〉第 402 条的外贸合同中的仲裁条款对委托人的效力》，载《仲裁与法律》（第 91 辑），法律出版社 2004 年版。实务上的其他相关案例，可参见康明：《外贸代理与〈合同法〉第四百零二条适用问题初探》，载《仲裁与法律》（第 85 辑），法律出版社 2003 年版；《买卖合同适用合同法第四百零二条仲裁案裁决书》，载中国国际经济贸易仲裁委员会编：《中国国际经济贸易仲裁裁决书选编（1995－2002）·货物买卖争议卷》，法律出版社 2002 年版，第 528 页。

司(以下简称受托人)和中国A公司(以下简称委托人)之间的设备买卖合同争议案。本案中,受托人以自己名义,与第三人订立合同,并且订有仲裁条款。

发生合同争议后,第三人根据其与受托人签订的设备买卖合同中的仲裁条款提请仲裁,声称:其在订立合同时知道委托人和受托人之间的委托代理关系,因此依《合同法》第402条,委托人应受合同和仲裁条款的约束。而委托人在收到仲裁通知后,认为其并未与申请人订立合同和仲裁条款,并向贸仲提出管辖权异议。

贸仲查明:第一,委托人和受托人之间存在委托代理关系;第二,第三人在与受托人订立合同时,知道委托人和受托人之间的委托代理关系。据此,贸仲认为,本案的情形已构成《合同法》第402条所述的情形,该合同和仲裁条款直接约束委托人和第三人,因而贸仲在本案中对委托人有管辖权。

贸仲的这一处理,似有如下几点不妥:

第一,贸仲在处理管辖权争议阶段,就已适用《合同法》第402条之规定,先行确定所涉买卖合同直接约束第三人和委托人,进而认定其中的仲裁条款亦直接约束该委托人和第三人,以解决贸仲在本案中对委托人的管辖权问题。这是对仲裁程序的违反,即有违"先审后裁"的原则。因为,"合同是否直接约束第三人与委托人是一项实体问题",而"是否存在代理关系只有通过仲裁程序才能确定"。[2] 此外,在本案中,对委托人提出的管辖权异议是由贸仲这一仲裁机构处理,然而实体问题却是由仲裁庭审理,这在实践中常常导致程序审理和实体审理的脱节。

第二,本案所涉仲裁条款(受托人以自己名义与第三人订立的仲裁条款),仅仅只是《合同法》第402条所言之合同(受托人以自己名义与第三人订立的合同)的组成部分,还是独立于合同而存在的另一项

〔2〕 陈治东:《〈合同法〉第四〇二条对我国涉外商事仲裁庭的挑战》,载《法学》2005年第4期。陈先生从三个方面敏锐地指出这是一个"考验我们法律逻辑的难题",详见所引该文(第105~106页)。

协议？对此，若认定所论仲裁条款仅是合同的组成部分（贸仲就是如此处理的），则适用第402条的结果是，该合同直接约束委托人和第三人，并且他们也受作为合同一部分的仲裁条款的约束。如此，在受理仲裁申请或处理管辖权异议时，一并处理了程序问题和实体问题，这又返回到前述第一个问题，即就实体问题而言，有违“先审后裁”的原则。若认定仲裁条款为有别于合同的另一协议，则适用第402条的结果是，该合同直接约束委托人和第三人，但该仲裁条款能否适用第402条的规定，而直接约束委托人和第三人呢？

上述案例仅关涉《合同法》第402条之间接代理制度。而我国合同法以“第三人订立合同时是否知道受托人与委托人之间的代理关系”为标准，更将间接代理一分为二，分别设计第402条和第403条之规定。于是问题被进一步延伸，亦即在第403条设定的情形下，设若受托人以自己名义和第三人缔约，并在合同中订有仲裁条款，则在委托人行使介入权或第三人行使选择权选定委托人主张权利时，委托人和第三人是否受仲裁条款的约束？

以上三个问题，直接指向仲裁实践中《合同法》第402条、第403条之适用和仲裁条款约束对象之间的关系。即受托人以自己名义，除与第三人订立合同之外，尚订立了仲裁条款作为合同争议的解决方法，那么，此等仲裁条款是约束委托人和第三人，还是约束受托人和第三人？此一问题及其解答，关涉《合同法》第402条和第403条对仲裁条款所具有的规范效力及其解释，在仲裁实践上具有重大意义，本文试图为此提供解释论上的方案，并欲以此为具例，引申出规范的法律论证[3]理论对中国民法学知识转型的实践价值。

---

〔3〕 法律论辩的种类多样，由此法律论证亦存在多种面向，对此可参见［德］罗伯特·阿列克西：《法律论证理论——作为法律证立理论的理性论辩理论》，舒国滢译，中国法制出版社2002年版，第262页。本文所言“法律论证”，主要指向有效法秩序框架内的法律解释之证立。参见［荷］伊芙琳·T. 菲特丽丝：《法律论证原理——司法裁决之证立理论概览》，张其山等译，商务印书馆2005年版，第123页以下。

二、《合同法》第402条对仲裁条款的适用余地：法解释学的视角

（一）《合同法》第402条：独立于直接代理的归属规范

代理，滥觞于罗马法，发展至今，有大陆法系的代理制度和英美法系代理制度之分。在大陆法系，代理是法律行为的一种特殊表现形式，且实在法仅规定有直接代理，学理上承认间接代理之存在。这是以"名义标准"对代理作的划分，即代理人以被代理人的名义为代理行为者，为直接代理；以自己名义为代理行为者，为间接代理，在实在法上主要有行纪之规定。与之相对的英美法系，代理是一种契约关系，它更关注代理人和被代理人之间的"内部关系"。英美法上的代理，是以代理人公开被代理人的程度为标准，区分为显名代理、隐名代理和不披露本人的代理。[4] 所以，两大法系的代理制度并非一事，差异明显。虽然从《国际货物销售代理公约》到《欧洲合同法通则》，国际社会对如何融合两大法系的代理制度进行了有益尝试，但其视角以及融合的方法显然存在差异，因此也产生很多弊端。

在大陆法系中，"民法上之代理，最早出现之模式为法定间接代理，现代民法之意定直接代理，迟至19世纪方被开发。然则，代理制度演进至今，最通常之模式反为意定直接代理"。[5] 我国原有的民商立法及民法学说，仅承认直接代理制度，并不认同间接代理。唯在外贸经营活动中，长期存在外贸代理制度，即作为代理人的外贸出口公司，得以自己的名义，而非被代理人的名义进行代理行为。《合同法》以这种类型的外贸代理为实践基础，又借鉴了《国际货物销售代理公约》中的相关规定，正式承认了间接代理制度。[6] 至此，我国间接代理制度由《合同法》第402条和第403条规范。

《合同法》第402条的规定，表面似与英美法之不披露本人的代理

---

〔4〕 参见高富平：《代理概念及其立法的比较研究》，载《比较法研究》1997年第2期；徐海燕：《英美代理法研究》，法律出版社2000年版，第77～78页。

〔5〕 曾世雄：《民法总则之现在与未来》，中国政法大学出版社2001年版，第243页。

〔6〕 郭明瑞主编：《合同法学》，复旦大学出版社2005年版，第422页。

相类。但详究之,"字词"之相近,隐含着"文义"之巨大差异。事实上,我国已有很多学者对第402条与英美法之不披露本人的代理制度的区别作有论述。[7] 因而,对《合同法》第402条的规范意义的探讨,应避免拿第402条之规定套英美法系之不披露本人的代理制度,而应立足于我国民事立法的传统和制度语境,在大陆法系代理制度之意义脉络中进行解释。

从法律规范之构成要素的角度看,《合同法》第402条可被分解为两个事实构成(或曰法律规范描述的事实类型)和一个法律后果。首先,"受托人以自己的名义,在委托人授权范围内与第三人订立合同",这是典型的间接代理之事实类型。其次,"该合同直接约束委托人和第三人",此为典型的归属规范之法律后果。也即该条将受托人的行为所产生的法律后果直接归属于委托人,承认该效力依法当然发生,而不像大陆法系传统的间接代理那样,必须通过其他行为(如债权让与、债务承担)将行为效果转移给被代理人。[8] 可见,该条前段所规定的间接代理,其法律效果转化为末段之直接代理的归属效果,而转化的条件就是该条中段所言"第三人在订立合同时知道受托人和委托人之间的代理关系"之事实类型。

因而,若严格地讲,《合同法》第402条只是构成间接代理制度的例外情形。受托人以自己名义与第三人订立合同,而第三人在订立合同时知道受托人和委托人之间的代理关系的,该合同直接约束委托人和第三人,产生和直接代理相同的归属效果。而在受托人以自己名义与第三人订立合同,并且第三人在订立合同时不知道受托人和委托人之间的代理关系时,才构成大陆法上传统的间接代理:其法律效果首先

---

〔7〕 如江帆:《代理法律制度研究》,中国法制出版社2000年版,第223页;费安玲主编:《委托、赠与、行纪、居间合同案例评析》,知识产权出版社2002年版,第62页。

〔8〕 参见[德]迪特尔·梅迪库斯:《德国民法总论》,邵建东译,法律出版社2000年版,第671~672页。

约束受托人和第三人，然后必须通过其他行为将法律后果转移给委托人。[9] 所以，《合同法》第 402 条之规定，虽然在前段规定的是间接代理（按名义标准）之事实类型，但它侧重的是从间接代理向直接代理之归属效果的转化，是一种在法律效果上和直接代理并无不同的归属规范。

（二）《合同法》第 402 条所言之“合同”能否涵括仲裁条款

如上所述，受托人以自己名义，在委托人的授权范围内与第三人订立的合同，经该条中段之“规范效果转化”条件的实现，直接约束委托人和第三人。然而，当受托人以自己名义，在委托人授权范围内与第三人订立的仲裁条款能否适用该条，从而约束委托人和第三人？换言之，第 402 条所言之“合同”，能否涵括仲裁条款？

为解决合同争议所立的仲裁条款，之于合同是有其独立存在意义的，而不能认其与合同其他条款一样仅为合同之一部分。这也就是学理上所谓的仲裁条款的独立性，实在法上主要体现为《合同法》第 57 条和《仲裁法》第 19 条。

但是，也有学者认为，这一说法不适当地理解了仲裁条款独立性原则的概念，并错误地扩大其适用范围。仲裁条款独立性仅针对主合同效力有瑕疵而言，即主合同效力的瑕疵不至于影响到仲裁条款的效力，除此之外，仲裁条款仍然是主合同的组成部分。若非如此，则运用该原则来诠释第 402 条之合同中仲裁条款的约束力，会得出不符合逻辑的结论：根据第 402 条，合同中的仲裁条款约束第三人与代理人，而合同直接约束第三人与委托人。[10]

该观点的二点理由其实都难以成立：其一，主合同的瑕疵和仲裁条款的瑕疵被分别审查，本身就说明这是两种完全独立的协议；其二，仲

〔9〕 关于大陆法上间接代理的此种效果，参见［德］迪特尔·梅迪库斯：《德国民法总论》，邵建东译，法律出版社 2000 年版，第 672 页。在大陆法系中，其法律后果的转移主要通过债权让与、债务承担或免除进行，而我国《合同法》第 403 条则借鉴英美法制度，允许一定条件下通过委托人的介入或第三人的选择，将受托人行为的法律后果转移给委托人。后文对此将有论述。

〔10〕 陈治东：《〈合同法〉第四○二条对我国涉外商事仲裁度的挑战》，载《法学》2005 年第 4 期。

裁条款和该条款栖身其中的合同之间并无必然的逻辑关系，该观点之所以认为存在逻辑矛盾，是因为其前见即已认定仲裁条款乃所涉合同的组成部分。以此为前提，肯定得出“要么仲裁条款和合同都直接约束第三人和委托人，要么都约束第三人和代理人”的结论，于是，“根据第402条，合同中的仲裁条款约束第三人与代理人，而合同直接约束第三人与委托人”，当然不合逻辑。最终，其逻辑上反推的结论必然是：仲裁条款是合同的组成部分。显然，在其论证中，前提和结论互为前提，属于典型的循环论证。

事实上，仲裁条款相对于合同，不仅有其独立存在性，而且就实质而言，也非我国合同法上合同的一种。尽管仲裁条款也是当事人之间的一种协议，但是其终究不能与合同画等号。这是因为，仲裁条款是对合同纠纷的程序救济条款，涉及的是纠纷解决机制之选择，〔11〕而合同的内容涉及的是当事人之间的实体权利义务关系。《合同法》第2条将合同明确定义为“设立、变更、终止民事权利义务关系的协议”，此“民事权利义务关系”，当指实体权利义务关系无疑。因此，二者间的差别甚为明显。况且，《合同法》第57条和《仲裁法》第19条均使用“独立存在”，强调仲裁条款或解决争议方法之条款的法律属性。若此等条款的独立性仅指其效力的独立性，则“独立存在”之表述纯属多余。〔12〕

综上所述，因仲裁条款独立于合同而存在，故不得认其为合同一部分。就本文案型而言，其中仲裁条款约定的亦为纠纷解决之机制，非《合同法》第402条所涉合同（受托人以自己名义与第三人订立的合同）的组成部分。贸仲在处理管辖权争议阶段，未区分仲裁条款和该条款栖身其中的合同，而是通过适用《合同法》第402条之规定，认定合同和其中的仲裁条款均直接约束委托人和第三人。从仲裁条款的独

〔11〕 有学者将此种选择权定性为程序形成权的一种，参见陈桂明、李仕春：《论程序形成权——以民事诉讼权利的类型化为基点》，载《法律科学》2006年第6期。

〔12〕 当然，本文并不否认仲裁条款的从属性，否则，仲裁条款无所指向而失其存在的意义。此从属性尤其体现在合同缔结过程中，故《合同法》第30条规定，对要约中解决争议方法的变更，是对要约内容的实质性变更。但合同成立后，仲裁条款的独立存在性就凸显出来。

立性和仲裁程序的角度看,这种处理方式存在法律适用上的逻辑障碍。

（三）《合同法》第402条是否存在法律漏洞

仲裁条款既然独立于实体权利义务之合同而存在,则受托人以自己名义与第三人订立的仲裁条款,已逸出《合同法》第402条规定之合同的可能文义射程。于是,由于法律解释有其“文义范围性”,即“法律解释必须在文义所及的范围内为之”,[13]故受托人以自己名义与第三人订立的仲裁条款,不能径行适用《合同法》第402条之规定。

然而,在法律适用中,如果实在法被期待有具体的事实类型规定,而又缺少法律的调整内容,就被认为存在实在法的缺陷——法律漏洞,此时要求并允许通过一个具有法律补充性质的法官的决定来排除该缺陷。[14] 在此种意义上,不得拒绝裁判的法官(包括仲裁庭)在法律适用时有解释法律的义务,若法律存有漏洞,亦有填补漏洞的义务。[15]于是,本文所涉问题转化为:《合同法》第402条对于仲裁条款这一事实类型而言,是否存在漏洞?

就本案所涉案型而言,通过单纯的法律解释,完全可以获得如下答案:因不能径行适用《合同法》第402条的规定,故受托人和第三人订立之仲裁条款,仅约束受托人和第三人,不能约束委托人和第三人。但是,在依法律根本的规整意向,应予规整的问题欠缺适当规则时,虽径自适用法律仍可获得答案,也无异于权利的拒绝。为作出满足权利的裁判,法官或仲裁庭必须以合于法律的规整意向及目的之方式,填补法律规整的漏洞。此所谓漏洞,被称为“规整漏洞”或“不真正”的漏洞。[16]

本文所论案型,因不能径自适用《合同法》第402条,可谓欠缺适当的规则。并且,衡诸立法目的,该案型又应予规整。这是因为,《合同法》第402条之立法宗旨,不仅是要在委托人和第三人之间建立一种

---

〔13〕 黄茂荣:《法学方法与现代民法》,中国政法大学出版社2001年版,第260页。

〔14〕 [德]卡尔·恩吉施:《法律思维导论》,郑永流译,法律出版社2004年版,第171页。

〔15〕 [德]卡尔·拉伦茨:《法学方法论》,陈爱娥译,商务印书馆2003年版,第250页。

〔16〕 [德]卡尔·拉伦茨:《法学方法论》,陈爱娥译,商务印书馆2003年版,第251页。

直接的实体权利义务关系,更需要在程序法上配套以权利救济简化程序。如果依《合同法》第 402 条之规定,受托人以自己名义与第三人订立的合同,经由该条中段“规范效果转化”条件,直接约束委托人和第三人,而受托人在特别授权的范围内(授权订立仲裁条款)以自己名义与第三人订立的仲裁条款,即使也满足相关要件,却不能适用《合同法》第 402 条的规定,其仲裁条款仅仅约束受托人和第三人,则其结果是排除了通过仲裁程序直接解决委托人和第三人之纠纷的可能,徒增委托人和第三人诉讼之负累,减弱《合同法》第 402 条的规范意义,如此有违立法旨趣。况且,《合同法》并非仅仅关涉实体权利义务关系,而是将相关程序性问题一并纳入,如该法第 57 条、第 128 条、第 129 条之规定。

因此,本文所论案型的存在,表明《合同法》第 402 条出现违反法律计划之不圆满性,即第 402 条遗漏了“受托人以自己名义与第三人订立仲裁条款”这一案型,属于法律漏洞中的规整漏洞。

(四)《合同法》第 402 条之漏洞的补充

法律漏洞的补充方法有多种,包括类推适用、目的性扩张、目的性限缩和创造性补充。本文探讨的案型,主要关涉目的性扩张之漏洞补充方法。之所以为目的性扩张,是因为存在目的性扩张式价值判断矛盾,即系争案型与系争法条文义涵盖之案型出诸同一立法目的,而系争法条却未将之纳入而出现价值判断矛盾。因此,衡诸法律目的或其基本思想,系争法条文义涵盖之案型种类显属过狭,而不足贯彻其规范意旨,遂依规范意旨将本应包括而未包括在内的案型,纳入系争法条之适用范围。[17]

在理论上,目的性扩张与类推适用之间的区别极为明显:前者直接诉诸已存在的规范意旨,而后者的论理依据是诉诸已规范与未规范之拟处理案型间的“类似性”。[18] 然而,目的性扩张与类推适用在漏洞

---

〔17〕 参见黄茂荣:《法学方法与现代民法》,中国政法大学出版社 2001 年版,第 317 页;梁慧星:《民法解释学》,中国政法大学出版社 2003 年版,第 279 页以下。

〔18〕 参见黄茂荣:《法学方法与现代民法》,中国政法大学出版社 2001 年版,第 317 页。

补充作用上极为相近。两者均将一项规整扩张而适用于依其字义并未被包含的其他案件事实;两者均系为充分实现法定规则的目的,为避免无法正当化的评价矛盾。〔19〕 并且,二者间的区别也是相对的:如果一个规范依其意旨,已被评价为应被适用到原未为其所规范之案型,则人们若用较低的共同特征要求标准,它对原未为其所规范之案型的适用,便容易被评价为"类推适用";反之,若用较高的标准,它对原未为其所规范之案型的适用,便会被评价为"目的性扩张"。〔20〕

本文认为,不能过于强调目的性扩张和类推适用的区别仅是相对的。因为,首先,若采上述"区别相对论",则二者间的界限划分,会因人而异,以致法律适用不能整齐划一。其次,"区别相对论"也容易导致降低类似性标准,以至于对本应做目的性扩张之案型,亦为类推适用。有鉴于此,本文所论案型中所涉之"仲裁条款"与"合同",并无法律上重要之点的类似性,故不得采类推适用,而应以目的性扩张为漏洞之补充。

实务上,对本文所论案型为漏洞补充的操作,可归纳如下。在发现《合同法》第402条存在明显的规整漏洞,且认定系争案型(受托人以自己名义与第三人订立的仲裁条款)与该条文义所涵盖的案型(受托人以自己名义与第三人订立的合同)并无法律上重要之点的类似性之后,对前述两种案型予以审视,决定其是否出诸同一规范意旨。此处所言,关涉基于法律目的考量而修正法律,其前提是:能清楚地确定法律的目的,并且假使不为此等修正,则法律目的在部分事件中即不能完全实现,不可避免地发生严重的评价矛盾或明显的不正。〔21〕 就《合同法》第402条所涉两案型而言,实出诸同一规范意旨,已如前述。据此,不难发现,《合同法》第402条法律文义所涵盖之案型,衡诸该规定之立法意旨,显然过狭,以致不能贯彻该规范的意旨。是故显有越过该规

〔19〕 [德]卡尔·拉伦茨:《法学方法论》,陈爱娥译,商务印书馆2003年版,第274页。
〔20〕 黄茂荣:《法学方法与现代民法》,中国政法大学出版社2001年版,第317页。
〔21〕 [德]卡尔·拉伦茨:《法学方法论》,陈爱娥译,商务印书馆2003年版,第275页以下。

定之必要,以将其适用范围扩张至该文义原不包括的类型。[22] 也就是说,依目的性扩张,使受托人以自己的名义订立的仲裁条款,在满足《合同法》第402条描述的二个事实类型(见前文)后,因被赋予归属效果而直接约束委托人和第三人。[23]

至于系争案型是否可被涵摄到《合同法》第402条描述的两个法定的事实构成之下,从而取得该条规定的归属效果,须基于仲裁条款的独立性,对其为单独考察。易言之,仲裁条款可否独立适用《合同法》第402条之规定,取得其归属效果,须重点审查以下两点:其一,受托人以自己名义与第三人订立仲裁条款,有委托人订立仲裁条款之特别授权。盖代理之归属效果的发生,乃以代理权的存在为基础,而由代理人代为订立仲裁协议,更须有委托人明确授权或事后追认。[24] 其二,按《合同法》第402条之规范意义,受托人在特别授权范围内和第三人订立仲裁条款,尚须该第三人在订立该条款时,知道受托人和委托人之间订立仲裁条款的特别委托关系。否则,仲裁条款因不符合《合同法》第402条之适用要件,而不能直接约束委托人和第三人。

以上方案,也有利于解决我国目前仲裁机构进行程序审理,而实体问题却由仲裁庭审理所导致的程序审理和实体审理的脱节问题。细言之,由于通过漏洞补充的方法,仲裁条款可独立地适用《合同法》第402条的规定,无须先就实体代理关系进行认定,故仲裁机构可单就仲裁条款的效力及其约束对象进行审理,以根据《合同法》第402条规定确认其是否对争讼具有管辖权,而实体问题则在确认管辖权后交由仲裁庭审理。[25]

---

〔22〕 黄茂荣:《法学方法与现代民法》,中国政法大学出版社2001年版,第400页。

〔23〕 需特别说明的是,此种情形下,仲裁条款因被赋予归属效果而仅约束委托人和第三人,并不约束受托人和第三人,故不会出现"仲裁条款可以同时约束第三人与代理人以及第三人与委托人"之尴尬境地。关于该尴尬境地的分析,请参见陈治东:《〈合同法〉第四〇二条对我国涉外商事仲裁度的挑战》,载《法学》2005年第4期。

〔24〕 参见陈桂明:《仲裁法论》,中国政法大学出版社1993年版,第64页。

〔25〕 目前仲裁制度下,只能通过法律解释的方法,解决管辖权和实体争议分别由仲裁机构和仲裁庭处理的脱节问题。在立法论上,已有学者针对这一问题,提出"我国应确立仲裁庭管辖权自裁原则"的建议。参见徐智庆、戴舒:《我国应确立仲裁庭管辖权自裁原则》,载《仲裁与法律》(第95辑),法律出版社2005年版。

三、仲裁条款与《合同法》第 403 条:法律适用中的司法拟制

(一)《合同法》第 403 条的规范内涵及性质

前已述及,《合同法》第 402 条乃归属规范,即在符合适用要件时,该条将受托人以自己的名义实施的行为所产生的法律后果直接归属于委托人,不需要由代理人通过一项特别的行为将行为效果转移给委托人。

而《合同法》第 403 条却不同,该制度借自英美法,其本意是通过委托人的介入或第三人的选择,在本人和第三人之间直接建立起一个合同关系。[26] 这种直接合同关系的建立,得益于英国法学家对契约关系的三维思想。[27] 然而,该制度被引进后,其规范意义至少在法教义学上仍被按照大陆法上间接代理之"二项合同结构"(施米托夫语)的方法加以解释。详言之,《合同法》第 403 条并非归属规范,因为依文义解释,它并未将受托人的行为后果直接归属于委托人。在其法律结构中,委托人和受托人之委托合同与受托人和第三人之合同,泾渭分明。只是在法律规定的适用要件成立时,《合同法》第 403 条赋予委托人介入权或第三人选择权,前者的性质为形成权,[28] 其行使的结果就是受托人对第三人的权利移转于委托人,而第三人在行使选择权[29]时若选择委托人为其相对人,则发生受托人对第三人的债务移转于委

---

〔26〕 [英]施米托夫:《国际贸易代理:比较法研究》,载施米托夫:《国际贸易法文选》,程家瑞编辑、赵秀文选译,中国大百科全书出版社 1993 年版,第 402 页。

〔27〕 [英]施米托夫:《国际贸易代理:比较法研究》,载施米托夫:《国际贸易法文选》,程家瑞编辑、赵秀文选译,中国大百科全书出版社 1993 年版,第 397 页。

〔28〕 参见崔建远主编:《合同法》(修订版),法律出版社 2000 年版,第 508 页;陈小君主编:《合同法学》,高等教育出版社 2003 年版,第 433 页。

〔29〕 有学者认为其性质亦为形成权,参见陈小君主编:《合同法学》,高等教育出版社 2003 年版,第 434 页。事实上,和委托人的介入权一样,它就是旨在通过单方的行为建立一种对他人的法律关系的形成权。参见[德]卡尔·拉伦茨:《德国民法通论》(上册),王晓晔等译,法律出版社 2003 年版,第 290 页。

托人。[30]

由此可见,《合同法》第403条所规定的,在大陆法系的概念体系中,不过是债权让与和债务承担的特殊形态。[31] 也正因为此种性质,《合同法》第403条第3款规定的抗辩之移转,[32]与该法第82条、[33]第85条[34]分别就债权让与和债务承担规定的抗辩之移转,大致相同。

（二）《合同法》第403条对间接代理中仲裁条款的适用余地

在澄清《合同法》第403条之规范属性后,我们回到文初设定的问题:假设未披露本人身份的受托人以自己名义和第三人缔约,并在合同中订有仲裁条款,则在委托人行使介入权或第三人选定委托人主张权利时,委托人和第三人是否受仲裁条款的约束?

有学者认为,根据《合同法》第403条第1款和第2款的规定,委托人行使介入权的,即概括承受受托人的权利义务而成为合同的一方,或在第三人行使选择权而选择委托人主张合同权利时,委托人也应概括承受受托人的权利义务。在此两种情形下,设若该合同中存在仲裁条款,则仲裁条款作为整个合同权利义务的有机组成部分,也一并移转于委托人。易言之,该仲裁条款对委托人和第三人具有约束力。[35]

该观点至少在两方面难以圆通:其一,在《合同法》第403条所定情形下,委托人行使介入权对第三人主张权利,或第三人行使选择权选

---

〔30〕 英国亦有学说将不公开本人身份说视为合同转让说的变形,请参见施米托夫:《国际贸易法文选》,程家瑞编辑、赵秀文选译,中国大百科全书出版社1993年版,第396页。不过,我国学理认为,委托人行使介入权导致合同权利发生移转;英国学说则认为,委托人之所以可以介入,是合同由代理人转让予委托人的结果。参见何美欢:《香港代理法》(上册),北京大学出版社1996年版,第258页。

〔31〕 之所以称其为特殊情形,系因它们既非法定的转让或裁判上的转让,也非基于法律行为的转让,而是基于委托人或第三人行使形成权发生的转让。

〔32〕 该款规定:“委托人行使受托人对第三人的权利的,第三人可以向委托人主张其对受托人的抗辩。第三人选定委托人作为其相对人的,委托人可以向第三人主张其对受托人的抗辩以及受托人对第三人的抗辩。”

〔33〕 该条规定:“债务人接到债权转让通知后,债务人对让与人的抗辩,可以向受让人主张。”

〔34〕 该条规定:“债务人转移义务的,新债务人可以主张原债务人对债权人的抗辩。”

〔35〕 参见王生长:《仲裁协议及其效力确定》,载《中国对外贸易·商务月刊》2002年第2期;李楠:《论仲裁协议对未签字当事人的效力》,载 http://www.law-lib.com/lw/lw_view.asp?no=5939,最后访问日期:2007年12月8日。

定委托人主张权利,导致的是债权移转或债务移转之特殊情形的发生,而非合同权利义务的概括移转,故其立论前提难以成立;其二,正如前所述,仲裁条款具有独立性,即使它厕身于某一合同之中,亦非该合同的组成部分,因此对合同中包含的仲裁条款,应从其独立性出发,单独考察其成立和效力问题,而不是径行认定仲裁条款作为合同的有机组成部分而一并移转。

前文已经指出,仲裁条款的独立性,意味着其意思表示内容有别于合同实体内容之意思合致,它只是合同当事人就争议解决方式达成的合意。在《合同法》第403条所述情形下,即使委托人行使介入权或第三人行使选择权选定委托人,在文义解释的范围内,也不使仲裁条款在委托人和第三人之间产生约束力。因为依该条之文义,作为形成权的介入权或选择权被行使后,移转的是受托人的权利或义务,此权利或义务当指实体的合同权利或义务,而非作为独立协议的仲裁条款所关涉的争议解决途径。因而,真正的问题在于,对于实质意义上(非文本意义上)独立存在的仲裁条款,是否可在《合同法》第403条文义射程之外,经由前文所述的漏洞补充方法,单独适用该条规定?也就是说,能否通过对《合同法》第403条进行漏洞补充,认为在委托人行使介入权时,仲裁条款可成为介入的内容而约束第三人,或在第三人行使选择权选定委托人时,仲裁条款亦可成为选择的内容而约束委托人?

法律漏洞之判断,在于是否存在法律体系上之违反计划的不圆满状态。〔36〕就《合同法》第403条之文义而言,委托人行使介入权或第三人行使选择权选定委托人,不能使合同中的仲裁条款在委托人和第三人之间产生约束力。因而,该条规定对于包含仲裁条款的间接代理之情形,表面上似乎存在不圆满性。那么,接下来的问题是,此种不圆满性是否如同《合同法》第402条,依法律根本的规整意向应予规整,从而构成规整漏洞?

《合同法》第403条并非归属规范,亦即并不发生直接代理之归属

〔36〕 黄茂荣:《法学方法与现代民法》,中国政法大学出版社2001年版,第293页。

效果。法律只是结合其他设定的条件,针对第三人不知委托人和受托人之代理关系的情形,赋予委托人或第三人具有形成权性质的介入权或选择权。和所有涉及他人的形成权一样,这两种权利的相对人的法律地位,因权利人单方面的形成权利而被变更,它意味着形成权相对人必须接受他人作出的决定。因此,法律赋予形成权时必须具有合理性。[37] 可以认为,《合同法》第403条设置委托人介入权制度和第三人选择权制度,其合理性在于通过真正交易人在适当时机介入交易,由利益享有者维护自身利益,以达到降低代理成本、消除风险的目的。[38] 但如果针对仲裁条款也赋予委托人介入权和第三人选择权,显然不具有此种合理性。因为采仲裁还是诉讼解决其纠纷,对于真正交易人(委托人和第三人)实体利益的维护,本无多大区别。况且,在《合同法》第402条中,我们承认其就仲裁条款而言存在法律漏洞,乃因为其前提是第三人知道委托人和受托人之代理关系中包含订立仲裁条款之特别授权,而仍与受托人订立仲裁条款,此种情形下依目的性扩张填补漏洞,符合该条立法宗旨。而在《合同法》第403条中,既然第三人不知道委托人和受托人之代理关系,则仲裁条款若能成为具有形成权性质的介入权或选择权的行使对象,无异于剥夺相对人对纠纷解决方式的选择权,对其未免苛刻。显然,此种情形非但不应属于《合同法》第403条的立法计划,更是违背程序法的规整意向。

综上所述,笔者认为,本文设定的案型,依法律根本的规整意向,不应被《合同法》第403条规整。进言之,在《合同法》第403条设定的情形下,不能通过对该条进行漏洞补充的方法,认定在委托人行使介入权并提起仲裁时,仲裁条款成为介入的内容而约束第三人,或在第三人行使选择权选定委托人并提起仲裁时,仲裁条款成为选择的对象而约束委托人。

---

〔37〕 [德]迪特尔·梅迪库斯:《德国民法总论》,邵建东译,法律出版社2000年版,第74~75页。

〔38〕 参见程信和、郭彦雄:《〈合同法〉中委托人介入权制度和第三人选择权制度的不足及完善——兼论对〈合同法〉第403条的修改》,载《天津市政法管理干部学院学报》2003年第1期。

(三)《合同法》第403条的适用是否导致仲裁条款的自动移转

合同转让是否影响仲裁条款的效力,各国立法和仲裁实务态度不一。在大陆法系国家,仲裁条款通常"随请求的转让而转让",美国等国法律对此欠缺明确规定。[39] 1997年,瑞典斯德哥尔摩商会仲裁院就美国A. I. TRADE FINANCE INC.与保加利亚FOREIGN TRADE BANK LTD.仲裁案作出一项管辖权决定,基于合理利益原则,认为仲裁条款应随有效的债权转让而自动移转,[40]该规则在国际仲裁实务中产生较大影响。在我国,1997年12月,最高人民法院、北京市高级人民法院、北京市第二中级人民法院与中国国际经济贸易仲裁委员会、中国海事仲裁委员会通过"仲裁业务协调会",确认了如下规则:合同权利义务全部由承继人继承或代位求偿的,其中仲裁条款对承继人和代位人有效;合同转让时,新的合同各方也约定原合同其他规定仍然适用的,其中仲裁条款对包括受让人在内的各方均为有效。[41] 如果说该规则强调"新的合同各方约定原合同其他规定仍然适用"这一前提,乃系尊重仲裁协议之意思自治原则的话,那么,在实务中,突破该规则的典型案例则为"武汉中苑科教公司诉香港龙海(集团)有限公司确认仲裁条款效力案"(仲裁条款随合同转让而移转)和"中国有色金属进出口河南公司与鑫泉贸易(私人)有限公司仲裁管辖权案"(仲裁条款随债权转让而移转)。[42] 据此,许多学者认为,在我国仲裁实践中,已承认"在合同权利义务转让时,除非当事人作出明确的相反意思表示,仲裁

---

〔39〕 参见宋连斌:《合同转让对仲裁条款效力的影响——评武汉中苑科教公司诉香港龙海(集团)有限公司确认仲裁条款效力案》,载《中国对外贸易》2001年第12期。

〔40〕 参见赵秀文主编:《国际商事仲裁案例评析》,中国法制出版社1999年版,第55页以下。

〔41〕 参见杨建红:《仲裁条款能否自动转移》,载《西南民族学院学报》(哲学社会科学版)2001年第10期。

〔42〕 具体案情参见宋连斌:《合同转让对仲裁条款效力的影响——评武汉中苑科教公司诉香港龙海(集团)有限公司确认仲裁条款效力案》,载《中国对外贸易》2001年第12期;王生长:《仲裁协议及其效力确定》,载《中国对外贸易·商务月刊》2002年第2期;赵健:《长臂的仲裁协议:论仲裁协议对未签字人的效力》,载《北京仲裁》2005年第4期。

条款自动转移”的规则。[43]

学者一般认为，合同中的仲裁条款是否随合同转让而自动转让，首先应遵从当事人的意愿：如果受让人或相对方明确改变或排除了仲裁条款，该仲裁条款对转让后的双方当事人不具有拘束力；在受让人和相对方没有提及仲裁条款的情况下，可以推定当事人默示的仲裁合意，仲裁条款继续有效。这其实是对仲裁条款进行解释的结果，并非仲裁条款的自动转移。[44] 在无法推定时，依仲裁制度的两大基本原则——当事人意思自治原则和仲裁协议独立性原则，并基于合理利益原则，也应当承认仲裁条款的自动转让。[45]

也有学者认为，合同转让分为三种情形，在合同权利义务概括承受和债务承担中，上述解释是可接受的。但在债权让与中，由于债权人让与债权时无须债务人同意，债务人并无机会做出改变或排除仲裁条款的意思表示，推定其默示接受仲裁条款殆无基础，故大多数国家否定仲裁条款对受让人和债务人具有效力，只是近来有国家承认之。[46] 此说视合同转让之三种情形的不同特性分别证立，颇可接受。但无论如何，我国实务上承认三种情形下仲裁条款均自动移转，却是不争之事实。

对《合同法》第403条设定的未披露本人名义之间接代理，在受托人和第三人之合同中存在仲裁条款时，尽管我们不能通过对《合同法》第403条进行漏洞补充的方法，得出委托人行使介入权或第三人行使

〔43〕 请综合参见杨建红：《仲裁条款能否自动转移》，载《西南民族学院学报》（哲学社会科学版）2001年第10期；宋连斌：《合同转让对仲裁条款效力的影响——评武汉中苑科教公司诉香港龙海（集团）有限公司确认仲裁条款效力案》，载《中国对外贸易》2001年第12期；黄旭东、庞飞：《论我国代理制度之变更及其对仲裁条款效力的影响》，载《学术论坛》2002年第5期；王生长：《仲裁协议及其效力确定》，载《中国对外贸易·商务月刊》2002年第2期。

〔44〕 最高人民法院和湖北省高级人民法院在对上述两案之仲裁管辖权进行裁定时，即依此解释。参见王生长：《仲裁协议及其效力确定》，载《中国对外贸易·商务月刊》2002年第2期。

〔45〕 参见宋连斌：《合同转让对仲裁条款效力的影响——评武汉中苑科教公司诉香港龙海（集团）有限公司确认仲裁条款效力案》，载《中国对外贸易》2001年第12期；贾翌：《仲裁协议的“长臂”效力——论合同转让后仲裁协议的效力认定》（上），载 http://www.china-arbitration.com/readArticle.do?id=8a8a8ae70df21d26010df22355820a3c，最后访问日期：2007年12月6日。

〔46〕 参见李楠：《论仲裁协议对未签字当事人的效力》，载 http://www.law-lib.com/lw/lw_view.asp?no=5939，最后访问日期：2007年12月8日。

选择权选定委托人时仲裁条款亦约束委托人和第三人的结论，但既然我国仲裁实务中承认仲裁条款随合同转让而自动移转的规则，则似乎可以得出如下结论：在委托人行使介入权或第三人行使选择权选定委托人时，由于受托人的权利因介入权的行使而移转于委托人（债权转移），或受托人的义务因第三人的选择移转于委托人（债务转移），那么，在受托人以自己的名义和第三人订立的合同中含有仲裁条款时，尽管仲裁条款具有独立性，也应按照“仲裁条款自动移转”之规则，当然地约束委托人和第三人。

问题在于，在本文所设案型中，委托人的介入权或第三人的选择权实为形成权，其行使往往意味着一方当事人单方的意思表示即改变了相对人的法律地位。和前述债权让与情形一样，于委托人行使介入权或第三人行使选择权选定委托人主张权利时，对方完全受制于其单方的意思表示，并无机会做出变更或排除仲裁条款的意思表示。此时，推定双方默示地接受仲裁条款，实违仲裁条款之当事人意思自治原则。因此，对所设案型，唯有借合理利益原则，分析仲裁条款自动移转的可能性。

合理利益原则抛开仲裁协议的形式，从各方的合理利益角度分析，认为仲裁条款自动移转在宏观上维护了当事人的合理利益，在全局上达到了相对公平，找到了平衡各方当事人利益的“支点”。[47] 在本文所涉案型中，从受托人角度分析，委托人行使介入权或第三人选择委托人后，其已退出合同权利义务关系，不再存在仲裁协议失效的合理利益。

至于委托人和第三人，则要视情况的不同分别分析。在委托人行使介入权时，其事实上从受托人那里受让了债权。“受让人不能取得比出让人更优的法律地位”是民法中的一项基本规则，自应适用于具有合意性质的仲裁条款。第三人与受托人签订合同时，本来是希望通

〔47〕 参见贾翌：《仲裁协议的“长臂”效力——论合同转让后仲裁协议的效力认定》（下），载 http://www.china-arbitration.com/readArticle.do? id = 8a8a8ae70df21d26010df22357570a3d，最后访问日期：2007 年 12 月 6 日。本文以下分析主要根据该文的思路展开。

过仲裁解决争议的,如果第三人因委托人行使介入权而使其仲裁意愿落空,被迫通过诉讼解决纠纷,则其利益会受到损害。因此,委托人不能因介入权的行使获得选择救济途径的权利。对第三人来说,此情形下,仲裁条款自动转移符合其通过仲裁解决纠纷的初衷,至少不会使其处于更不利的境地。因为否认仲裁条款自动转让,他仍将面对不同的诉讼主体,尽管从经济、便利的角度看,对其较为有利的是,他通常会在本国或住所地被诉,不过这也不排除其在其财产所在地或对其不利的第三国被诉。况且,若因委托人行使介入权而使第三人获得重新选择救济方式的权利,使其有机会通过选择而取得原本不能获得的利益,对委托人来说却是不公平的。因此,在此情形下,承认仲裁条款的自动转移能兼顾各方当事人的利益。

在第三人选择委托人主张合同权利时,平衡委托人和第三人利益的"支点"发生了变化。在第三人,选择仲裁系其本意,仲裁条款自动转移符合其最初愿望。而且否定仲裁条款的自动转移,通常会在经济、便利或中立性等方面对其造成不利,因为他一般应在委托人所在国家或住所地起诉,尽管不排除他可以在对其有利的第三地(如不动产所在地)起诉。从委托人的角度看,否认仲裁条款自动转让,虽然他仍将面对不同的诉讼主体,但对其较为有利的是,他通常会在本国或住所地被诉,尽管此种情形下也不排除在其财产所在地或对其不利的第三国被诉。于此,承认抑或否定仲裁条款的自动移转,必定有损一方当事人的利益。考虑到在第三人选择委托人主张权利的情形下,委托人自始对仲裁和诉讼即无选择的机会,故应基于利益衡量赋予其选择的机会,以贯彻仲裁协议之当事人意思自治原则。因为这和委托人行使介入权的情形不同,在后者,第三人原本受仲裁条款约束,他不能因委托人行使介入权而获得再次选择的机会,以取得原本不能获得的利益,这是禁止反言、诚实信用等法律原则的要求。

总之,运用合理利益原则创设仲裁条款自动移转的规则,不是《合同法》第403条之解释(含漏洞补充)和适用的结果,而是通过仲裁条款的解释对所涉当事人意思的拟制,它可以通过判例的方式成为法律者法(法官法),但在利害关系人明确排除时,应为例外。

四、问题之延伸:中国民法知识转型的向度

《合同法》第402条和第403条是在外贸经营权许可制下,借鉴英美法系未披露本人的代理制度而引入我国的,其立法本意是保护作为"代理人"的外贸公司的利益。但是,立法文件一旦实现为实在法文本,立法者原意往往就被遗忘,加之两个条文只是抽象地构造了一个间接代理规范,并未具体地指向仅适用于外贸代理的情形,故可适用的案型不再局限于外贸代理的情形,而是扩及一切原有立法所不承认的间接代理之情形。对此制度的创设,学界褒贬不一,司法实务中产生的新问题更是层出不穷,本文所论即为其中颇为棘手的问题之一。这一问题不仅出现在涉外仲裁中,在国内贸易仲裁中亦不鲜见。[48]

对此问题,仲裁实务多基于疏散讼源之意愿,简单地通过《合同法》第402条和第403条之适用,于认定实体的合同权利义务关系之后裁定其仲裁管辖权。质疑者则悲观地认为,两个条文本来就是一贯遵循大陆法系传统的我国立法的一个异类,它们和我国《仲裁法》确立的仲裁原则已经产生直接冲突,在仲裁管辖权、仲裁条款约束的当事人等一系列问题上,存在诸多矛盾和不确定性,至少在目前难有解困方法。[49]

前一做法的正确性在于它坚持了法律论证的特性:法律论证不讨论所有的问题,它们受现行有效法的约束。也就是说,法学和实践只能以制定法为基准,在制定法中选择出发点并找到满意的答案。[50] 但在法律判断的证成上,该做法却颇可诟病。毕竟,法律论证须以必要充分的理由构成去支持其所做成的法律判断。依阿列克西的见解,法律判

---

〔48〕 笔者在武汉仲裁委受理的同类国内贸易仲裁案中曾独任仲裁员。

〔49〕 参见陈治东:《〈合同法〉第四〇二条对我国涉外商事仲裁度的挑战》,载《法学》2005年第4期;赵健:《长臂的仲裁协议:论仲裁协议对未签字人的效力》,载《北京仲裁》2005年第4期。

〔50〕 参见[德]罗伯特·阿列克西:《法律论证理论——作为法律证立理论的理性论辩理论》,舒国滢译,中国法制出版社2002年版,第263页;[德]霍尔斯特·海因里希·雅科布斯:《十九世纪德国民法科学与立法》,王娜译,法律出版社2003年版,第132页。

断的证成包括内部证成和外部证成两个方面。前者处理的问题是判断是否从为了证立而引述的前提中逻辑地推导出来，和其相关联的是法律适用的三段论；后者的对象则是这个前提的正确性问题。[51] 就内部证成而言，本文所述仲裁实务的简单处理看似并未违背逻辑的三段论，但问题在于，其内部证成所适用的前提须经外部证成而被证立。在《合同法》第402条和第403条中，外部证成所应论证的前提是，这两条中的所谓"合同"是否包括仲裁条款。前述仲裁实务未通过外部证成的规则和形式论证该前提，即以内部证成的方式直接适用此等条文，其合理性和正确性大可质疑。相反地，尽管本文结论和仲裁实务的处理一致，但在法律论证上，却是通过外部证成规则所包括的解释规准和教义学论证，达致其合理性和正确性的目标。

质疑者直指现行法的妥当性，显已超出法律论证的范畴，这对于法律的正确适用并无助益。相反地，他们违反了一个立法者和法律适用者之关系的规则：不得拒绝裁判的法官（包括仲裁庭）在法律适用时有解释法律的义务，若法律存有漏洞，亦有填补漏洞的义务；反之，仅在有重大事由的情况，法官才会决定超越法律的法的续造，而不是动辄否定现行有效的法。[52] 因此，借口现行法律有瑕疵而取法鸵鸟或干脆否定现行法，就法律适用者而言，是对其不得拒绝裁判的义务的违反。其实，本文的分析业已表明，在立法者形成某一实在法文本后，只要基于法律论证的正确立场，即可借法解释学、法教义学等各种规则，就所涉案型之法律适用问题得出确定性的裁判；即便遭遇法律规范因违反立法计划之不圆满性而出现漏洞，或因法律秩序内部的矛盾产生漏洞，乃至遭遇法律空白，亦可借漏洞补充的方法续造法律，甚至进行超越法律计划外的法的续造，形成所谓的法律者法或法官法。[53]

就以上所论而言，本文写作的最终目的毋宁是，以《合同法》第402

---

〔51〕 参见[德]罗伯特·阿列克西：《法律论证理论——作为法律证立理论的理性论辩理论》，舒国滢译，中国法制出版社2002年版，第274页。

〔52〕 [德]卡尔·拉伦茨：《法学方法论》，陈爱娥译，商务印书馆2003年版，第246～247页。

〔53〕 参见[德]卡尔·拉伦茨：《法学方法论》，陈爱娥译，商务印书馆2003年版，第248页；[德]卡尔·恩吉施：《法律思维导论》，法律出版社2004年版，第173页。

条和第403条对仲裁条款之适用余地作为具体分析对象,试图发现中国民法知识转型的应然向度。改革开放以来,中国民法枯木逢春,在高歌猛进的立法建构主义思潮的引导下,已经建立起大致完备的民事法律体系,同时也铸就了中国民法知识形态的立法论之主流论证模式。然而,立法者的建构理性是有限的,而不得拒绝裁判的法院又不能以法无规定为由驳回当事人的起诉,并让当事人自己找往往是姗姗来迟的立法去解决;就司法而言,不存在法院无法判决或“不能回答”的法律问题。这些恰恰指向理性建构之立法论的软肋,于是我们只能期待法院和法教义学在诉讼中对一切法律问题寻找答案。[54] 再者,按照宪法确认的社会主义法治原则,无论在法学还是司法判决中,理性的法律论证必须受制定法的约束并尊重判例,也受制于由制度化推动的法学所阐释的教义学,在诉讼中还须受诉讼制度的限制。[55] 据此,笔者认为,中国民法的知识形态应转向以解释论为主导的路径,即以现行法、判例和教义学语句为对象展开法律论证,在法律的解释和适用以及法教义学的形成中促成法的成长。其中,法教义学阐述的是对现行法具有重要意义的证明和解决模式,它包括一切可以在法律中找到的理论规则、基本规则和原则,也包括法学和法律实践增加的理论规则、基本规则和原则。由此,法教义学在解释现行法时,应当具备理性的说服力。[56]

(原文载于《法学研究》2009年第1期)

---

〔54〕 参见[德]伯恩·魏德士:《法理学》,丁小春、吴越译,法律出版社2003年版,第142页。
〔55〕 关于法治原则对法律论证的此项要求,参见[德]罗伯特·阿列克西:《法律论证理论——作为法律证立理论的理性论辩理论》,舒国滢译,中国法制出版社2002年版,第19~20页。
〔56〕 参见[德]伯恩·魏德士:《法理学》,丁小春、吴越译,法律出版社2003年版,第141页。该书译者将“Rechtsdogmatik”(法教义学)译为法律信条学。

民事证明责任分配之解释基准

——以《物权法》第106条为分析文本

目　次

一、关于《物权法》第106条之证明责任的争议
二、方法之惑
三、探寻善意取得之规范目的
四、《物权法》第106条之证明责任分配再解释
五、结语

民事诉讼中证明责任的分配,〔1〕无论对于司法实务还是法学研究及教学,都是极为关键的问题。在法律或者司法解释有明文规定的情形下,相关案件的证明责任分配依法进行即可,一般而言,不会引发适用者的困惑。但民法的具体规范(及相关的司法解释)可谓浩如烟海,而就其证明责任问题却鲜有明确规定者。〔2〕在具体案件中,为弥补这种成文法之不足,法官或者学者有必要探究证明责任的应然分配方式。

---

〔1〕德国、日本通说均认为,主观证明责任与客观证明责任的分配几乎采用完全相同的分配方式,二者在绝大多数情形下无须进行区分对待。本文所论及的证明责任,均含有此双重含义,一般不作特别区分。

〔2〕理论上,就任何一个民法规范,均可能发生与之相关的证明责任问题。而与《德国民法典》《奥地利普通民法典》等有所区别的是,我国实体法上鲜见关于证明责任的规范,证明责任问题仅集中规定于最高人民法院《关于民事诉讼证据的若干规定》第2条、第5条、第6条以及2015年颁行的最高人民法院《关于适用〈中华人民共和国民事诉讼法〉的解释》(以下简称新《民诉法解释》)第91条等条文中。

这种探究的途径,一方面,可以借助于当事人距离证据的远近、当事人举证能力的强弱、事实的盖然性、证明负担公平等因素进行考量;另一方面,则可以通过对相关实体法规范的解释,使双方当事人恰当地分担相关法律要件的证明责任。鉴于前者主要考虑的是诉讼中的相关因素,而后者主要考虑实体法规范本身,因此在不那么严格的意义上,我们可以将其区分为诉讼法进路与实体法进路。立法论必须对前者予以充分考虑,但在解释论的立场上,实体法进路更为主流。究其原因,证明责任分配一般被视为实体法如何适用的问题,这种立场不仅体现于德国、日本等大陆法系国家或地区,在英美法系国家也是如此。[3]

由此,在解释论上,证明责任的分配问题,就演变成对实体法的解释问题。但在法教义学上,既存在文义、体系、历史、目的等多种民法解释方法,也存在事实分类理论、规范说、修正规范说、修正法律要件分类说等多种与证明责任相关的学说理论。繁杂的方法和理论必然带来解释结果的不确定性与模糊性,这绝非司法实务所期望。寻找一个证明责任分配的确定性进路,就成为法解释学所面临的基本任务。笔者拟对此问题进行探究,以求证于方家。为避免讨论陷入过于宏观或抽象之境地,笔者以《物权法》第 106 条的证明责任问题作为出发点,展开论证。

一、关于《物权法》第 106 条之证明责任的争议

《物权法》第 106 条确定了善意取得制度。依据该条,无处分权转让不动产或者动产时,受让人在下列情形下取得所有权:(1)受让人受让该不动产或者动产时是善意的;(2)以合理的价格转让;(3)转让的不动产或者动产依照法律规定应当登记的已经登记,不需要登记的已经交付给受让人。鉴于证明责任领域最为权威的学说为罗森贝克的规

---

〔3〕 参见[德]莱奥·罗森贝克:《证明责任论》,庄敬华译,中国法制出版社 2002 版,第 81 页以下。美国学者也提到,美国法学院的学生研修实体法课程时,需要学习各种诉因和抗辩的构成要件,而实际上,这些要件需要当事人承担证明责任。参见[美]史蒂文·苏本、马格瑞特·伍:《美国民事诉讼的真谛》,蔡彦敏、徐卉译,法律出版社 2002 年版,第 92 页。

范说,若以该学说解释《物权法》第 106 条,则“无处分权人将不动产或者动产转让给受让人的,所有权人有权追回”为基础规范(权利形成规范);而第 1 句分号之后的“除法律另有规定外,符合下列情形的,受让人取得该不动产或者动产的所有权”为例外(抗辩)规范。由此,该条关于善意要件的证明责任分配应为如下结果:受让人若主张所有权,应就其所援引的抗辩规范的要件(善意)承担证明责任。简言之,应当由受让人证明其善意。

围绕这一规范说的结论,学界观点林立。笔者曾主张,虽然从解释论出发只能得出“由受让人证明其善意”的结论,但从立法论出发,却应借鉴《德国民法典》的相关规定,修改完善该条之表述,其理由略谓:其一,《德国民法典》第 932 条第 1 款所确定的善意取得制度,依照规范说应解释为原权利人就受让人的恶意承担证明责任;其二,两相对照之下,德国法条文的规范构造,更契合保护交易安全的法规范目的,而中国法条文的规范构造,则有规范目的落空之虞。〔4〕 简言之,就我国《物权法》将“善意”规定为善意取得规范的权利成立要件,以及由此导出的“由受让人证明其善意”的结论,笔者曾持批评意见,可以概括为“善意要件之批评说”。

另有学者则赞同“由受让人证明其善意”这一解释论上的结论,可以概括为“善意要件之肯定说”。〔5〕 例如,有学者认为,如此分配证明责任的原因在于,与德国等国家和地区相比,我国《物权法》规定的善意取得制度有明显的优先保护所有权的倾向。由此,我国的善意买受人承担着更多的交易风险,其中包括以善意取得各个要件事实之证明责任为主的诉讼风险。〔6〕 另有学者则通过多种解释方法的运用,证成

〔4〕 参见徐涤宇、胡东海:《证明责任视野下善意取得之善意要件的制度设计——〈物权法〉第 106 条之批评》,载《比较法研究》2009 年第 4 期。

〔5〕 这一观点也得到司法实务界部分人士的认可,参见秦勤:《论善意取得制度中善意要件的证明》,载《人民检察》2013 年第 23 期。

〔6〕 参见郑金玉:《善意取得证明责任分配规则研究》,载《现代法学》2009 年第 6 期。该作者认为,其原因是我国的占有制度的性质有别于其他国家和地区、在物权行为有因性和无因性之间做出的不同政策性选择 以及由此决定的善意取得制度立法精神的不同。

《物权法》第106条在规范意图上偏重保护所有权,而"由受让人证明其善意"的证明责任分配,正是这一规范意图的准确体现。[7] 他们由此认为,"善意要件之批评说"简单、错误地接受了德国法的结论,其所坚持的"德国法的普世性"其实根本无法成立。[8]

与上述观点均有所区别的是,就《物权法》第106条,民法学界的主流观点是"善意推定说",即应当推定受让人为善意,而由主张其为非善意的原权利人就受让人的恶意或者重大过失负举证责任。[9] 其实,在"应然的状态应由主张恶意者承担证明责任"这一点上,这种观点与"善意要件之批评说"并无分歧。有所差别的仅仅是,"善意推定说"就证明责任之分配并未采用规范说的学理方法。甚而至于,由于"善意推定说"之主张者往往脱离本国实在法而盲目地求证于比较法,欠缺立基于物权法文本的必要解释和证成,故即使其作为民法学界的一种主流观点,也颇值商榷。

就善意取得之法条中善意要件的证明责任问题,上述三种观点在学界无疑具有代表性。三种观点相互之间有部分是抵触的,但又有部分发生重叠。例如,对《物权法》第106条的规范目的以及应然的证明责任分配,善意要件之批评说与善意推定说持拥护交易安全之维护的立场,并认为应当由真正的权利人承担对"受让人恶意"的证明责任,这与善意要件之肯定说形成鲜明的反差。再如,善意要件之批评说与善意要件之肯定说在解释进路和具体结论上虽针锋相对,但就遵循规范说之立场而言,又均持肯定态度。从解释学的立场出发,我们有必要对这三种观点进行分析,并反思和评判其背后的理论根基,如此方能回答善意要件的证明责任分配问题。

---

〔7〕 参见吴泽勇:《论善意取得制度中善意要件的证明》,载《中国法学》2012年第4期。

〔8〕 参见吴泽勇:《论善意取得制度中善意要件的证明》,载《中国法学》2012年第4期。

〔9〕 参见王利明:《物权法研究》,中国人民大学出版社2002年版,第269页;叶金强:《论善意取得构成中的善意且无重大过失》,载《法律科学》2004年第5期;陈华彬:《民法物权论》,中国法制出版社2010年版,第287页;程啸:《论不动产善意取得之构成要件——〈中华人民共和国物权法〉第106条释义》,载《法商研究》2010年第5期。

二、方法之惑

(一)解释方法与规范目的

尽管证明责任问题常常产生于诉讼之中,但正如罗森贝克所言,究其根本乃是一个实体法问题。其原因在于,原告和被告必须予以证明的事实,只能由民事实体法予以规定。[10] 当事人为了胜诉,需要援引对其有利的实体法规范,并通过对这些规范之事实要件的证明,来实现这些法规范所规定的法律效果(如请求权的实现或者否定)。当其无法证明或者证明不足以让裁判者信服时,则无法实现其欲求的法律效果,也即需要承担败诉的后果。由此,证明责任分配的原则就应当是:主张某种法规范之法律效果(Rechtsfolge)的当事人,需要证明该规范的前提性构成要件(Tatberstand)事实。[11] 该原则自德国法学家罗森贝克提出后,已被德国、日本和我国学界广为接受。但问题在于,以语言文字书写并且充斥着各种交叉、模糊、矛盾、缺漏的法规范,何以能够形成清晰而精确的构成要件和法律效果?此故法律非经解释不能被适用,才成为法律人的共识。

就如何为法律解释,传统学理一般认为存在文义、体系、历史、目的等四种解释方法。但此四种解释方法并非平行关系,从历史的角度,我们可以观察到它们之间的对立与紧张。1840 年,萨维尼总结了法律解释的四大要素(语法、逻辑、历史、体系),并对后世法解释学产生深远影响。而对萨维尼理论的批判与超越,则来自耶林,其核心观点乃法律目的论。如耶林所言:"目的是整个法律的创造者,没有赋予法条一个目的,也就是赋予其来源一个实践的动机,就没有法条。"[12] 由此,目的(论)解释这种实质性解释方法,就成为克服萨维尼形式解释方法之局限性的关键手段。其后德国法解释学的发展,基本上都沿袭耶林目的

---

〔10〕 参见罗森贝克:《证明责任论》,庄敬华译,中国法制出版社 2002 年版,第 81 页以下。

〔11〕 参见罗森贝克:《证明责任论》,庄敬华译,中国法制出版社 2002 年版,第 104 页。

〔12〕 吴从周:《概念法学利益法学与价值法学——探索一部民法方法论的演变史》,中国法制出版社 2011 年版,第 126 页。

论解释的基本思路,仅在细节处有所差别。如自由法学运动(代表者埃利希、施坦普、康特洛维奇、卢布夫等)在批判概念法学的基础上,就解释方法主张探寻现阶段制定法本身的理性意义,也即法律的客观目的。[13] 与之相对,利益法学(代表者赫克)更强调法律解释应当"对制定法忠诚",致力于探寻立法者历史上的意思,也即法律的主观目的。[14] "二战"后兴起的评价的利益法学(代表者埃里克兄弟、齐默尔曼、韦斯特曼、布洛克斯)在解释方法上承继了利益法学的主张,而晚近的价值法学(代表者拉伦茨、科殷、齐佩利乌斯等)则更趋向于客观目的论。[15]

概言之,现代法解释学(尤其是民法解释学)发展的重要成果,同时也是超越萨维尼理论的核心之处,正是基于对目的论解释的坚持与深化。正如德国学者魏德士所言,"规范目的是一切解释的重要目标,这与大多数坚持萨维尼的四个标准的传统法律解释理论相反。任何解释都应当有助于实现规范内容所追求的规范目的"。[16] 德国学者拉伦茨以及我国台湾地区学者王泽鉴、黄茂荣等,对于这种目的到底是立法者的意志(主观目的),还是规范性的法律意义(客观目的),虽与魏德士的观点存在差异,但就解释的目标应当是法规范目的这一点而言,并无分歧。[17] 由此,四种解释方法之间实际上应当存在位阶的差别,即规范目的是目标,而文义解释、体系解释、历史解释这三种方法是手段。由此,法律解释在逻辑上大致可以分成两个步骤:其一,解释者需要综合运用文义、体系、历史三种解释方法,让法律规范"开口说话",从而探明规范目的之所在。文义作为解释起点,意味着解释者首先应当运用文义解释,即"从法律文义的表达中可以得出立法者的规范意图与

〔13〕 顾祝轩:《制造"拉伦茨神话":德国法学方法论史》,法律出版社2011年版,第30页。
〔14〕 顾祝轩:《制造"拉伦茨神话":德国法学方法论史》,法律出版社2011年版,第42页。
〔15〕 顾祝轩:《制造"拉伦茨神话":德国法学方法论史》,法律出版社2011年版,第99页。
〔16〕 [德]魏德士:《法理学》,吴越、丁晓春译,法律出版社2005年版,第321页。
〔17〕 [德]卡尔·拉伦茨:《法学方法论》,陈爱娥译,商务印书馆2003年版,第197页;黄茂荣:《法学方法与现代民法》,法律出版社2007年版,第324页。

具体规范的目的”。[18] 而以此方法不达目的时，则采体系解释方法，从法规范内部体系（上下文之间的关系）和外部体系（法律与其他法律以及宪法之间的关系）进行探寻，以及采取历史解释方法，结合法律规定时的语境（包括历史—社会语境、思想史和教义史的语境）确定规范目的。其二，借助已探明的规范目的，解释者对法律规范作出符合规范目的的解释，即对有疑义的构成要件或法律效果以及他们的具体含义进行确定，从而将其正确适用于具体的案件。当然，上述两个步骤的划分仅是逻辑意义上的，实践中的操作毋宁是二者交叉进行、循环往复，难以明晰地区分。同时，借助法教义学上关于某些法规范之规范目的的确定性结论，解释者往往可以省略第一个步骤而避免重复论证。

（二）解释学与证明责任的分配

借助于民法解释学，我们方可对规范的各要素（构成要件或法律效果）进行确定。如何解决因适用实体法规范而产生的民事证明责任问题，其核心也正是如何确定规范要件以及法律效果。由此，对实体法规范的解释学操作，就几乎成为探寻证明责任方案的唯一正当途径。当下主流的证明责任分配诸理论，如规范说、修正规范说、修正法律要件分类说等，在坚持规范说“对己有利的要件承担证明责任”这一原则上并无差异，有所区别的，仅仅表现在采用何种解释方法以确定规范要件和法律效果。

规范说主张以文义解释为主，辅之以偶尔的体系解释，对其他解释方法则几乎完全废弃。从历史的角度看，罗森贝克的规范说诞生于20世纪初，此时德国法学的主流思潮是法律实证主义。[19] 因此，罗森贝克尊重法律文义的执念不难理解。但正如普维庭所批评的，“为什么系统的、历史的和目的性解释就不能用来解决证明责任问题呢？其实并不能找到拒绝这些依据的理由”。[20] 这种方法论的局限实际上正是

---

〔18〕［德］魏德士：《法理学》，吴越、丁晓春译，法律出版社2005年版，第328页。

〔19〕对此可以佐证的是，20世纪上半叶，尽管德国帝国法院进行了颇为频繁的民法续造，但原则上还是严守法律忠诚的要求，即尊重法律文义。参见［德］弗朗茨·维亚克尔：《近代私法史》，陈爱娥译，上海三联书店2006年版，第495页以下。

〔20〕［德］汉斯·普维庭：《现代证明责任问题》，吴越译，法律出版社2000年版，第412页。

规范说的本质缺陷,也是其遭受诸多批评的根本原因。[21]

其他证明责任学说,则在解释方法上与规范说存在明显差异。普维庭的"修正规范说"就主张综合运用多种解释方法,来确定民法乃至劳动法的原则规范和例外规范的构成要件,从而确定证明责任分配。他认为:"有时对某一个别的具体的规范来说,不按照该规范的文义,而应按照相应的情势,按照系统的、体系的或者目的性解释来分配证明责任也是可能的"。[22] 而日本的修正法律要件分类说也持相近立场。如该学说中的司法研修所说就认为:"解释须立足于证明责任分配的立场。在以各实体法条文之用语和结构形式为解释基础的同时,还经常应顾及证明责任负担层面的公平性与妥当性。具体而言,应综合考虑立法目的、立法之间的体系联系和整合性、该要件的一般性或特殊性、原则性或例外性以及符合该要件待证事实的事实样态、待证事实证明的难易等等。"[23] 而要件事实论的代表者伊藤滋夫的立场则更进一步,他主张通过对民法的解释形成"裁判规范之民法",也就是能直接适用于真伪不明场合(必须对证明责任予以分配)的民法。而在具体的解释过程中,他认为,证明责任对象"事实"的最终决定标准是证明责任负担的公平,而证明责任负担的公平则取决于民法规定的规范目的。当证明在诉讼中成为问题时,则应适当实现民法各制度之旨趣(目的),如此,才能保证证明之公平。[24]

综观上述各种学说,毫无疑问,规范说目前依然是最具统治力的学说,其在德国法上仍然具有通说的地位。当然,德国民法在制定之时就考虑了证明责任问题,它一方面通过但书等形式形成了明确的权利形成规范与权利妨碍规范,另一方面则在部分条文中直接、明确地表达了

---

〔21〕 具体分析参见袁中华:《规范说之本质缺陷及其克服——以侵权责任法第 79 条为线索》,载《法学研究》2014 年第 6 期。

〔22〕 [德]汉斯·普维庭:《现代证明责任问题》,吴越译,法律出版社 2000 年版,第 413 页。

〔23〕 [日]小林正弘:《要件事实与民事审判——以买卖合同纠纷为例》,清华大学法学院 2013 年博士学位论文,第 13 页。

〔24〕 [日]伊藤滋夫:《要件事实讲义(节译)》,小林正弘译,载崔建远主编:《民法九人行》(第 7 卷),法律出版社 2014 年版,第 303 页。

证明责任的分配。于是,在一般情形下,借助文义解释,并适当辅之以体系解释,即足以作出符合立法者意志的证明责任分配。但就日本民法和中国民法(包括我国台湾地区)而言,立法材料表明其并无此种考虑,若贸然适用规范说,势必在许多场合下带来证明责任不当分配的风险。由此,在解释方法上对规范说有所扬弃(但在理论基础之内核上依然一致),采用更契合现代民法解释学的后三种学说,理当更有利于我国对证明责任考虑不足的实体法规范的适用。当然,这并非意味着我们必须采取其中某种或者某几种学说。本文的立场毋宁是:鉴于主流民法解释学已然承认规范目的在法律解释作业中的核心地位,故对规范进行解释以确定证明责任分配时,也必须依托规范目的进行。由此,证明责任问题的解释学路径,原则上也应采取以下两个步骤:其一,通过文义、体系、历史等形式解释方法,揭示待解释法条的规范目的;其二,结合规范目的考量规范的精确构成要件与法律效果,在可能的待选方案中选择最契合规范目的的方案。就上述思路之可行性与科学性,下文将以我国善意取得规范中的证明责任问题为对象进行检验。

三、探寻善意取得之规范目的

关于善意取得之规范目的,在私法史和各国民法教义学上历有争议:有认为其根本目的仍在于保护原所有权人的利益,有认为其实则是为了维护交易安全,更有折中者认为系兼顾原所有权人利益之保护和交易安全的维护。就我国《物权法》第106条的规范目的,亦存在保障交易安全和优先保护所有权这两种迥异的观点。上述观点何者恰当,需要借助法解释学围绕实在法文本进行验证。

(一)依文义解释无法获得《物权法》第106条之规范目的

《物权法》第106条所要表达的规范目的,无非有二:在无权处分的情形下,立法者或者是偏重于保护受让人的利益,或者是偏重于保护原所有权人的利益。如果是前者,则立法者是通过对受让人利益的保护,来维护整体的交易秩序之安全,也即所谓保障交易安全;如果是后者,则立法者在价值选择上宁愿牺牲受让人的利益以及作为整体的交易秩序,也要对所有权人的权利进行保障。依文义解释该条规定,无处分权人将不动产或者动产转让给受让人的,受让人在符合第1款第1项的合理价格要件与第3项的登记或交付要件时,如果受让人为善意,则取得该物的所有权。易言之,在受让人为恶意时,则无法取得所有权,所有权人有权追回。因此,该条从表达上采取了一种平衡式安排:既有对原权利人的保护(恶意的情形),也有对受让人的保护(善意的情形)。这种表达并未采用德国法上那种典型的"原则—例外"式表达,由此我们也难以从文义上得出法条到底侧重保护哪一方民事主体的结论。对该条之规范目的的探寻,尚需结合体系解释与历史解释而进行。

但有学者认为,该条通过将善意要件作为法律成立要件规定的方式,将该要件的证明责任加诸第三人,体现了一种优先保护所有权的立法意图。[25] 笔者认为,这是对该条文的"过度阐释",有倒因为果之嫌。因为我国《物权法》的立法者并未像德国的同行那样,有意识地在法条表达中分配证明责任,仅仅通过文义解释就确定证明责任,本身就是不妥当的。而拿这种结论去推断立法者的意图,则更是将规范目的与证明责任的关系错位处理。这正如前文所指出的,是规范目的决定证明责任的分配,而非证明责任的分配决定规范目的。

(二)依体系解释探寻《物权法》第106条之规范目的

体系解释诉诸法律的内部体系以及法律之间的外部体系,以确定作为体系之一部分的法规范的含义,从而实现法律秩序的统一。就善意取得制度而言,一般认为,其与物权法上的公示(公信)原则具有密切的关系,通过体系解释,公示(公信)原则可以从正面揭示善意取得制度的规范目的。本文首先结合该原则来进行探讨。

物权公示原则,指物权的各种变动必须采取法律许可的方式向社会予以展示,以获得社会的承认和法律保护的原则。[26] 不动产公示的

---

〔25〕 参见吴泽勇:《论善意取得制度中善意要件的证明》,载《中国法学》2012年第4期。

〔26〕 参见孙宪忠:《物权法》,社会科学文献出版社2011年版,第88页。

方式为不动产登记,而动产则有所区别,其动态公示方式为交付,静态公示方式为占有。物权公示的公信力为其权利推定效力,这种效力在比较法上于德国、日本、法国等国民法典中均有体现,[27] 而且也为我国民法界所普遍承认。[28] 而就动产占有的权利推定效力,我国《物权法》学者建议稿也有所规定,[29] 全国人大常委会法制工作委员会(以下简称全国人大法工委)《物权法草案》前五稿也有类似规定,但该条在《物权法》正式颁布之际,出于某些考虑被删除。尽管如此,民法学界一般均承认占有的权利推定效力。[30] 这种占有的权利推定效力,一般被认为是善意取得的理论前提。如叶金强教授主张,公信力是法律赋予动产占有和不动产登记这类表征方式的特殊效力,该效力表现为对善意第三人合理信赖的保护。[31] 由此发展而来的物权公信原则,将动产占有与不动产登记簿等同视之。若当事人信赖占有的公示状态而为买卖、赠与等行为,即使占有移转所表现的物权状态与真实物权不一致,善意受让人也能取得物权。[32]

鉴于我国实在法上并无关于动产占有的权利推定效力的规定,有学者认为,基于无法推定占有人主观心理状态为善意以对抗原所有人,在无权处分的情形下,物权法作出的是对原所有人有利的推定,因此善意取得制度仅仅是在例外的情形下允许买受人取得所有权。基于上述分析,该学者认为我国《物权法》第 106 条的规范目的并非在于保护交易安全,而是优先保护所有权人的利益。[33] 构成对该观点的反驳的

---

〔27〕 参见《德国民法典》第 1006 条、《日本民法典》第 188 条、《法国民法典》第 2279(1)条。

〔28〕 例如,尹田认为,《物权法》第 16 条可以解释为不动产登记簿的权利推定效力:“在无相反证据证明不动产登记错误的情况下,不动产登记簿上载明的物权归属和物权的具体内容,应推定为正确的权利记载,并用以作为推定当事人享有物权的根据。”参见尹田:《物权法》,北京大学出版社 2013 年版,第 134 页。

〔29〕 参见梁慧星主编:《中国物权法草案建议稿——条文、说明、理由与参考立法例》,社会科学文献出版社 2000 年版,第 792 页。

〔30〕 对此可参见孙宪忠:《物权法》,社会科学文献出版社 2011 年版,第 352 页;尹田:《物权法》,北京大学出版社 2013 年版,第 131 页;王利明:《物权法研究》(下卷),中国人民大学出版社 2007 年版,第 733 页以下;崔建远等编著:《物权法》,清华大学出版社 2008 年版,第 71 页。

〔31〕 参见叶金强:《物权法第 106 条解释论之基础》,载《法学研究》2010 年第 6 期。

〔32〕 参见魏振瀛:《物权法》,北京大学出版社 2002 年版,第 216 页。

〔33〕 参见郑金玉:《善意取得证明责任分配规则研究》,载《现代法学》2009 年第 6 期。

是,尽管我国《物权法》并未规定动产占有的权利推定效力,但我国民法学界的通说已承认这种推定效力,而且在司法实务中也是如此处理的。〔34〕我们也很难想象,如果没有对占有的这种推定效力,民事活动中的主体该如何与往往是实际权利人的占有人进行交易,而占有人在诉讼中又如何去证明其占有物为其合法所得?〔35〕

其实,欲对上述观点作更深层次的反驳,关键点不应放在我国实在法上有无权利推定规范上。尽管占有状态和不动产登记簿的登记状态因与实际权利关系相吻合的可能性极大而具有权利表彰的功能,但由此拟制的推定规范的作用场域仅在诉讼程序中,对交易安全的保护较为有限。也即权利推定规范作为一项证明规则,允许以反证推翻,因此它只是有助于减轻具有权利外观的一方当事人证明责任上的困难,它仅意味着只有在案件事实无法查明时,法官才会依据该推定规范做出有利于被推定的一方当事人的判决。鉴于此种规范仅具有推定作用,不能终局性地解决权利归属问题,因此需要善意取得制度的介入。易言之,权利表像规则的适用,最终还是要以取得人之善意为前提条件。由此可见,权利推定规则并非善意取得制度的基础,正确的观点毋宁是:动产占有和不动产登记所具有的推定作用与善意取得制度,共同服务于公示原则之保护交易安全的功能,其中善意取得的作用更为根本。〔36〕这正如朱广新所言,"善意取得制度则旨在根本性解决动产物权的归属问题,即受让人能从无权处分人处善意取得动产所有权(他

〔34〕此类案例甚多,在此仅举几例:"浙江天下建设有限公司与关应顺返还原物一审民事判决书",载 http://www.court.gov.cn/zgcpwsw/zj/zjshzszjrmfy/jdsrmfy/ms/201412/t20141217_4930668.htm;"李先富与张春林房屋买卖合同纠纷一审民事判决书",载 http://www.court.gov.cn/zgcpwsw/sc/scsgaszjrmfy/ycxrmfy/ms/201412/t20141217_4966272.htm;"申请再审人广西象州农村合作银行与被申请人江秀青,第三人覃政军抵押担保合同纠纷一案的民事判决书",载 http://www.court.gov.cn/zgcpwsw/gx/gxzzzzqlbszjrmfy/ms/201501/t20150102_6075063.htm。上述网址最后访问日期:2015 年 6 月 30 日。

〔35〕刑法中存在唯一的例外,即巨额财产来源不明罪。除此例外,普通公民是无须自证其占有的财产来源合法的。由此,我们也可以从法律秩序之外部体系推论出,普通公民就其占有的财产一般被推定为所有权人。

〔36〕参见[德]鲍尔·施蒂尔纳:《德国物权法》(上册),张双根译,法律出版社 2004 年版,第 62 页以下、第 500 页。

物权)。民法之所以违逆所有权保护的宪法原则,确立善意取得制度,是为了建立占有能够彰显权利的系统信任制度,简化交易关系,促进交易便捷、安全地进行。"[37]

不过,即使在偏重于保护交易安全的立法例,善意取得制度在例外情形亦让位于所有权的保护。具体而言,如果动产所有权人丧失占有的原因并非基于其意思(如盗赃或遗失物),则受让人即使为善意,亦不能取得所有权,[38]此为《物权法》第107条之所由设。该条规定作为善意取得制度之适用例外,在体系解释的意义上,也从反面佐证了《物权法》第106条的规范目的在于保护交易安全。

(三)历史解释之印证

历史解释力图从法律规定产生时的语境中确定规范要求的内容和规范目的。[39] 就《物权法》第106条善意取得规范的规范目的而言,我们可以回顾物权法制定的过程以及其中的相关资料进行探寻。

从1998年《物权法》立法工作启动,到2007年《物权法》通过全国人大决议,其间一共有三部草案,即受民法起草工作小组委托起草的梁慧星教授主持的《物权法草案建议稿》(1999年)和王利明教授主持的《物权法草案建议稿》(2000年)以及全国人大法工委的《物权法草案征求意见稿》(2002年)。不同于其他很多法案之专家建议稿仅是学者的建议,物权法的两部专家建议稿本身就是官方委托的产物,而且其主持人全程参与了立法过程,草案中的很多内容也直接或者间接成为最后法典的内容。[40] 因此,这些建议稿对于理解立法的相关规定有着重要意义。梁慧星教授主持的《物权法草案建议稿》第145条规定了善意取得制度:"基于法律行为有偿受让动产且已占有该动产的善意受

[37] 朱广新:《论物权法上的权利推定》,载《法律科学》2009年第3期。

[38] 参见王泽鉴:《民法物权》,北京大学出版社2009年版,第457页以下。

[39] 参见魏德士:《法理学》,吴越、丁晓春译,法律出版社2005年版,第340页。

[40] 梁慧星:《中国物权法的制定》,载 http://www.iolaw.org.cn/showarticle.asp?id=2153,最后访问日期:2014年12月20日;梁慧星:《中国物权法的起草》,载《山西大学学报》(哲学社会科学版)2002年第2期。

让人,即使让与人无处分权,仍取得该动产的所有权。”[41] 就该条的立法理由,其执笔人崔建远教授认为,“日耳曼法的善意取得制度使受让人在受让财产时不必花费不必要的精力对财产的来源进行调查,有利于保护交易安全,促进财产流转。因此为近代各国民法所继受,并加以改造,成为目前通行的善意取得制度”。[42] 而王利明主持的《物权法草案建议稿》第74条也规定了善意取得制度,就该制度的规范目的,其观点与梁慧星课题组并无差别。[43] 全国人大法工委民法室在对《物权法》第106条进行释义时也认为,“善意取得对所有权人是有一定限制,但善意取得基于占有的公信力,旨在维护交易安全,这项制度的存在是必要的。”[44]

这种历史解释足以说明,《物权法》第106条的规范目的还是在于维护交易安全,而非所谓的保护所有权人利益,这与前述体系解释之结论可以相互印证。

四、《物权法》第106条之证明责任分配再解释

(一)基于规范说的初步分析

以请求权为基础的分析方法切入《物权法》第106条,首先需要分析其规范构造。依据该条第1句前半段(分号之前),可以看出其规范的请求权为所有权人的追回权(所有物返还请求权),而“无处分权人将不动产或者动产转让给受让人”则为其前提性构成要件。第1句后半段的表述规整的则是受让人取得所有权的情形(包括三种),即意味着所有权人从根本上丧失其追回权,这部分表述当被视为追回权之权利行使的阻碍。借助罗森贝克规范说对于规范类型的区分,以所有权人的追回权为视角,则“无处分权人将不动产或者动产转让给受让人”

---

[41] 梁慧星主编:《中国物权法草案建议稿——条文、说明、理由与参考立法例》,社会科学文献出版社2000年版,第357页。

[42] 梁慧星主编:《中国物权法草案建议稿——条文、说明、理由与参考立法例》,社会科学文献出版社2000年版,第363页。

[43] 参见王利明主编:《中国物权法草案建议稿及说明》,中国法制出版社2001年版,第236页。

[44] 胡康生主编:《中华人民共和国物权法释义》,法律出版社2007年版,第241页。

为其权利成立要件,而善意等其他三个要件为其权利妨碍要件。由此,在证明责任分配上,如果依据规范说的原理,所有权人欲主张《物权法》第106条所规范的追回权,仅需证明"无处分权人将不动产或者动产转让给受让人",而对方(受让人)若想对抗此种权利,则需要证明其善意以及其他两个要件事实。

尽管实务中的一般情形是,无权处分人将动产或者不动产通过交易的方式转让给受让人后,原所有权人通过诉讼的方式行使其所有物返还请求权,但也不排除在少数情形下,受让人通过确认之诉的方式主张其所有权。同时,善意取得本身也被视为所有权的取得方式之一。因此,对于《物权法》第106条,若以所有权取得为视角,同样也可以视其为权利成立规范。亦即受让人可以根据第1句后半段,主张善意等三个要件的满足而直接主张其取得所有权。于是,依据规范说的原理,受让人欲主张其所有权,也需要证明善意等三个前提性要件事实的满足。

限于文旨之所在,同时为避免分析过于复杂,笔者在此仅讨论三个要件事实中的第一个,即受让人善意之证明责任问题。而依照上述分析,无论基于何种请求权,受让人都必须证明其善意,方可成立其所有权之取得,或者对抗原所有权人的追回权。

(二)规范目的之引入与规范说之结论的检验

上述要求受让人证明其善意的结论看似无懈可击,在学理上也不乏支持者。[45] 但必须反省的是,这种结论完全建立在规范说的立场上。而正如前所述,规范说自身在解释方法上存在缺陷。这种缺陷在已考虑证明责任的法规范(如《德国民法典》)中并不至于引发严重问题,但如果在像日本和我国这种民事法律的表达并未考虑证明责任问题的情形,其分析结论往往不具有足够的说服力。从20世纪60年代

---

〔45〕 参见郑金玉:《善意取得证明责任分配规则研究》,载《现代法学》2009年第6期;吴泽勇:《论善意取得制度中善意要件的证明》,载《中国法学》2012年第4期。

以来，日本学界对规范说的批判运动也佐证了这一点。[46] 因此，就受让人应证明其善意这一结论，必须检验其是否符合实定法的精神，方可确定其合理性与合法性。而这种检验标准，应当是具体法规范的规范目的。

前文已经指出，《物权法》第106条的规范目的，只能是保障交易安全，即立法者在相互冲突的整体利益与个别利益的权衡中，更为侧重保护作为市场整体利益的交易安全。准此，我们可以对前述要求受让人就其善意承担证明责任的解释结论进行检验。证明责任问题的关键点在于，某要件事实真伪不明时，由哪方当事人承担败诉风险。在本文分析的情形中，当事人因证明责任分配导致的败诉风险，主要取决于作为其证明对象的善意要件的性质：它是一个单纯的事实性要件，还是一个评价性要件？

在无权处分的情形中，若要求受让人证明其善意，主要是要求其证明“不知让与人无让与权”，至于是否同时需要证明其无过失，则因各国家及地区的规定以及学理、实务对善意界定不一，而有所不同。对于何为善意，王泽鉴教授基于我国台湾地区的学理和实务，整理出四种见解：(1)所谓善意，系指不知让与人无让与权利，有无过失，在所不问；(2)所谓善意，乃指不知让与人无让与权利，是否出于过失，虽非所问，但依客观情势，在交易经验上，一般人皆可认定让与人无让与权的，即应认为恶意；(3)所谓善意，指不知或不应知让与人无让与权；(4)所谓善意，应参考德国立法例，解释为须非明知或因重大过失而不知让与人无让与权。要之，上述第二种、第三种和第四种见解均认为，受让人对于让与人是否有让与权，应负一定程度的注意义务，以兼顾保护交易安全和所有权人的利益。[47] 至于过失之认定，一般认为应采客观标准，即斟酌客观情势如交易环境、交易方式、交易价格等因素，依交易经验

---

〔46〕 参见陈荣宗：《举证责任分配与民事程序法》，台湾大学法学丛书编委会1984年版，第32页以下。

〔47〕 参见王泽鉴：《民法物权》，北京大学出版社2009年版，第470页。

上一般人的注意标准加以判断,此为合理分配信息成本之故也。[48]

在我国《物权法》立法过程中,梁慧星教授主持的《物权法草案建议稿》第145条关于善意取得的规定,也采《德国民法典》的立法例,在其第2款定义了善意。其执笔人崔建远教授在立法理由中认为,应使受让人承担一定程度的注意义务;因重大过失而不知让与人系无权处分的,应认定为非善意;至于过失的判断,应采客观标准。[49] 最后通过的《物权法》第106条虽未定义何为善意,但其第108条规定:"善意受让人取得动产后,该动产上的原有权利消灭,但善意受让人在受让时知道或者应当知道该权利的除外。"依体系和文义,其中所谓的"知道"和"应当知道"亦可解释为恶意之认定标准,[50] 而"知道"为单纯的事实性要件,应无疑问;但所谓的"应当知道",则属评价性事实要件,因为"应当"一词,已经指明受让人应负一定程度的注意义务,若其违反此项义务,则被评价为具有过失而应被归责。[51]

由此可见,在我国《物权法》上,善意要件并非一个典型的事实性要件,而是一种评价性的事实要件,对其几乎无法采取直接证明的方式,而需要运用间接证明。我们尽管可以借助于交易环境(时间、地点和场合等)、交易价格、交易方式(公开/私下)、交易双方之间的关系等

---

〔48〕 参见王泽鉴:《民法物权》,北京大学出版社2009年版,第470页以下;梁慧星:《中国物权法草案建议稿——条文、说明、理由与参考立法例》,社会科学文献出版社2000年版,第367页。

〔49〕 参见梁慧星:《中国物权法草案建议稿——条文、说明、理由与参考立法例》,社会科学文献出版社2000年版,第367页。

〔50〕 《物权法》第108条但书中的"知道或者应当知道"指向的是善意取得之动产上设定的第三人权利,而非原所有权人的所有权,故不可贸然将其解释为善意取得制度中恶意的认定标准。但查诸立法者原意,该条直接借鉴自《德国民法典》第936条,只不过在表述上使用了"知道或者应当知道"来指称后者第2款中的"非为善意"(参见胡康生主编:《中华人民共和国物权法释义》,法律出版社2007年版,第244页)。因此,我们完全可以在解释论上得出结论,《物权法》第106条中的"善意"包括不知和不应知,第108条中的"知道或者应当知道"则为恶意之认定标准。

〔51〕 《德国民法典》第122条将"应当知道"定义为因过失而不知,此可作为我国民法上"应当知道"之解释的比较法材料。参见陈卫佐译注:《德国民法典》,法律出版社2006年版,第38页。

因素来进行推断,[52]但一般而言这种证明的难度是非常高的。因此,一旦发生诉讼,即使受让人为善意,他往往也无法证明其善意,从而将承担败诉的后果。这种法庭之上可能败诉的风险,对法庭之外的民事生活也必然产生影响。普通的民事交易中的买受方,由此需要对出卖人是否有权处分进行严密而细致的审查,否则可能陷入诉讼的泥潭并招致败诉。这种要求无疑是不合理的,难道去超市买一瓶矿泉水还需要对方提供发货凭证和相关合同?去跳蚤市场买一个台灯还需要对方提供原始购物凭证?如果没有这种审查或审查并不严格,或者即使进行了严格的审查,但依然无法避免无权处分的情形,那么买受人的所有权将处于一种悬浮的状态,随时可能因原所有权人行使权利而归于消灭。如此一来,《物权法》第106条所欲实现的保障交易安全的规范目的也势必落空。

(三)取向于规范目的的再解释

既然要求受让人证明其善意的证明责任分配方式,根本无法实现法规范的目的,那么我们必须考虑其他可能的解释路径。鉴于文义解释常常是解释的起点,我们首先应当从法规范的文字表达入手。从民法作为行为规范的角度出发,将一个法律要件表达为权利形成要件,还是将其反面表达为权利妨碍要件,其实并无差别。德国学者齐佩利乌斯就曾举例说,立法者希望把债务人对履行迟延可归责作为因迟延而产生的损害赔偿请求权的前提,那么他既可以把"可归责"(Vertretenmüssen,可以粗略地理解为过错)作为损害赔偿请求权产生的前提要件,也可以把"不可归责"(Nichtvertretenmüssen)作为损害赔偿请求权的妨碍要件(《德国民法典》第286条第4款的表达)。[53] 但从民法作为裁判规范的角度出发,这两种表达实际上导致了不同的证明责任分配,第一种表达需要债权人对"可归责"承担证明责任,第二种表达则需要债务人

---

〔52〕 2016年3月1日实施的最高人民法院《关于适用〈中华人民共和国物权法〉若干问题的解释(一)》第17条和第19条确认了这一规则。

〔53〕 参见[德]齐佩利乌斯:《法学方法论》,金振豹译,法律出版社2009年版,第139页。

对“不可归责”承担证明责任。[54]

鉴于这两种表达从民法的行为规范的角度出发是等值的，因此就《物权法》第106条而言，我们也完全可以认为：第一种表达（将善意作为受让人取得所有权的权利形成要件）和第二种表达（将恶意作为受让人取得所有权的权利妨碍要件），在不考虑证明责任问题时，仅仅只是语言表达的差异，而其实质内容完全相同。由此，在对该条进行解释时，第二种表达其实也未超出文义解释的射程，完全可以成为我们进行解释的可选项。然而，一旦采用这样的表达，那么证明责任的分配就发生完全的逆转：在无权处分的一般情形，受让人取得所有权，而在例外情形下，原所有权人只有证明受让人的恶意，方能阻止受让人取得所有权。这样的解释方案，似乎并未完全遵守法条的字面含义，但却契合了善意取得制度的规范目的。正如塞尔苏斯（Celsus）所言，法律适用的关键不在于对文字的服从，而在于法律本文真正想达到和应该达到什么目的。[55] 因此，采用第二种表达的形式，将《物权法》第106条解释为恶意是受让人取得所有权的权利妨碍要件，才是科学的法律解释所应得出的结论。由此，在证明责任分配上，不应由受让人证明其善意，而应由原所有权人证明受让人的恶意。

这种分配方式在域外法上也几乎是通行的。德国法上自不待言，早已有学者对此进行了详尽的分析。[56] 《奥地利普通民法典》第368条第2款更是直接对善意取得的证明责任问题进行了规定：“如果所有人可以证明，或者给予财产的性质，或者给予财产极低的价格，或者给予已知的前手的个人品质，或者基于其行业，或者基于其他情况，占有人本应合理地产生怀疑，则占有人应当向所有人返还财产。”[57] 日本民法对善意取得采取了与中国法近似的表达方式。《日本民法典》第192条规定：“通过交易行为平稳而公然地开始占有动产的人，善意且

---

〔54〕 参见［德］齐佩利乌斯：《法学方法论》，金振豹译，法律出版社2009年版，第139页。

〔55〕 参见［德］魏德士：《法理学》，吴越、丁晓春译，法律出版社2005年版，第319页。

〔56〕 参见［德］奥特马·尧厄尼希：《民事诉讼法》，周翠译，法律出版社2003年版，第270页。

〔57〕 《奥地利普通民法典》（2012年7月25日修改），周友军、杨垠红译，清华大学出版社2013年版，第61页。

无过失的,立即取得行使于动产上的权利。”[58] 但在学理上,通说认为,取得人的善意与无过失,根据《日本民法典》第186条和第188条可以直接推定出来。[59] 因此,依然是由原所有权人证明受让人的恶意,而非由受让人证明其善意。

(四)解释结论的修正与补充

问题似乎到此终结,分析结论显示:受让人应当无须对其善意承担任何证明责任。但与该结论似乎有所悖逆的是,受让人在诉讼实践中常常提出证据来证明其善意。对此,理论上的一种解释是,受让人在此承担的是具体证明责任(证明的必要),而非抽象的(客观)证明责任。这种解释不乏合理之处,但一个不容回避的问题是,如果原所有权人证明了某个具体事实(如受让人与无权处分人熟识),从而证明了受让人的恶意,那么受让人就其善意提出相关具体事实(如系拍卖取得该物)并对之证明不够充分时,是否应当承担败诉后果?答案无疑是肯定的。于是问题转化为:此时受让人对该事实承担的是否是客观证明责任?对照客观证明责任的概念(主要事实真伪不明时败诉风险的负担),对受让人提出的这种具体事实是否属于主要事实,就构成回答该问题的关键点。

传统观点(规范说)严格从法条表达出发,认为符合规范要件的事实(如善意/恶意)方为主要事实,因此上述如“系拍卖取得该物”的事实就为间接事实,提出该事实对“善意”的证明是通过间接事实进行的反证,即所谓间接反证(如图1所示)。[60] 罗森贝克认为,间接反证者需要承担证明责任,[61] 这显然违背了一个基本原理,即应由本证者承担证明责任。间接反证论自问世以来,受到不少批评,逐步被学理所抛弃,而将前述具体事实视为主要事实的观点在日本已经成为通说。如高桥宏志认为,间接反证使本应作为抗辩的事实却不得不穿上了间接

---

〔58〕《日本民法典》,王爱群译,法律出版社2014年版,第41页。

〔59〕[日]我妻荣:《我妻荣民法讲义Ⅱ——新订物权法》,罗丽译,中国法制出版社2008年版,第230页。

〔60〕参见罗森贝克:《证明责任论》,庄敬华译,中国法制出版社2002版,第201页。

〔61〕参见罗森贝克:《证明责任论》,庄敬华译,中国法制出版社2002版,第201页。

反证的外衣。〔62〕 新堂幸司也不赞同该理论，他认为，“只有对当事人实际举证中作为攻击防御目标的各种具体性事实（如驾驶时是否处于醉酒状态，是否有旁看之行为）作出证明责任的规定，才有可能成为诉讼审理的指向标，因此上述这些更为具体的事实应当被视为这些情形下的主要事实。”〔63〕伊藤滋夫也认为，如以“过失”等评价作为主要事实，则在诉讼中攻击防御的对象不能具体化，进而不适合进行恰当的审理判断。〔64〕

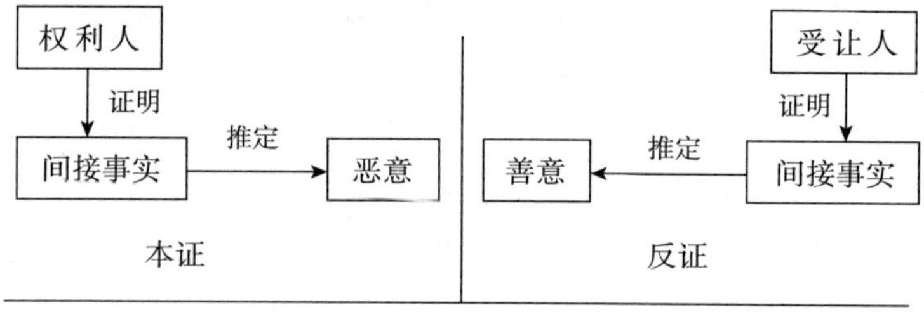

图 1　间接反证人

鉴于善意或恶意本身更多的是一种评价性要件（能够进行程度的区分），因而推定善意或恶意存在的事实构成了主要事实。〔65〕 因此，原所有权人就推定受让人恶意存在的具体事实承担证明责任，与之相对，受让人就推定其善意的事实（如通过拍卖而有偿取得某物）承担证明责任。这一结论对“原所有权人就受让人的恶意承担证明责任”的观点进行了局部修正。它似乎近似于学界所常批判的“谁主张，谁举证”，但实际上相去甚远。原所有权人证明推定受让人的恶意存在的具体事实，是在权利成立要件（请求原因）的层面，而受让人就推定其善意的事实承担证明责任，则是在抗辩的层面（如图 2 所示）。从逻辑

---

〔62〕 ［日］高桥宏志：《民事诉讼法——制度与理论的深层次分析》，林剑锋译，法律出版社 2003 年版，第 450 页。

〔63〕 ［日］新堂幸司：《新民事诉讼法》，林剑锋译，法律出版社 2008 年版，第 403 页。

〔64〕 参见［日］伊藤滋夫：《要件事实讲义》（节译），小林正弘译，载崔建远主编：《民法九人行》（第 7 卷），法律出版社 2014 年版，第 336 页。

〔65〕 就评价性要件的具体论述，参见王倩：《论侵权法上抗辩事由的内涵》，载《现代法学》2013 年第 3 期。

上讲，请求原因在先而抗辩在后。因此，当请求原因（推定恶意的事实）无法被证明时，诉讼即告终结，无须进行到抗辩的层面；即使请求原因能够被证明，但受让人依然可以进行抗辩，从而获得胜诉的机会。同时，受让人还可以在诉讼伊始就提出相关抗辩（提前抗辩），以争取尽快胜诉。这种分配方式，依然更为侧重保护受让人利益，并未违背法规范所欲实现的保护交易安全之目的。

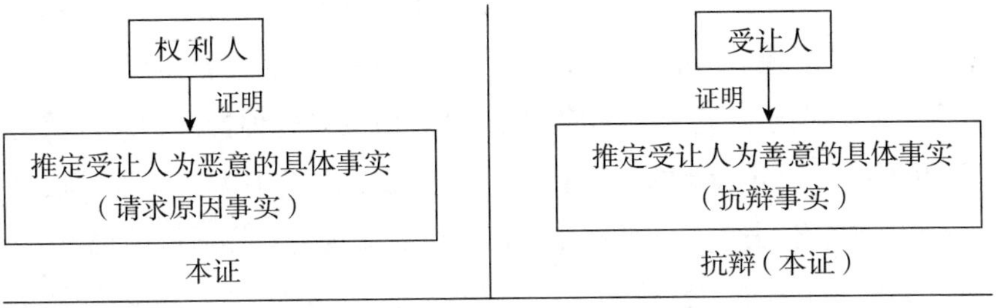

图 2 “评价”视野下的证明责任分配

这种结论并非只是一种理论上的分析，其在立法例上也可以找到相关依据。如《奥地利普通民法典》第 367 条第 1 款规定：“如果动产的合法且善意占有人证明，其通过公开拍卖而有偿取得，或自经营处有偿取得且该交易属于该经营者的范围，或自原所有权人托付的人处有偿取得，则对该占有人提起的返还之诉应该被驳回。”〔66〕这种规定正是关于受让人如何进行抗辩的规定，而其证明的对象正是受让人的善意。一如该法第 368 条所言，“在经营处取得财产，且处于其通常的经营活动的范围之内，这足以表明，占有人善意地相信该转让人对财产权有处分权”。〔67〕

五、结语

立足于上述分析，我们回头审视本文第一部分所提及的三种学说。

〔66〕 参见《奥地利普通民法典》（2012 年 7 月 25 日修改），周友军、杨垠红译，清华大学出版社 2013 年版，第 60 页。

〔67〕 参见《奥地利普通民法典》（2012 年 7 月 25 日修改），周友军、杨垠红译，清华大学出版社 2013 年版，第 61 页。

以结论视之,善意要件之批评说与善意推定说大体是恰当的,其证明责任分配结论与本文所分析的结果相去不远。但二者的共同缺陷在于,均未意识到受让人其实在抗辩的层面上也须就推定其善意的事实承担证明责任。此外,善意要件之批评说过分强调了规范说在解决证明责任问题上的作用,却对其缺乏必要的理论反省与自觉,以至于在解释学层面只能得出"由受让人证明其善意"的结论,进而不得不寄希望于在立法论上完善实在法文本。然而,本文的论证显然已经说明,在解释学上得出其他更为妥当的结论,是可行且必要的。就善意推定说而言,其致命的缺陷在于缺乏充分的实在法支撑,而且对这种推定的规范或者学理的前提,缺乏必要的法解释学上的论证。这是因为法律推定也是一种法律规范,法官必须像适用任何一个法律规范一样适用推定规范,所以法律推定只能以法律渊源(法律、习惯)为基础。[68] 也就是说,法律推定在实在法上须有明文规定或类推适用、解释的依据,而"一旦推定脱离了法律,那么,推定的法律基础就丧失了"。[69] 虽然就与我国善意取得制度之条文表述较为接近的《日本民法典》第 192 条而言,其判例和通说认为受让人之善意是被推定的,但这不是说该条通过解释包含着一个推定规范,其实其推定是以《日本民法典》第 186 条第 1 款关于占有之善意推定为实在法依据类推出来的。[70] 与之不同的是,我国《物权法》第 106 条并无善意推定之明文,且即使穷尽各种解释方法,也无法从中得出受让人被推定为善意的结论;此外,我国实在法上也不存在任何其他可据以类推的善意推定规范。因此,"善意推定说"不过是学理对法律推定的越俎代庖,至多只能被看作是立法论上的一种愿景。

善意要件之肯定说从规范说出发确定证明责任分配,进而得出受让人需证明其善意以及《物权法》第 106 条的规范目的在于保护原所

---

〔68〕 参见罗森贝克:《证明责任论》,庄敬华译,中国法制出版社 2002 年版,第 225、230 页。

〔69〕 [德]汉斯·普维庭:《现代证明责任问题》,吴越译,法律出版社 2000 年版,第 78 页。

〔70〕 [日]我妻荣:《我妻荣民法讲义Ⅱ——新订物权法》,罗丽译,中国法制出版社 2008 年版,第 230 页。

有权人利益的结论。这种从证明责任分配推出规范目的的做法，陷入了“倒果为因”的泥淖，其结果是误解了法条的规范目的。此外，这一学说尽管依照的是在证明责任领域最具统治力的罗森贝克规范说理论，但必须注意的是，规范说仅仅是德国法教义的组成部分，它在中国这样的非德国法律领域并不具有天然的正当性。持善意要件之肯定说的学者反对“德国法的普适性”，[71]认为罗森贝克就德国法上善意取得制度所得出的结论，不能直接成为中国法问题的解决方案，其批判性思维无疑值得肯定。[72] 但他们并未一以贯之地坚持这种思维，反而不加反思地直接适用德国法上的规范说来解决中国法问题，恰恰是在方法论上坚持了德国法理论（或者法教义）的普适性。笔者认为，我国实在法的表达与德国法存在明显的差异，如果不正视这种差异，机械地直接适用规范说，势必导致“橘生淮北则为枳”的证明责任之错误分配。

三种学说的分歧与对立，也揭示了中国目前的法学研究面临的一个困境，即在解释标准多元化和法教义（如规范说等学说）多元化的背景下，旨在寻求确定性答案的法解释学作业或建构法教义的努力，往往会导致完全不同的结论，从而使其趋向于更多的不确定性。本文致力于缩减这种不确定性，但这种分析进路对追求简单共识的中国司法实务界而言，确实无法避免曲折繁复之嫌。批评者或许认为，这种分析进路过于复杂，难以在司法实践中落地。但首先需要指出的是，尽管分析过程复杂，但其论证和结论并不难以理解，因而无须担心法律实践者无法掌握。况且，新《民诉法解释》第 91 条既然已几乎照搬规范说，那么，如何正确适用规范说在司法实务中分配证明责任，同时又避免其可能产生的不当影响，自然会成为我国法官必须面临的现实问题，而本文

---

〔71〕 参见吴泽勇：《论善意取得制度中善意要件的证明》，载《中国法学》2012 年第 4 期。

〔72〕 本文实际上也是在坚持这种批判性思维。尽管本文的论证结果最终与罗森贝克的结论差异并不明显，但罗森贝克认为应当由主张对方非善意的一方承担证明责任，乃基于德国法规范（《德国民法典》第 932 条）之解释所得出的结论。这种论断无疑具有比较法上的借鉴意义，但它不能直接用来解决中国法问题。事实上，就《物权法》第 106 条而言，若非采用本文提倡的取向于规范目的的解释基准，则单纯依据规范说不可能得出罗森贝克针对德国法文本所得出的那种结论。

恰恰在此问题上具有方法论上的示范意义。当然,就我国司法过于依赖法律之明文以化解自身政治风险的现状而言,更为直接和确定的"迁就式"解决方案完全可以寄希望于立法上的努力。[73] 因此,我们无妨在如火如荼的民法典编纂活动中,斟酌证明责任问题而改变相关法律条文的表述,以消弭其解释适用上的争议。就善意取得之善意要件而言,为进一步明确该制度保护交易安全的立法宗旨,未来民法典中可供选择的具体方案有二:一是改变物权法原有条款的表达方式,效仿《德国民法典》第 932 条的规定,将受让人的"恶意"或"非善意"作为善意取得之消极构成要件来处理;[74] 二是基本维持《物权法》第 106 条的表述,另增关于受让人善意的推定规范。如此表述的法律条文,无论是依何种解释标准或关于证明责任分配的教义,都将无可置疑地表明由原权利人就受让人的恶意或非善意承担证明责任。

仍需强调的是,本文分析和评论的意义,绝非仅限于《物权法》第 106 条的相关问题。毋宁是,本文试图通过对该条之证明责任问题的解释和评析,寻找一种具有确定性的证明责任分配基准。以规范目的作为证明责任分配的解释基准,其意义不仅在于将证明责任这一引发无数争议的"哥德巴赫猜想"级的问题予以明晰化和确定化,而且也实现了将该问题与法学方法论的历史发展与现有成果合流。当然,坚持这一基准,并非排斥证明负担之公平、证明之难易、距离证据之远近等因素。证明负担之公平(justice),绝非证明负担之平等(fairness)。公平常常允许不平等,它意味着一种实质性的标准和依照这种标准进行的考量。这种标准,在证明责任领域正是规范目的,由此证明负担之公

---

〔73〕 晚近的一些新民法典也采用了在法条中直接分配证明责任的方案。例如,1984 年的《秘鲁共和国新民法典》(徐涤宇译,北京大学出版社 2017 年版)、2003 年的《巴西新民法典》(齐云译,中国法制出版社 2009 年版)和 2015 年的《新阿根廷民商法典》(Código Civil y Comercial de la Nación),均有大量条文直接涉及证明责任的分配或推定规范。在我国,几乎与本文发表同期出台的最高人民法院《关于适用〈中华人民共和国物权法〉若干问题的解释(一)》,也在第 15 条直接分配了"受让人善意"之证明责任,即由真实权利人就其"受让人不构成善意"之主张承担证明责任。

〔74〕 具体可参见徐涤宇、胡东海:《证明责任视野下善意取得之善意要件的制度设计——〈物权法〉第 106 条之批评》,载《比较法研究》2009 年第 4 期。

平与规范目的恰恰构成了一枚硬币的两面。而证明之难易、距离证据之远近,虽是分析证明责任问题时常常需要考虑的因素,但它们并非决定证明责任分配的终极性基准。很多情况下,对某要件事实的证明会发生困难(如原所有权人证明受让方的恶意),或者说该当事人距离证据较远,但这并不意味着必须转而要求相对方承担证明责任。[75] 笔者认为,如果这种困难反而有助于法条之规范目的实现,那么这种安排恰恰就是正义的。

(原文载于《法学研究》2016 年第 2 期)

〔75〕 必须予以批评的是,我国立法以及学理上常常以证明困难为由倒置证明责任。但证明困难并非完全不可克服:一方面,存在推定、表见证明等减轻证明责任的手段可资利用;另一方面,借助于"文书提出义务"(新《民诉法解释》第 112 条)的适用、申请法官调查取证等手段,当事人也能取得对方所掌控的证据。

贰

民法价值实证研究之展开

民法价值实证研究导论

目 次

一、何为价值实证研究
二、如何进行价值实证研究

一、何为价值实证研究

(一)价值实证研究的含义

所谓价值实证,是指研究者在尽可能排除个人价值偏好的情况下,对研究的社会现象中所包含的价值判断进行理解、揭示、说明,并予以描述的一种研究方法。

20 世纪初叶,主要是在马克斯·韦伯的推动下,学术界对价值评判是否可以客观而科学地被证实或证伪进行了激烈而持久的争论,这就是"价值评判之争"。依魏德士所言,到目前为止尚未发现可靠的、得到一般承认的证明价值判断的方法,激烈的评价之争就是佐证。[1]与价值评判层面的广泛可争议性不同,对价值之实然描述更具有可接受性。对价值之实然描述与价值证成是两个完全不同的问题,不能将两者混淆,也不能直接从前者推导出后者。

---

〔1〕 [德]伯恩·魏德士:《法理学》,丁晓春、吴越译,法律出版社 2013 年版,第 131 ~ 132 页。

马克斯·韦伯对于何为价值实证的问题作出了重要阐述。[2] 他把价值看成人们在社会交往过程中形成的一种人类共同生活所必需的关于如何"正确行动"的知识。因此,在韦伯的社会理论中,价值是社会性的,是外在于个人的。社会科学家不必深入社会行动者的内心当中去发现价值,他只需通过观察一个社会对不同行为作出的评价和反应,便可以理解这一社会的价值偏向。同时,社会科学家不能根据自己的主观偏好来评价一种道德的好与坏,而只能去理解社会本身对某种社会行动的价值判断,探寻这种价值的社会基础和功能。[3] 个中的关键就在于,研究者本身需保持"价值中立"。价值实证研究者的任务在于尽可能地抛弃自身价值方面的偏见,客观地去发现和揭示社会现象中存在的价值判断本身,而不去做进一步的评价。

(二)价值分析研究方法与价值论证研究方法的区分

正确理解价值实证,必须进一步厘清价值分析研究方法与价值论证研究方法的关系。法学研究中的价值分析,是就历史上存在的、不同法律制度中的待研究理论之价值因素进行描述和说明,挖掘其中包含的评价及该评价的作用范围。此项工作要求基于解释学上之旁观者的立场,关注其中价值因素的裂变和重组乃至质变。这种分析方法才堪谓具备价值实证研究方法的品格。[4]

价值论证的目标则超出描述和说明,它基于某一价值理念,在应然层面上考察某一法律制度被构建时本身的合法性和合目的性,其任务主要是为某一法律制度的构造求得伦理上的正当性。[5] 这种方法不属于价值实证研究方法。

价值分析研究方法与价值论证研究方法的这种区分,很好地展现了价值实证的客观性,即价值实证的关键在于客观地对价值因素和价

---

〔2〕 马克斯·韦伯关于价值实证的观点,详见郑戈:《韦伯论西方法律的独特性》,载李猛编:《韦伯:法律与价值》,上海人民出版社 2001 年版,第 48 ~ 49 页。

〔3〕 郑戈:《韦伯论西方法律的独特性》,载李猛编:《韦伯:法律与价值》,上海人民出版社 2001 年版,第48 ~ 49 页。

〔4〕 徐涤宇:《原因理论研究》,中国政法大学出版社 2005 年版,第 39 页。

〔5〕 徐涤宇:《原因理论研究》,中国政法大学出版社 2005 年版,第 39 ~ 40 页。

值判断进行描述和说明,其仅涉及实然层面的问题,并不涉及价值选择中的应然问题。

(三)价值实证分析在以“价值导向”的思考方式为主的法学中如何可能

1. 法律价值实证分析的功能

拉伦茨的研究表明,无论是在实践(法律适用)的领域,还是在理论(法教义学)的范围,法学涉及的主要是“价值导向”的思考方式。[6]法律并非随意的陈述,而是应被遵守的规定、被定出来的裁判准则,即所谓的规范。想要借规范来规整特定生活领域的立法者,他通常受规整的企图、正义或合目的性考量的指引,它们最终又以评价为基础。这些评价显现在:法律赋予特定利益广泛的保护,对其他利益则不予保护或仅予较小的保护,其命令或禁止特定行为方式,对于违反行为则科以“制裁”,如权利之许予或拒绝,或者危险的分配。因此,要“理解”法规范,就必须发掘其中所包含的评价及该评价的作用范围;在此基础上,应将规范所包含的评价依其意义付诸实现。约根森适切地指出,法学及司法裁判的特色正在于它们“几乎完全是在处理评价的事”。[7]

价值实证研究在立法论领域亦意义重大,因为立法工作旨在通过制定法律规范以固定某种价值选择。至于选择何种价值予以保护,立法者当然不能恣意为之,其需考虑全社会以及民族文化等早已认同的主流价值判断。此时,价值实证研究即可服务于立法工作,保障最终之立法规范的可接受性。

2. 法律之价值实证分析何以可能

价值能否被实证地分析,主要取决于两个要素:是否存在相对共同的价值,该相对共同的价值是否有明确的载体以被认识。

(1)相对共同价值的存在与认识

人类社会发展,一方面要承认价值的多元性,另一方面要承认某些

〔6〕 参见[德]卡尔·拉伦茨:《法学方法论》,陈爱娥译,商务印书馆2003年版,第95页。
〔7〕 参见[德]卡尔·拉伦茨:《法学方法论》,陈爱娥译,商务印书馆2003年版,第94页。

基本价值的统一性。前者是世界多样性的根本保障，后者是共同文化发展与世界和平的基础。诸如自由、平等、正义等共同价值观，尽管在一国内部或是国际社会中对其具体含义存在分歧，但这些关于价值的基本理念已经深入人心，并且人们承认可以通过彼此沟通、交流的方式，不断达成关于这些概念的最大限度的一致。[8]

价值是主观需求以及主观意志建构的产物，价值观因人而异。但在另一方面，价值是怎样存在的、不同群体对某一价值所持有的认识是否相同等问题，又不能沿袭传统的完全依赖理性的方法去认识。在法律所创造的价值之外，人们需要采取有效的方法"发现"经由教育、习俗、宗教等社会建制形成的价值，这些价值是一个群体、民族生活和行为的基本准则，对其进行认识是对行为进行引导和规范的前提。[9]

（2）价值的载体——法律规范

法律价值之标准载体便是法律规范。通过事实构成与法律后果之间的连接，每个法律规范都将表明，在事实构成所描述的事实行为中，什么才应该是适当的、"正义的"。通过事实构成与法律后果的连接，立法者部分地表达出他们如何组织社会的设想。可见，任何法律规范都包含了立法者的"利益评价"，也就是"价值判断"。换言之，价值判断已被预先设定于法律规范之中。所以，法律适用就意味着在具体的案件中实现法定的价值判断。[10] 因此，我们可以说，一方面，与价值无关的法律是没有价值的；[11] 另一方面，通过法律规范这一载体表达的法之价值，确实可以借由法解释学而被客观地描述和认知。

二、如何进行价值实证研究

如何进行价值实证研究呢？实际上，上文对价值实证概念的界定已经部分回答了这一问题。进行价值实证，要求研究者主观中立，不带

---

〔8〕 潘德勇：《实证法学方法论研究》，中国政法大学出版社 2015 年版，第 219 页。

〔9〕 潘德勇：《实证法学方法论研究》，中国政法大学出版社 2015 年版，第 219 页。

〔10〕 [德]伯恩·魏德士：《法理学》，丁晓春、吴越译，法律出版社 2013 年版，第 61 页。

〔11〕 [德]伯恩·魏德士：《法理学》，丁晓春、吴越译，法律出版社 2013 年版，第 219 页。

有主观偏好地去客观描述、揭示待研究对象所蕴含的价值判断。在本部分所选取的四篇文章中，笔者均致力于就民法基础理论问题展开价值实证分析。

合同为何在当事人之间产生法律拘束力？或者说，合同效力的正当性来源是什么？这是“契约法理论和实践的根本性问题。它不仅关系到契约法体系的基本框架，而且关系到契约法的发展和前景”，[12]但在本质上，这是关于合同法的一个哲学问题，甚至可以说在很大程度上是现代合同法的哲学起源问题。于是，围绕这一正当性的价值证成问题，历史上实然地产生了意志论、原因论和关系契约论三种不同层面的论证模式。[13]《合同效力正当性的解释模式及其重建》一文虽然最终也试图在价值层面加强合同效力正当性之经典论证模式的强度，但其更多的是采取历史实证尤其是价值实证的分析立场，中立地描述和说明在不同的历史时期、不同的具体制度中，合同为何以及如何被赋予法律效力这一价值命题。所以，文章首先回溯历史，梳理自罗马法以来合同效力的正当性依据，旨在强调建立在康德哲学基础之上的“意志决定论”只是一种近现代的说明模式；而将这种说明模式投射于罗马法，实际上陷入了历史浪漫主义的“泥潭”。该文随后继续用价值实证的方法对“‘意志决定论’的衰落”这一命题进行剖析，认为“意志决定论”至多是处于贫困之境地而非衰落。文章对“‘意志决定论’之否定论”的分析批判，对“意志论”背后的形式伦理学基础与功利主义伦理学基础的分析，均立基于对近现代社会背后之价值的实证分析，以旁观者的视角对不同的合同正义论做出理论深描。文章最后通过价值论证，主张应以原因理论重构合同的实质伦理基础，补强“意志决定论”的价值强度，即融合作为自由伦理载体的合意与作为德性伦理载体的原因（约因），以化解“意志论”的正当性危机。不过，在笔者看来，这种

---

〔12〕 李永军：《合同法》（第3版），法律出版社2010年版，第139页。

〔13〕 参见谢鸿飞：《合同法学的新发展》，中国社会科学出版社2014年版，第41页。其他诸如法律规范说、信赖说等新理论虽然也在对传统的意志论发起挑战，但基本不可能动摇后者的优势地位。

价值论证其实介于价值分析和价值论证之间,最多可以被看作一种“弱的”价值论证,因为它仅仅提出了一种评价性的主张。套用美国学者戈德雷的话来说,就是“本研究与其说对建立一贯性学说的努力提供了救治方案,倒不如说是仅提供了一个诊断结论”,〔14〕这仍然是立基于价值实证分析的立场。

《物权行为无因性理论之目的论解释》一文,是在严格区分价值分析研究方法和价值论证研究方法的基础上,对物权行为无因性的相关问题展开论述的。其中,价值分析研究方法依然坚持实证研究的态度,属于价值实证的范畴,旨在对物权行为无因性如何在私法史上被建构出来以及其所依循的逻辑为何等问题进行客观还原;而价值论证研究方法则主要涉及价值评价问题,其旨在从价值判断层面论证物权行为无因性之承认与否,何者更具正当性,并增加相关论述说服力。文章认为,支持或反对物权行为无因性理论的学者,主要都是站在价值评价即目的论的角度进行论述的。然而,抽象性理论不过是早期历史法学派学者对罗马法上请求给付之诉进行整理的结论,而基于保护交易安全之功能论或目的论来解释物权行为之无因性原则,则是在后期潘德克吞法学中才出现的。就其源起而言,我们可以从抽象性原则中推导出其保护交易安全之客观功能(后果),但并不对交易安全是否更值得保护进行判断,这是价值实证分析题中应有之义。无因性原则和不当得利、善意取得制度在德国法上本来构成一个意义关联的规范群,故须从该规范群的角度认识无因性理论,方能认识到德国法为维系其体系上的意义关联而坚持无因性原则的真正目的。最后,从价值论证的角度而言,保护第三人的利益就是维护更高层次的公正这一观点完全成立,无因性原则所保护的动的安全显然处于更高位阶。

2007 年 12 月 2 日,笔者应邀在中国人民大学法学院做了题为“法律文本中所有权之类型的法教义学分析”的学术报告。在报告中,笔

〔14〕 [美]詹姆斯·戈德雷:《现代合同理论的哲学起源》,张家勇译,法律出版社 2006 年版,第 286 页。

者阐明了自己此前之所以提出宪法所有权和民法所有权相区分的理论,系在对比我国三个实在法规范文本(《宪法》、《物权法》和《土地管理法》)后,发现其中存在大量重复出现的关于所有权的法律规定,由此产生了一系列的疑问:虽然在不同的法律文本中条文都是相同的,但它们的性质是否一样?我们是否应当区分二者?区分的意义又在哪里?受德国相关理论的启发,我坚持法教义学的立场,试图在法律规范的效力层级意义上分析问题,亦即通过区分宪法意义上的所有权和一般法意义上的所有权,分析隐藏在两种不同层级的所有权类型后面的立法价值。如果说该报告是对我此前论文问题意识产生的补白和论证之强化的话,那么《宪法所有权和私法所有权之区分及其意义——评〈物权法〉第四、五章》一文本身,系在更为严格的学术意义上,针对立法价值之载体——法律规范的实际表达,采规范实证、价值实证等多种研究方法,对宪法所有权和私法所有权之区分所做的充分阐述。文章首先阐明法律理论上宪法所有权和私法所有权之区分的由来,指出我国民法上的所有权已开始恢复其私法属性,宪法意义上的所有权也已开始显现。文章随后以价值实证的方法对《物权法》的相关文本进行,揭示草案中宪法层面与私法层面所有权的基本价值判断,即二者互相混淆。文章指出,在物权法中再次强调宪法意义上的所有权,除可以解释社会主义制度下意识形态因素如何突破私法中立原则进入物权法之外,对于具体物权规则的构造并无助益。这种见解实际上就是在揭示《物权法》规定的客观价值判断及其效果。文章在揭示这种价值判断时认为,政治意义附加于民法典之上,将使宪法充当的角色和民法典本身充当的角色之间的区别变得模糊不清,导致"私法规则的中立性"被遗忘。文章同时通过对《物权法》中关于征收补偿条款进行分析后提出疑虑,认为其规定属《行政诉讼法》之赘述,且未赋予诉讼之途径,这两大缺陷导致我国立法为实体法上的宪法所有权提供诉讼程序上的权利保护尚任重而道远。最后,文章对民事立法中区分国家或行政机关公产和私产的规定进行价值分析,主张通过借鉴国外经验做出立法价值的选择。

合同效力正当性的解释模式及其重建

目　次

一、古典说明模式:从罗马法到中世纪
二、近现代说明模式:“意志决定论”的兴起
三、“意志决定论”说明模式的反思:伦理价值上的贫困
四、合同效力正当性之实质伦理价值的重建:代结论

合同效力的根源及其正当化的问题就是:合同为什么在当事人之间产生法律的拘束力?其正当性依据何在?对这一问题的回答,无论是在大陆法系还是在英美法系,居经典地位的观点是所谓的“意志决定论”。此种发端于自然法理念的、关于合同效力之正当性的解释模式认为,人既然能以自己的意志创造社会(社会契约论),当然也能以自己的意志在特定当事人之间制定对自己有拘束力的规范,因此,当事人的意志是合同或法律行为获得法律效力的唯一根据。[1]

然而,“意志决定论”的解释力在当今已日渐消退,其遭遇的挑战主要来自两个方面。其一,“意志决定论”作为近代自然法观念的产物,不可避免地烙上了先验哲学的印记。它停留于一种先验假设的层面,其理性和先验的特性并不等于历史的真实性。从历史实证主义的角度看,它并不对人类历史上所有的合同制度具有解释力。而欲将一

〔1〕 参见李永军:《契约效力的根源及其正当化说明理论》,载《比较法研究》1998年第3期。

种先验的理论反置于历史之中,并试图勾勒一个历史进步主义的图景,只会踏入浪漫主义和唯心主义的陷阱。因此,对于"意志决定论",我们首先要反思的问题是:该学说对历史上的各种合同制度是否具有或者具有多大的解释力?其二,面对社会、经济制度的急剧变化,"意志决定论"之解释对象的范围也日趋缩小,自由主义的合同观念面临严峻的挑战。在此背景下,我们需要回答的问题是:各种新型的关于合同效力之根源的解释模式,果真具有取代"意志决定论"的功效吗?"意志决定论"是已经可以被抛弃抑或仅需要改良?

一、古典说明模式:从罗马法到中世纪

(一)罗马法上合同效力的根源

在古罗马,合同属于债的范畴。罗马法上合同的这种债的效力根源究竟是什么呢?由于在古罗马并不存在一般的合同理论或合同法,只有那些采用了某种口头或书面形式的协议(要式契约)以及类型化契约,方被承认为契约,[2]所以,罗马法上合同之债的效力根源应分别考察。

可以说,要式契约折射出早期罗马人对形式的一种特别追求:其效力根源在于形式本身。"这同当时的法所含有的宗教成分有关。"[3]原始民族的形式主义有着浓厚的宗教神秘色彩。人们的行为之所以前后一致,其法律后果之所以是可预见和确定的,其基础在于司法占卜和被祈求的神明力量的神秘性,允诺得到遵守即在于神明的力量。因此,如何以及为何宣誓并不重要,神秘形式的单纯执行就足以使允诺产生法律效力。[4] 由此,专司占卜之职的祭司们取得了特权地位,他们曾

---

〔2〕 参见徐涤宇:《合同概念的历史变迁及其解释》,载《法学研究》2004年第2期。

〔3〕 [意]朱塞佩·格罗索:《罗马法史》,黄风译,中国政法大学出版社1994年版,第116页。在此处,我仅仅提到要式契约,但事实上,在古罗马,转让要式物的典型形式——要式买卖以及另一种转移所有权的要式方式——拟诉弃权,尽管不属于契约的范畴,但其效力的根源也应该得到同样的解释。

〔4〕 Véase Hans Hattenhauer, *Conceptos Funtamentales del Derecho Civil*, Traducción española de Gonzalo Hernández, Editorial Ariel S. A., Barcelona, 1987, p. 64.

经垄断过对法的解释。“人们从这些祭司那里了解为进行诉讼或实施某些活动而需遵循的程式。原始民族的形式主义有其深刻的存在理由,它把形式纳入法的内在逻辑之中,这种形式主义要求一种调整工作,特别注重为实施法律行为和进行诉讼提供必要的意见。”[5]这样,古罗马人因迷信神明而普遍接受了祭司们通过占卜所教授的宗教形式,对缔结契约也不厌其烦,只求可靠和踏实。[6]

除要式契约外,受类型强制主义的影响,在古罗马,类型化契约包括实物契约和合意契约。对于实物契约,梅因说,一方的履行就允许使他方负担法律责任,这显然是基于伦理的根据。在“实物契约”中,罗马法第一次承认了一个道德责任,凡是参加或同意一个定约的部分履行的人们,就不许由于形式上的缺陷而否认它。也就是说,“这些契约代表着公正的基本原理,即根据一致同意的条件,受领和享有他人有价物件的人,有归还它或其价值的义务”。[7] 梅因由此认为,罗马法第一次把道德上的考虑作为“契约”法中的一个要素,在伦理概念上向前跨进了一大步。[8] 显然,梅因认为“合意”就是实物契约的效力根源,并由此过高评价了罗马法上实物契约在伦理上的进步。事实上,罗马法上的实物契约之所以产生债的效力,与合意基本无关,其效力的根源在于某物已被给付这一事实。[9]

在分析合意契约的效力根源时,梅因的浪漫情怀并未稍减,他依据的乃是一种道德进步路线的历史顺序。因此,他紧接着实物契约的分析,认为合意契约虽然在数量上极端有限,但仍然是在实物契约基础上的一个更大的道德进步,它在契约法史上开创了一个新的阶段,所有现

---

〔5〕 [意]朱塞佩·格罗索:《罗马法史》,黄风译,中国政法大学出版社 1994 年版,第 101 页。

〔6〕 参见周枏:《罗马法原论》(下册),商务印书馆 1994 年版,第 664 页。

〔7〕 [英]梅因:《古代法》,沈景一译,商务印书馆 1959 年版,“导言”第 16 页。但需注意的是,这段话是亚伦针对梅因所说的“实物契约”的“巨大道德进步”而作的说明,但译者却将“实物契约”译成了“真正契约”,这可能是因为译者把英文“real contract”中的“real”理解为“真正的”了。

〔8〕 参见[英]梅因:《古代法》,沈景一译,商务印书馆 1959 年版,第 187～191 页。不过需要说明的是,该书译者将实物契约和合意契约分别译成了“要物契约”和“诺成契约”。

〔9〕 参见徐涤宇:《合同概念的历史变迁及其解释》,载《法学研究》2004 年第 2 期。

代契约概念都是从这个阶段发轫的。其意义在于,“意志的运动构成合意,它现在完全孤立了,成为另外一种考虑的主题;在契约的观点上,形式全部被消除了,外部行为只是看作内部意志行为的象征”。[10] 显然,通过梅因的描写,我们已经可以从罗马法中推导出契约的效力来自意志这一近现代契约观念。

不仅如此,梅因甚至扩大了合意契约在罗马法上的范围和影响。首先,由于古罗马法学家认为,“虽然只有契约能作为一个诉讼的基础,但一个单纯的简约或协议可以作为一个抗辩的根据”,[11] 所以梅因察觉到了裁判官“在向其最伟大的革新前进时所发生的迟疑”。[12] 后来,他注意到有一年裁判官在告示中宣称:他将对没有成熟为契约的简约赋予可衡平的诉权,只要争执中的简约是根据一个原因的。因此他认为古代契约法的革命完成了,这类简约在进步的罗马法学中始终是被强制执行的。[13] 由此,他得出以下结论:“如果罗马人的专门用语具有像他们的法律理论所具有的那样的可塑性,这些由裁判官强制执行的简约就可能成为新的契约,新的合意契约。”[14]

在这里,“梅因留给我们的印象是,裁判官凭着能达到正当后果的合意契约原则”的裁判官告示,把简约的可诉性扩大到几乎毫无限制。事实上,“这是一种严重的夸大……裁判官告示,在数量上是很少的,在性质上是很专门的,在范围上是很狭小的。”况且,“罗马人在有关合意的法律方面是独特地凭经验的,他们从来没有发展一个令人满意的和不矛盾的真正作为契约的契约理论,他们的市民法原因学说,被假定

---

〔10〕 [英]梅因:《古代法》,沈景一译,商务印书馆1959年版,第189页。

〔11〕 [英]梅因:《古代法》,沈景一译,商务印书馆1959年版,第189页。需要说明的是,留意学者在罗马法经典著作的汉译工作中将“pact”一词统一译为“简约”,该书译者则把它译为“合约”。

〔12〕 [英]梅因:《古代法》,沈景一译,商务印书馆1959年版,第191页。

〔13〕 See Henry Sumner Maine, *Ancient Law: Its Connection with the Early History of Society and Its Relation to Modern Ideas*, China Social Science Publishing House & Chengcheng Books Ltd., Beijing, 1999, pp. 326 – 327.

〔14〕 See Henry Sumner Maine, *Ancient Law: Its Connection with the Early History of Society and Its Relation to Modern Ideas*, China Social Science Publishing House & Chengcheng Books Ltd., Beijing, 1999, p. 327.

为是一切有拘束力的合意所依据的,是完全没有可靠的法律基础的"。[15] 事实上,罗马人关于原因的论述,在债法中仅适用于无名契约的场合,梅因从原因的角度来为罗马法上的合意契约的效力根源提供说明模式,犯了一个浪漫主义的错误。正如后所述,这一工作实际上是由中世纪注释法学家和评注法学家完成的。

至此,我们基本可以确定,由于传统形式主义的强大力量,在古罗马,对契约效力之正当性的说明主要诉诸神意,神意即体现在形式之中。而自古典时期之后,虽然合同的领域在理论上和实践上都已开始扩张,但从道德的角度求证契约效力之正当性的工作尚未开始,拉丁法谚"单纯合意即形成债"并非罗马人的发明,[16] 梅因的分析其实是以西欧社会的近代化历程为参照系的,其全部的分析和结论始终围绕的是个人自由和意思自治在西方社会之基本制度中的扩展。因此,庞德也才将其工作称为法律的政治解释。[17] 这种将近代的"意志决定论"的理念反置于罗马法的做法,显然有悖于历史的真实性。

(二)中世纪原因理论对合同效力根源之说明模式的重构

罗马法上契约的范围受到严格限制,真正和现代合同概念相近的术语是"简约"。但在当时,简约不属于契约的范畴,它因不受诉权的保护而没有强制执行力。那么,此种"瓶颈"是如何被突破的呢?这就要归功于11世纪晚期至12世纪的注释法学家们,正是他们通过对罗马法文本评注而获得的原因理论,使契约理论的发展摆脱了形式主义和类型强制主义的制约,为不被罗马法承认其效力的形形色色的协议(如简约)如何可能成为作为债因的契约提供了某种解释。此后,学说在契约和简约之间保持着对立性的命题:简约一般不是契约,不具强制

---

〔15〕 [英]梅因:《古代法》,沈景一译,商务印书馆1959年版,第190页。

〔16〕 参见[意]鲁伊吉·拉布鲁纳:《单纯合意即形成债:论罗马债法中的合意主义》,费安玲译,载杨振山等主编:《罗马法·中国法与民法法典化——物权和债权之研究》,中国政法大学出版社2001年版,第360页。

〔17〕 参见[美]罗斯科·庞德:《法律史解释》,邓正来译,中国法制出版社2002年版,第78页以下。

执行力,但在穿上"原因"这一衣服后,就摇身变为可受诉权保护的契约。[18] 于是,原因理论开始成为合同效力根源的说明模式。

然而,注释法学家和评注法学家的功绩仅限于在技术层面构建整合了原因的概念系统,他们并未在道德层面系统地论证原因为何是契约效力的根源。为原因理论提供道德基础的,主要是十二三世纪的教会法律体系。教会法学家加诸罗马法文本之上的东西首先是这样的原则:即承诺作为一个良心问题本身便具有约束力,而无论它们是否"穿了衣服"。这一原则乃以赎罪戒律的原则[19]为出发点。这并不是对于契约没有以书面形式订立或未发誓而订立的契约诉权的一种维护。他们说,在上帝面前,发誓和未经发誓的允诺是没有区别的,不履行契约义务无异于撒谎,其中体现的是一种神学道德观念。[20] 但尽管如此,这也不意味着所有的允诺都有约束力,而只有那些能够得到正当原因支持的协议才应被视为具有法律约束力。[21] 在教会法学家看来,构成契约的基础并赋予其效力的"原因",要根据使当事人可以正当地订立具体契约的、当事人预先所有的道德义务加以定义。[22] 显然,教会法学家所做的,不过是通过原因的道德化强调契约义务的道德性而已。也就是说,教会法学家虽然不像世俗法学家那样区分穿衣简约和裸体简约,而倾向于赋予包括裸体简约在内的所有协议以诉权,但他们仍然以原因理论来论证契约效力的正当性,只有严肃而谨慎订立的协议才应被信守。[23]

---

〔18〕 参见徐涤宇:《合同概念的历史变迁及其解释》,载《法学研究》2004 年第 2 期。

〔19〕 和一般的市民不同,天主教徒并不关心允诺是否在市民法上具有诉权,他们关心的是毁约是否为一项原罪——假誓罪(sin of perjury)。因此,遵守承诺在道德神学上乃以赎罪戒律的原则为出发点。See Reinhard Zimmermann, *The Law of Obligations: Roman Foundations of the Civilian Tradition*, Oxford University Press, 1996, p. 542.

〔20〕 See Reinhard Zimmermann, *The Law of Obligations: Roman Foundations of the Civilian Tradition*, Oxford University Press, 1996, p. 542.

〔21〕 [美]哈罗德·J. 伯尔曼:《法律与革命》,贺卫方等译,中国大百科全书出版社 1993 年版,第 299 ~ 300 页。

〔22〕 [美]哈罗德·J. 伯尔曼:《法律与革命》,贺卫方等译,中国大百科全书出版社 1993 年版,第 299 页。

〔23〕 See Reinhard Zimmermann, *The Law of Obligations: Romani Foundations of the Civilian Tradition*, Oxford University Press, 1996, p. 552.

教会法学家对原因学说的完善使该学说具有了道德层面的说明价值，但其道德理论毕竟是面向神学的，而其世俗化工作并未开始。事实上，对原因理论进行最后的世俗伦理上的证成并使之成为统一的法律学说，要归功于十六七世纪后期经院法学家对罗马法和亚里士多德以及阿奎那的道德哲学的综合。

后期经院主义法学家的原因学说建立在阿奎那的伦理学基础之上。按照阿奎那的理论，伦理学的对象就是研究抱着某一目的的人类的行为。在他看来，人是社会的和政治的动物，因此，人的一生应该过着快乐而有德性的生活，而伦理学就是以人为其主要研究对象的。伦理学要研究人的行为，尤其是要研究人的有意志有目的的活动。他进一步认为，道德科学的作用就在于帮助人们发现这样或那样的目的和实现目的的手段。[24] 阿奎那在分析合同时，运用了其伦理学和道德科学的理论。他认为，合同当事人的义务取决于每种合同所执行的目的和当事人所践行的德性。他先确定每种合同所执行的目的，然后根据这些目的把合同归结为交换正义行为和慷慨行为两类：当某人自愿地向他人移转其物时，这就是自愿交换；而如果他移转其物仅是为了收受人不产生债务，如赠与就是慷慨行为，而非关于正义的行为。[25]

由此，阿奎那认为，当某人允诺向他人移转其财产时，他践行的要么是交换正义之美德，要么是慷慨的美德。至此，阿奎那得出了合同的义务取决于当事人践行的德性这一结论，并在伦理上间接地论证了合同的效力根源就是这些目的原因。

阿奎那关于合同的一般伦理原则，被后期经院法学家转化为关于原因的法律学说。他们承认合同是通过当事人的合意成立的，但当事人在表达其意思时，践行的是亚里士多德和阿奎那所论证的德性。他们区分了交换性的允诺和无偿的允诺，认为前者属于交换正义的行为，

---

〔24〕 参见罗国杰、宋希仁编著：《西方伦理思想史》(上卷)，中国人民大学出版社 1985 年版，第 383～385 页。

〔25〕 See James Gordley, *The Philosophical Origins of Modern Contract Doctrine*, Clarendon Press, Oxford, 1991, pp. 13－14.

后者为慷慨行为;相应地,在多种合同中存在两种缔约的正当理由或曰原因。[26] 由此,他们结合中世纪评注法学家的成果和阿奎那的道德哲学,通过对交换正义和慷慨这两个美德的分析,得出了影响至今的著名结论:如果合同是基于一个正当原因缔结的,那么它就具有法律拘束力。该学说把交换正义和慷慨等同于当事人缔约的两种合法目的或正当原因,表达了一个理论上的重要观念:通过允诺,一个人可以践行交换正义的行为或慷慨行为。[27] 显然,至此形成的合同观念,就是通过原因理论,把道德意志附加于当事人的意志之上,在伦理上说明了赋予合同效力的理由。

二、近现代说明模式:"意志决定论"的兴起

进入 17 世纪以后,经院学派借助亚里士多德和阿奎那的德性理论而构建起来的理论体系受到了笛卡儿、霍布斯和洛克等哲学家思想的挑战。这些先哲攻击了亚里士多德形而上学中最根本的一些原则,例如,他们攻击了亚里士多德关于事物具有实体形式和目的的观点。[28]

如果哲学上对亚里士多德理论的攻击是成功的,那么自后期经院法学家(伊比利亚半岛自然法学派)以后的法律理论也似乎应该在新的哲学基础上重建。但令人迷惑的是,尽管哲学新锐们的思想在大多数受过教育的人那里获得成功,合同理论却在相当长的一段时间里仍然维持其原貌。十七八世纪的理性自然法学家们确实拒绝了亚里士多德,但他们并未追随霍布斯或洛克的哲学理论,甚至对这些哲学家颂扬的哲学思想还不无龃龉。[29]

另外,在理性自然法学家看来,经院哲学家通过技术术语体系和复

---

〔26〕 See James Gordley, *Contract in Pre-commercial Societies and in Western History*, in Chapter 2, *Contracts in General* Ⅶ *International Encyclopedia of Comparative Law*, p. 17.

〔27〕 See James Gordley, *The Philosophical Origins of Modern Contract Doctrine*, Clarendon Press, Oxford, 1991, pp. 72 – 77.

〔28〕 See James Gordley, *The Philosophical Origins of Modern Contract Doctrine*, Clarendon Press, Oxford, 1991, p. 112.

〔29〕 See James Gordley, *The Philosophical Origins of Modern Contract Doctrine*, Clarendon Press, Oxford, 1991, p. 121.

杂的论证使道德真理变得模糊和不可接近。也就是说,虽然他们和经院哲学家一样,坚信真正的道德哲学存在于简单的原则和清晰的阐发之中,但不同的是,经院法学家借技术术语和复杂的论述追求简单和清晰,而理性法学家则强调原则含义和阐述力的可接近性。因此,以格劳修斯、普芬道夫、多马和波蒂埃为代表的理性自然法学家们努力避免技术细节,追求一种平易和洗练的论述风格,他们相信,平易地表述道德真理可以使其真理影响人类的行为。[30] 基于理性法时代的这种精神气质,在经院主义法学家手中完成的综合、复杂的原因学说亦随之归于沉寂。在格劳修斯看来,信义[31]构成正义的基础。因此,无论允诺是否具备某种形式或被穿上某种衣服,它们都必须被信守。即使是上帝不遵守其诺言,也是违背其本性的。由此可推出,所有的简约(协议)都具有约束力。该原则的至上地位在普芬道夫关于自然法和万民法的划时代的著作中被确认。这样,对该时期的自然法学家而言,合同成为规范人类行为的实质性工具和包括社会契约论在内的自然法理论的基石。[32]

到了 19 世纪,"意志决定论"甚嚣尘上,并且在许多方面至今仍然深刻影响着合同乃至法律行为理论。"意志决定论"的基本精神就是把意志提升到法律的地位,认为契约的效力来自意志本身,在 19 世纪的实在法代表就是《法国民法典》第 1134 条的规定。由此可见,19 世纪的"意志决定论"超越了十七八世纪的理性自然法学派把契约效力植根于信义的思想,完全剥离了契约效力的社会道德因素,使单纯的意志成为契约效力的根源。

对"意志决定论"产生关键影响的是康德的哲学理论。他强调意志的自主性及其作为普遍价值创造者的角色,同时将意志(或自由)变

〔30〕 See James Gordley, *The Philosophical Origins of Modern Contract Doctrine*, Clarendon Press, Oxford, 1991, pp. 130 – 131.

〔31〕 信义,是指具有较强社会道德意义的行为规范标准,它要求人们诚实和守信地履行自己担负的义务或职责。参见黄风编著:《罗马法词典》,法律出版社 2002 年版,第 114 页。

〔32〕 See Reinhard Zimmermann, *The Law of Obligations: Romani Foundations of the Civilian Tradition*, Oxford University Press, 1996, p. 544.

为道德人格的支柱。在其形式伦理学中,道德上的正确行为根植于理性之中,美德存在于绝对的道德律中。[33] 他认为,为了确实有效,绝对命令必须是必然的真理。这个法律必然是来自理性意志的本性。如果有什么绝对价值的东西,有什么本身就是目的的东西,那么理性就必须命令他。[34] 由此,形式伦理学通过建立逻辑上必然的结果,构建了一种独立于人类自然存在的形式宇宙道德律。[35] 康德强调善良意志和绝对命令,就是要论证自由的规律,就是论证这种基于理性绝对命令的意志自律的普遍必然性。基于此,他把意志自由引进伦理学以阐明人的道德责任。在康德看来,作为理性存在者的人,有意志自由,能够为自己立法并能执法,因此,也应对自己的行为负责;并且,一个理性的意志,只有在受自由的观念支配下行动时,才能是他自己的意志。也就是说,只有承认意志自由,道德才是有意义的。[36]

康德先验理性主义的形式伦理学思路巩固了近代自然法的行为理论,理性、意志、自由和责任走向一致,责任在伦理上得以正当化:只有在具有理性的人将其意志置于活动之中时,其行为的后果(无论对其有利还是不利)才能归之于他。这样,"意志决定论"在道德层面获得完全的正当性,并成为近代私法制度中"自己责任"的一个基本前提。在此基础上,近代私法上的主观权利(主观法)的概念得以确立,意思自治原则被全面贯彻。同时,为配合该假定,法律上有行为能力、责任能力的制度,并以之为基础发展出以故意、过失为基础之效力或结果的归属性规定。

形式伦理学崇尚的是一种绝对理性的、纯粹形式的建构,而非那种实质的或质料的、势必导致伦理上的相对主义的东西。所谓"纯粹形式"的,也就是最抽象的,它的外延最大,而内涵最小;具体到伦理学领

〔33〕 参见[美]弗林斯:《舍勒思想评述》,王芃译,华夏出版社 2003 年版,第 74 页。
〔34〕 参见[美]弗兰克·梯利:《伦理学导论》,何意译,广西师范大学出版社 2002 年版,第 133 页。
〔35〕 参见[美]弗林斯:《舍勒思想评述》,王芃译,华夏出版社 2003 年版,第 72 页。
〔36〕 参见罗国杰、宋希仁编著:《西方伦理思想史》(下卷),中国人民大学出版社 1988 年版,第 430 页以下。

域,它不过是那种最高而最普遍的一般伦理命题。[37] 康德的伦理学就是一种形式原则伦理,它以我们的理性和自由为基础,对自由的自觉性与道德法则的命令性之间的相互关系作出了解释。和其他所有规范伦理或原则伦理相比,它为"伦理命令的有效性的基础和本质"赋予了新的意义。形式原则、普遍化原则取代了那些来自神启或由理性演绎出来的实质规范和原则。

显然,在康德的形式伦理学那里,道德规范的普遍性和道德内容的确定性往往是不相容的。对此,虽然有学者指出,即使是一般的形式伦理命题也未必是绝对普适的,[38] 但是,康德关于绝对命令的形式伦理学毕竟代表着西方亚里士多德传统的转型,即以美德为核心概念的古代伦理学被康德的以义务和责任为核心概念的形式伦理学所取代。[39] 这种转向意味着,理性存在物根据普遍化原则确定自己的准则,一旦他根据由此导致的强制性实践冲动或道德义务,出于对内在于他的给定法则的尊重而行事,他就是在以目的王国的成员的身份行事;这样一种内在的价值和我们赋予熟练技能和审慎的外在价值或报酬有着原则上的不同。[40] 这样,在以康德的形式伦理体系为指导的近现代私法体系中,实践理性(意志)成为支撑该体系的一般伦理命题,而原因作为一种在亚里士多德传统上具有德性品质的外在价值,丧失了其往昔的道德光环。换言之,尽管原因理论仍在欧陆法上具有说明合同或法律行为之效力正当性的意义,但它事实上仅被视为一种"交换物"而成为"物化了的意志",[41] 并已沦为法律构造技术上的概念。

在这里,近现代私法制度尤其是德国潘德克吞法学所表现出来的形式主义特征,符合康德的形式伦理体系留给法律所扮演的角色:伦理

---

〔37〕 参见黄玉顺:《普遍伦理是先验理性的纯粹形式吗?》,载《哲学动态》2002 年第 6 期。

〔38〕 参见黄玉顺:《普遍伦理是先验理性的纯粹形式吗?》,载《哲学动态》2002 年第 6 期。

〔39〕 参见董世峰:《传统伦理学的价值伦理学转向》,载《现代哲学》2003 年第 3 期。

〔40〕 参见[德]施路赫特:《信念与责任——马克斯·韦伯论伦理》,李康译,载李猛编:《韦伯:法律与价值》,上海人民出版社 2001 年版,第 299 ~ 300 页。

〔41〕 李永军先生认为,英美法系的"约因"和大陆法系的"原因"都是加诸合意之上的物质性因素,其意义在于使意志"物化"。参见李永军:《契约效力的根源及其正当化说明理论》,载《比较法研究》1998 年第 3 期。

的自由虽然不受法律规则支配，但它要通过法律自由才成为可能，同时，法律不负责建立行为的道德模式，而仅是确保自由；也正是这种自由，使行为的道德评价成为可能。显然，这种评价并非要为自由的行使规定实际的道德法律原则，也不是对行为的道德内容做出具体评价，只是在最抽象的层面维护康德所说的“最大程度的主观行动自由的权利而已”。[42] 因此，诸如为原因注入实质伦理价值之类的工作，并非法律的任务。

当然，就近代“意志决定论”的产生及其精神气质而言，我们也不能忽视其另一个道德哲学基础——以功利主义经验论哲学为基础的英式自由主义伦理学。在功利主义的代表人物边沁看来，自然把人类置于苦与乐这两个主宰之下，只有这两个主宰才能给我们指出应当做什么和不应当做什么。[43] 他认为，应当根据行为本身所引起的苦和乐的大小程度来衡量该行为的善与恶，而功利则是按苦与乐的单位来计算的。由此，边沁主张，功利乃是通过允许人们为自己做出选择达到最大化的，而合同之所以可以增加快乐，乃是因为各方当事人都是根据其自己的判断而做出了选择。[44] 由此，对于合同效力的根源，建立在功利主义基础上的纯粹“意志说”就能给予全部的解释，而无须借助那些“废话连篇”的形式的或实质的道德律令。

三、“意志决定论”说明模式的反思：伦理价值上的贫困

（一）“意志决定论”解释的有效性：“意志决定论”之否定论的批判

从19世纪末开始，启蒙主义的合同理论似乎面临重大挑战。工业社会中集体交易的出现，各种社会力量的崛起及其意识的觉醒，意识形态和社会制度的多元化，导致传统合同理论的异化。所有这一切，直接

〔42〕 参见［葡］叶士朋：《欧洲法学史导论》，吕平义、苏健译，中国政法大学出版社1998年版，第198页。

〔43〕 参见［美］E. 博登海默：《法理学——法哲学及其方法》，邓正来、姬敬武译，华夏出版社1987年版，第98～99页。

〔44〕 See James Gordley, *Contract Law in the Aristotelian Tradition in The Theory of Contract Law*, in *New Essays*, Edited by Peter Benson, Cambridge University Press, 2001, p. 272.

冲击的是近现代以意思自治为基础的自由主义合同观念。在此背景下，各种质疑乃至否定“意志决定论”的观点应运而生。

事实上，对“意志决定论”的否定往往是和集体主义或国家社会主义的意识形态挂钩，或者是强调所谓社会本位或社会功能而得出的结论。前者如社会主义集体经济体制下的合同观念以及德国“纳粹”时期出现的强制性合同和事实契约理论，这些合同观念或理论源自一个共同的理念：人民共同利益绝对优先于个人利益和个人意思。后者则打着实证主义的“幌子”，利用迪尔凯姆“社会有机体”理论，以“社会连带”或“社会联立”为口号，认为“个人是手段而不是目的，个人只是一部大机器（指社会机体）的一个轮盘，我们生在世界上，只于在社会工程内完成一种职务时，才有生存的理由……个人主义的制度是当场就和近代意识的情状相冲突的”。[45]

在英美法系，重构合同效力解释模式的理论层出不穷。针对约因理论面临的危机，美国法学家富勒提出了契约利益尤其是信赖利益的学说，牛津大学的阿蒂亚也强调基于利益和信赖的责任观念，而吉尔默则哲学式地宣告了契约的死亡。试图让契约法起死回生的麦克尼尔师承富勒的理论，从社会的角度为传统契约理论开出药方，使契约法理从主观性的意思说转为客观性理论。[46] 他强调契约的基本根源在社会之中，倘若把单纯最大限度追求私益的孤立个人作为当事人的典型，就会妨碍对契约本质的正确认识。他认为，以一次为限的个别性契约在现代社会中并非普遍存在，契约行为其实应理解为个别性交易到关系性交易的有阶段的连锁，即所谓的关系契约理论。[47] 对于麦克尼尔关系契约论的理论渊源和法文化背景，有学者敏锐地指出：“麦克尼尔的新契约观，在以相互性和角色作用的团结机制为社会基础这一点上，可以明显地看到普鲁东（Pierre J. Proudhon）的平等互惠的、联合主义的

---

〔45〕［法］莱昂·狄骥：《〈拿破仑法典〉以来私法的普通变迁》，徐砥平译，中国政法大学出版社2003年版，第147页。

〔46〕参见季卫东：《法治秩序的建构》，中国政法大学出版社1999年版，第373~374页。

〔47〕参见季卫东：《法治秩序的建构》，中国政法大学出版社1999年版，第375页。

政治经济学和迪尔凯姆(Emile Durkheim)的关于社会分工和团结的社会学的影响。至于处理关系的社会工程的构思的出现和流行,显然是由美国的兼有极端个人主义和自治共同体关系的法文化条件决定的。"〔48〕

至此,不难看出,所有这些现代或当代的解释模式其实是为变化中的合同概念及隐藏其后的某种价值观念或意识形态服务的,它们由于不是从自由主义之契约概念的本身去寻找其病因的,因而也不能从根本上否定"意志决定论"对以个人主义为其哲学基础的自由主义合同概念及其效力根源所具有的解释力。诚如学者所言,契约一方面意味着某种社会性,意味着主体不是孤立的、不发生联系的个人,另一方面又是以独立、自主的个人为前提的,否则谈不上达成协议、表示允诺了;个体不是作为一个有机生命整体的一部分存在的,他们有自己独立的理性、欲望和要求,他们的社会结合只能通过他们的协议来达成。〔49〕可以说,真正的契约存在于独立个体的意志之中,而要对此做出否定,就是对私法自治原则的否定,是对隐藏其后的自由主义或个人主义之价值观念或意识形态的颠覆。

因此,从本质上看,社会连带主义法学关于合同的理论以及其他否定"意志决定论"的理论或法律实践,都不过是19世纪末期以来兴起的团体主义和社会主义思想在合同领域的具体表现。这些初衷本在匡正意思自治原则缺失的理论,犹如一把"双刃剑",用之不当则可能成为极权主义剥夺个人意志自由的工具。

(二)"意志决定论"贫困的真正原因

的确,自19世纪末叶以来,意思自治原则无论在学理上还是在立法和司法实践上,都受到猛烈的抨击,以至于丧失了它在私法体系上原有的绝对支配地位。然而,在笔者看来,意思自治原则之绝对支配地位的下降并不意味着其衰落,"意志决定论"对于自由主义合同之效力根

〔48〕 参见季卫东:《法治秩序的建构》,中国政法大学出版社1999年版,第377页。

〔49〕 参见何怀宏:《契约伦理与社会正义》,中国人民大学出版社1993年版,第14~15页。

源的解释力依然有效。因此,我们至多只能宣告"意志决定论"的贫困,而非"意志决定论"之解释力的失效。换言之,单纯地凭借"意志决定论",在积极方面不能解释意志本身何以能够使合同或法律行为的效力正当化,在消极方面则不能说明实证法缘何不承认某些同样基于意思自由而成立的合同或法律行为的效力,以及为何授权法官对某些合同或法律行为的效力进行调整(如显失公平的合同)。[50]

正如前所述,作为近现代"意志决定论"之道德哲学基础的主要是英国式的功利主义伦理学和康德的形式伦理学。而"意志决定论"在解释力方面的贫困原因,即在于作为其道德哲学基础的这两种理论本身的缺陷。

1. 从功利主义伦理学的缺陷认识"意志决定论"的贫困

功利主义者认为,法律赋予合同或法律行为以拘束力,旨在最大限度地满足人们的欲望,因为效用乃是通过允许人们为自己做出选择而被最大化的。显然,功利主义伦理学扩大了道德行为的范围,认为不仅出于道德动机的行为是道德的,而且出于任何不道德动机,只要有功利效果的行为也是道德的。在边沁看来,道德的价值是外在的,道德的价值就在于其是获得快乐、幸福或功利的最佳手段。[51]

面对这种把功利主义指责为粗鲁的享乐主义的观点,功利主义的另一代表人物密尔进行了反驳。密尔认为理性的快乐、情感与想象的快乐以及道德情操的快乐,要比仅是感官的快乐具有更高的价值。[52]然而,批评者并未就此停止诘问,他们认为密尔的回答几乎不能解决问题。在他们看来,如果具有更高价值的快乐仅仅是因为它更能使人快乐,那么快乐仍然决定着行为的价值。如果这种价值之所以更高,是因为它包含了我们人类更为高级的、特有的能力,那么事实上就等于否定

---

〔50〕 See James Gordley, *Contract Law in the Aristotelian Tradition in The Theory of Contract Law*, in *New Essays*, Edited by Peter Benson, Cambridge University Press, 2001, p. 272.

〔51〕 参见罗国杰、宋希仁编著:《西方伦理思想史》(下卷),中国人民大学出版社 1988 年版,第 376 页。

〔52〕 参见[美]E. 博登海默:《法理学——法哲学及其方法》,邓正来、姬敬武译,华夏出版社 1987 年版,第 101 ~ 102 页。

了功利主义的观点而回到了亚里士多德的伦理世界,即某些生活方式比其他的一些生活方式更有价值,而无论它们是否更使人快乐。[53]

总之,功利主义是一种目的论的理论,它把善定义为理性欲望的满足,并认为这种善是独立于正当的东西,然后再把正当定义为增加善的东西。[54] 这种享乐的生存原则的正当性基于个体的情感偏爱,并不认为人的生活方式本身有善恶之分,每个人在自然本性上都是享乐者,因此,基于自然权利的感觉偏好也是一种道德。这种以功利主义的经验论哲学为基础的英式自由主义思想,要求尊重个体自由伦理,并以此为"意志决定论"提供了伦理上的正当性,自然有其积极的一面;但是,个体的自由伦理不能走向极端,如果快乐成为道德的唯一价值,正当性完全根据功利的原则加以判断,则人的道德行为的范围就会被扩大,由此构成的道德关系也就真有相对性,而道德的其他积极因素以及基于社会正义的伦理,也会因此被否定。

2. 从康德的形式伦理学看"意志决定论"的贫困

前文已经交代,以柏拉图和亚里士多德为代表的古代伦理学乃以美德为核心概念,而在康德那里,伦理学则转为以义务和责任为核心概念。究其原因,乃是在康德所处的时代,美德已不再神圣,而可以用市场价值来衡量,人们在盘算"美德值几个钱"。面对这一社会现实,康德不得不采取严肃主义和形式主义并用的方式,试图以义务和责任对人进行塑造,从而建立一个普遍性的道德法则。然而,这位善良而睿智的哥尼斯堡老人的愿望却难以实现,原因在于他的形式伦理学根基并不牢固。他不允许他的伦理王国沾染一丝欲望、情感、冲动、效果等实质内容,这虽使他的道德法则具有形式上的普遍性和绝对性,但对人的约束力却在降低。换言之,按照康德极度抽象的概括,自由伦理仅仅意味着个人遵从自己理性的道德良知去生活,其自由意志理论强调的是意志的向善能力,因此,这种伦理是一种道德上自我立法的自律伦理,

---

〔53〕 See James Gordley, *Contract Law in the Aristotelian Tradition in The Theory of Contract Law*, in *New Essays*, Edited by Peter Benson, Cambridge University Press, 2001, p. 272.

〔54〕 参见[美]约翰·罗尔斯:《正义论》,何怀宏等译,中国社会科学出版社1988年版,第21页。

一种反思性的形式信念伦理，其道德法则的价值高度极高，价值强度却极弱，它为了建立绝对命令的纯形式，宁可牺牲其内容。另外，康德也仅仅承认意志的客观目的的绝对价值，而不承认经验因素本身包括人自身的自然性具有内在价值，这使其道德法则缺乏真正的基础。[55]

以这种形式信念伦理为基础的现代私法体系（尤其是潘德克吞法学），强调以意志自律（自治）为核心的唯意志论，抽空了具体的契约伦理内容，从而一方面满足了当时严守法律价值中立之政治立场的需要，但另一方面又寄希望于依托康德的意志自律和绝对命令之普遍性道德法则去建立一个反思性的伦理世界，而并不由法律负责建立行为的道德模式。"意志决定论"由此失去了实质契约伦理的支撑，其价值强度亦随之减弱。

显然，形式伦理学虽然提供了一个反思性的原则伦理体系，但正如学者所言，绝对命令永远不能在规范的"真空"中发挥作用，抽象道德须以具体道德为前提，普遍化原则须以"生活世界"为前提。[56] 因此，现代价值伦理学认为，伦理学研究必须注重规范的内容，进行实质价值的研究，因为"只有当我明白了我追求的内容的时候，我才能根据它与其他追求的协调性，来询问以实现这种财物为目的的行为准则。"[57] 这样，合同或法律行为之效力正当性的说明既然也是建立在适当的伦理学基础上的，那么，我们也需要寻找实质的契约伦理，以增强"意志决定论"的伦理价值强度，并使外在法建立在真正的内在法的基础上，使主观的法即德性成为客观的法的真正基础。唯有如此，我们才能真实地发现法规范背后的评价关联以及法秩序固有的意义脉络。

四、合同效力正当性之实质伦理价值的重建：代结论

在私法领域，合同或意思表示为何被赋予法律的效力，一直就是和

---

〔55〕 参见董世峰：《传统伦理学的价值伦理学转向》，载《现代哲学》2003年第3期；刘小枫：《沉重的肉身——现代性伦理的叙事纬语》，华夏出版社2004年版，第257～258页。

〔56〕 参见［德］施路赫特：《信念与责任——马克斯·韦伯论伦理》，李康译，载李猛编：《韦伯：法律与价值》，上海人民出版社2001年版，第298～299页。

〔57〕 参见董世峰：《传统伦理学的价值伦理学转向》，载《现代哲学》2003年第3期。

某种宗教观念或道德哲学相联系而被说明的。尤其是近代自然法理论,作为一套有关正当行为的规范标准,考虑的主要是法律和制度的道德基础,从而为合同或意思表示之效力根源的解释提供了道德准则。由此可见,合同或法律行为之效力正当性的问题主要应在伦理上被证成;法律作为一种价值规范,毕竟有其道德取向。

事实上,合同或法律行为之效力正当性的问题就是合同正义问题,这种正义首先表现为一种伦理正义,然后转化为一种法律正义。

在考察了"意志决定论"的真正病因后,面对其贫困,笔者认为,就合同的伦理正义而言,亚里士多德传统上的道德哲学一直把交换的正义和慷慨之德性作为核心概念,而在法律制度上负载这些伦理价值的概念就是"原因"。这一理论并未忽视"意志决定论"的解释力,却更注重实质合同伦理的建设,因而增强了"意志决定论"的价值强度。因此,我们不妨把原因理论作为一种方案,去重建合同的实质伦理。

所谓交换正义,在西方法律史上一直被作为平衡市民间关系的正义标准。[58] 基于自愿交往的交换正义更被视为合同的正义。这样,负载交换正义之伦理价值的原因理论自然成为合同正义的最佳说明模式。不过,应当注意的是,交换的正义关注的不仅是合同的对价问题,而且还包括给付和对待给付的等价性问题。但如果我们对大陆法系的原因理论进行研究,就可以发现该理论并不强调给付和对待给付的等价性,作为对待给付的原因有时甚至可以是微不足道的。由此可见,以交换正义为内核的合同正义不仅体现在原因规则中。事实上,折射交换正义之等价性要求的制度,就是所谓的以公平价格理论为基石的非常损失规则以及由此演化出来的显失公平制度,这些制度关注的是合同中的给付与对待给付的等价性,以及如何阻止或消除合同或法律行

〔58〕 参见[德]伯恩·魏德士:《法理学》,丁晓春、吴越译,法律出版社 2013 年版,第 168 页以下。需要说明的是,在该书中,"交换正义"被译为"平衡正义"。

为中的暴利和不合理利益。[59]

原因概念所承载的第二个伦理价值——慷慨之美德，对无偿法律行为之效力的正当性具有较强的解释力。并且，由于亚里士多德伦理学意义上的"慷慨"，要求的是"对应该的对象，按应该的数量，在应该的时间及其他正确给予所遵循的"[60]方式进行给予，所以我们也能以之解释合同或法律行为若干制度的正当性。例如，赠与合同中赠与人的撤回权显然使受赠人所享有的债权效力的强度减弱，那么，立法为何赋予赠与人此种权利？学者一般认为其原因在于此种合同的无偿性，即赠与人负担义务而未获对价。[61] 这里所谓的"对价"，其实就是原因概念的法律技术术语，而在伦理的意义上，该制度反映的应该是慷慨之德性的要求。再如，民法上有关行为能力的规定也是合同或法律行为之效力具有正当性的制度保障，一般认为，该规定的基础是近代理性人的假设，但对浪费人为何被立法限定为禁治产人的问题，该假设并不能提供令人信服的解释，而借助慷慨之伦理意义的解释，这个问题应该能够得到满意的解决。

（原文载于《法商研究》2005 年第 3 期）

---

〔59〕 中南财经政法大学资琳老师对这一问题进行了富有价值的探讨。参见资琳：《论合同正义的演进——以显失公平规则为视角》，中南财经政法大学法学院 2003 年硕士学位论文。另可参见徐国栋：《公平与价格——价值理论》，载《中国社会科学》1993 年第 6 期；徐涤宇：《非常损失规则的比较研究》，载《法律科学》2001 年第 3 期。

〔60〕 苗力田编：《亚里士多德选集 · 伦理学卷》，中国人民大学出版社 1999 年版，第 78 页。

〔61〕 参见宁红丽、易军：《论民法撤销权体系中赠与人的撤回权制度》，载郭道晖主编：《岳麓法学评论》（第 4 卷），湖南大学出版社 2003 年版。

物权行为无因性理论之目的论解释

目　次

一、无因性(抽象性)原则之争:法律上意识形态的较量
二、功能论解释和目的论解释之缘起及其区分
三、基于交易安全之目的论解释的价值

一、无因性(抽象性)原则之争:法律上意识形态的较量

我国学者一般认为,物权行为无因性,是德国民法创立物权行为概念,尔后又进一步肯定物权行为独立性后的必然逻辑结论。[1] 而且,自物权行为理论被创立以来,其无因性之所以存在的最重要理由,一直被认为是抽象性原则具有"交易安全的保护机能"。[2]《德国民法典》在制定之时,其立法理由书也认为,承认物权行为的无因性具有两项优点,即明确法律关系和保护交易安全:

20世纪的普通法学说及受其影响的立法,并未让步于正确见解,需特别指出者,物权取得,除须有取得行为[取得形式(modus acquirendi)]之外,尚须有特别名义[取得名义(Erwerbstitel)、法律名义

---

〔1〕 参见陈华彬:《物权法原理》,国家行政学院出版社1998年版,第117页;马俊驹、余延满:《民法原论》,法律出版社1998年版,第373页;谢在全:《民法物权论》(上册),中国政法大学出版社1999年版,第71页;田士永:《物权行为理论研究》,中国政法大学出版社2002年版,第334~335页。

〔2〕 参见陈华彬:《物权法原理》,国家行政学院出版社1998年版,第124页。

(Rechtstitel)、法律基础(Rechtsgrund)]。如该见解正确,其结果如下:物权变动名义无效,将会妨碍让与人对被给与取得人依对物之诉的回复。事实却是,在法定情形下,如果仅有当事人让与的意思,或者更确切地讲,指向取得并有取得的相应表示,仅允许有对人之诉[给付请求之诉(condictio)],因此可见,该法律行为的效力独立于名义而存在。基于法律行为的物权取得与丧失要求须有名义,毫无意义。因此,如果立法不想冒险遮掩法律关系的本质并因此而危及交易安全,立法就应将其废止。[3]

我国学者也认为,物权行为抽象性原则的功能有三:其一,有助于法律适用,即依物权行为无因性理论,债权行为和物权行为完全分离而独立,概念清楚,关系明确,每个法律行为的效力容易判断;其二,物权行为的无因性符合德国民族之抽象化的偏好;其三,交易安全之保护。[4] 田士永先生则认为,物权行为抽象原则的功能和意义表现在三个方面:其一,贯彻私法自治原则;其二,五编制法典编纂技术要求的体现;其三,交易安全的保护。[5]

如果说物权行为无因性具备明确法律关系从而能体现五编制法典编纂技术的要求这一优点只是在法技术方面具有说服力的话,那么,因抽象性原则具备交易安全之保护机能而在立法上予以肯认,就应属于法政策上的考虑。而围绕着无因性的这一机能,有学者给予了激烈的抨击。其主要的抨击理由是,物权行为无因性理论及立法的最大缺点在于严重损害出卖人利益,违背交易活动中的公平正义。其具体理由有二:近代以降的民法立法已经普遍建立起善意取得制度,物权变动无因构成的交易保护机能已不充分,或者已大大减退甚至被全部抽空;从利益衡量上看,物权行为无因性使恶意取得标的物所有权的人亦受保

---

〔3〕 转引自田士永:《物权行为理论研究》,中国政法大学出版社2002年版,第347页。

〔4〕 参见王泽鉴:《民法学说与判例研究》(第1册),中国政法大学出版社1998年版,第264~265页。

〔5〕 参见田士永:《物权行为理论研究》,中国政法大学出版社2002年版,第352页以下。

护,不合人类的正义的法感情、法意识及基本的伦理观念。[6] 而德国学者赫克(Philipp Heck)则是立足于利益法学的方法论,考察、衡量了主张无因性的学者所称的物权变动的无因性具有的三种利益:其一,使交易对方或第三人获得确实保护的交易上的利益;其二,使物权的概念与物权的法律关系易于被识别以及使法律关系获得明了的利益;其三,举证责任减轻的利益。最后,他全面否定了无因性所具有的这三种功能的实际意义。[7]

面对这一诘难,物权行为理论的众多支持者展开针锋相对的回击。在我国,回击最有力者,非孙宪忠教授莫属。他认为,物权行为理论及其无因性原则肯认"从无权利人处取得权利",其实维护了更高层次的公正。因为强调第三人利益的保护,就是保护经济秩序的稳定,第三人并非交易中某一单个的个体,而是稳定的社会经济秩序的化身,其利益比原所有权人更值得保护;无因性原则在第三人的善意方面建立了客观主义的标准,取代了自罗马法上以来的主观善意主义,从而完善了善意取得制度,而并不是善意取得制度抽去了无因性原则的地基;与无因性原则配套的不当得利制度能周全地为原所有权人提供救济。[8]

所有这些学术争论,使无因性理论上升为一个法律上意识形态较量的问题:其一,按照许多学者的理解,抽象原则乃以物权行为和债权行为相分离为逻辑前提,然而,是否承认物权行为的独立性,又关乎私

---

〔6〕 参见陈华彬:《物权法原理》,国家行政学院出版社 1998 年版,第 124、130 页;谢在全:《民法物权论》(上册),中国政法大学出版社 1999 年版,第 71 ~ 72 页。

〔7〕 参见陈华彬:《物权法原理》,国家行政学院出版社 1998 年版,第 132 页以下。

〔8〕 参见孙宪忠:《再谈物权行为理论》,载《中国社会科学》2001 年第 5 期。

法自治这一法律上意识形态的贯彻；[9] 其二，在物权行为独立于债权行为的前提下，立法是承认抽象性原则还是否认该原则，已非技术概念层面上的抽象思维问题，它更多的是基于一种法政策上的考量：是保护作为交易秩序之化身的第三人的利益重要，还是维护原所有权人的利益（所谓静的安全）更为重要？而无因性原则以及与之配套的不当得利制度，有因性原则以及所谓的善意保护制度，不过都是这一法政策考量结果的实现工具。

无论是正方还是反方，其实都是基于某种法律上的意识形态，以一种目的论或功能论的态度来颂扬或反驳物权行为及其抽象性理论的。在正方看来，物权行为理论的创立是为了保护交易安全，是出于“合理解决问题之意图”（die Intention der sachgerechten Lösung），并且所有权移转行为之所以从原因行为中抽象出来，其目的也是不危害交易安全。[10] 而反方则基于维护静的安全之信念，认为原所有权人的利益更值得保护，而物权行为及其无因性理论恰恰违背这一目的。而且，他们确信，善意取得制度的存在，一方面实现了维护原所有权人之利益的目的，另一方面也具有保护善意第三人的功能。因此，物权行为及其无因性理论失去了其目的上的或功能上的存在理由。

二、功能论解释和目的论解释之缘起及其区分

德国学者雅科布斯指出，德国法上物权行为无因性原则的产生，更

---

〔9〕 田士永先生认为，私法自治乃民法基本原则，“法律行为制度中私法自治的实现机制在于，法律通过肯认意思表示发生法律效果，实现民事主体自主参与，而该自主参与以行为人自己责任为前提与保障。物权行为作为法律行为，同样体现了私法自治的要求：之所以发生物权法法律效果，是因为行为人有此效果意思，而该效果意思乃行为人进行法律行为所欲实现的法律效果，尊重行为人意思，要求依行为人意思表示发生物权变动效果。因此，正是私法自治，使得物权变动依行为人效果意思发生，从而使得物权行为独立于债权行为而存在。所以，物权行为乃私法自治原则的体现”。参见田士永：《物权行为理论研究》，中国政法大学出版社2002年版，第328页。在德国，学者也认为，萨维尼之所以提出物权行为理论，其意旨原初并非在于强调交易安全的保护，而是其关于意思表示决定法律效果的主张在物权法领域的继续。显然，这些学者都主张，承认物权行为及其独立性，乃意思自治这一近现代流行的法律意识形态所要求的。

〔10〕 参见［德］霍尔斯特·海因里希·雅科布斯：《十九世纪德国民法科学与立法》，王娜译，法律出版社2003年版，第192～193页。

多的是基于一种理论推演的结论，而各种请求给付之诉是其逻辑基础和主要的存在理由。具体而言，各种请求给付之诉(condictiones)，尤其是其中的基于非债清偿的请求给付之诉(condictio indebiti)的存在，是物权行为之抽象性的主要理由。[11] 在罗马法上，基于非债清偿的请求给付之诉可在因错误而实行了不当清偿的情况下被提起。优士丁尼法认为，提起此诉应具备两个条件：其一，清偿错误，即清偿人基于错误的认识实行清偿；其二，领受错误，即领受人不正当地接受了他人的给付。[12] 该制度在物权合同理论被创设后获得更为重要的意义：在某合同产生债务后，其履行经常是基于清偿原因(solvendi causa)，即为了解除已经存在的义务，因此，在发生交付后，所有权移转的效力已经发生，此后，如果债务最终根本不存在，则必得根据基于非债清偿的请求给付之诉进行返还。[13] 由此可见，各种基于不当得利的请求给付之诉是缺乏法律基础的所有权转让有效这一结论的逻辑基础，因为不承认所有权转让的抽象性，基于不当得利的请求给付之诉就没有其适用余地了，[14] 用中世纪法学家阿库修斯的话来表述就是：

如果说基于误想(原因)所有权不被移转，那么，这会和一切基于非债清偿的请求给付之诉的名义相矛盾：在某物的所有权基于误想原

---

〔11〕 参见[德]霍尔斯特·海因里希·雅科布斯：《十九世纪德国民法科学与立法》，王娜译，法律出版社 2003 年版，第 195 页。在所引著作中，译者使用了"不当得利返还请求权"的表述，由于该译作中未附原文，所以我只能猜测其原文为拉丁文"condictio"或德文"Kondiktion"(请求给付之诉)，因为译者在翻译该书第 198 页的一段拉丁文时，也是将其中的"condictione indebiti"翻译为"缺乏法律基础而给付的不当得利"，而"condictio indebiti"只是"condictiones"(condictio 的复数形式)的一种。各种请求给付之诉是德国不当得利制度的罗马法渊源。笔者在这里之所以不用"不当得利请求权"的表述，是因为尽管萨维尼已经开始从罗马法的各种请求给付之诉中总结一般的不当得利制度，但其工作尚未最终完成，其借助的材料仍然是典型的罗马法上的各种请求权给付之诉，使用"不当得利请求权"一词容易使人误以为一般的不当得利制度在当时已被抽象出来。请综合参见 Reinhard Zimmermann, *The Law of Obligations: Roman Foundations of the Civilian Tradition*, Oxford University Press, 1996, Chapter 26。

〔12〕 参见黄风编著：《罗马法词典》，法律出版社 2002 年版，第 66 页。

〔13〕 See Reinhard Zimmermann, *The Law of Obligations: Roman Foundations of the Civilian Tradition*, Oxford University Press, 1996, pp. 866 – 867.

〔14〕 参见[德]霍尔斯特·海因里希·雅科布斯：《十九世纪德国民法科学与立法》，王娜译，法律出版社 2003 年版，第 198 页。

因也被移转时,(基于非债清偿的请求给付之诉的)名义才有其空间。*si dicas ex putative non transferri dominium, totus titulus de condictione indebiti repugnaret: qui titulus habet locum quando transfertur dominium alicuius rei ex putativa causa.*〔15〕

阿库修斯针对 D. 41,1,31 pr 中的合法原因(iusta causa)做出的此段注释,就是用来解决罗马法中交付之要因性和非债清偿之债间存在的两难处境的。因为根据《学说汇纂》的某些文本(如 D. 41,1,31 pr),交付具有要因性,即需要合法原因的存在,而基于非债清偿的请求给付之诉,显然是以即使欠缺原因所有权也发生移转为前提的。萨维尼事实上受到此种理论的影响。〔16〕

由此可见,抽象性理论不过是早期历史法学派学者对罗马法上请求给付之诉进行整理的结论,而不是物权行为理论的逻辑结论,更不是基于所谓的交易安全之保护这一法政策上的目的。事实上,基于保护交易安全之功能论或目的论来解释物权行为之无因性原则,是在后期潘德克吞法学中才出现的。

从历史的角度看,较早总结抽象性原则具有保护交易安全之作用的德国学者耶林,其实只是单纯地进行功能论的解释。耶林以罗马法中的要式买卖和拟诉弃权为例,说明了抽象性的两个优点。〔17〕 兰德威尔据此认为,"将所有权转移作为抽象物权行为,不再是服务于出让人与取得人间之私法自治之实现,而是服务于保护第三人(交易安全保护)"。〔18〕 显然,耶林只是从抽象性的内部构成机制逻辑地推导出该原则对于交易安全的作用,而并未从法政策的立场肯定物权行为的抽象性。因此,他才把抽象所有权转移的机制视为"以分析的方法所进行的构成要件简化",并认为该概念"无非是作为简化权利主张的技术

---

〔15〕 转引自 Reinhard Zimmermann, *The Law of Obligations: Roman Foundations of the Civilian Tradition*, Oxford University Press, 1996, p. 867.

〔16〕 See Reinhard Zimmermann, *The Law of Obligations: Roman Foundations of the Civilian Tradition*, Oxford University Press, 1996, p. 867, note 200.

〔17〕 详见田士永:《物权行为理论研究》,中国政法大学出版社 2002 年版,第 101 ~ 102 页。

〔18〕 转引自田士永:《物权行为理论研究》,中国政法大学出版社 2002 年版,第 102 页。

性产品、机制存在而已”。此外，这也可以为耶林虽然承认抽象性对于交易安全的作用，却认为交付具有要因性的主张提供有力的解释。由此可见，即便我们承认物权行为无因性原则具有交易安全保护功能，也并不足以表明该原则的优越地位。是否承认无因性原则，关键之处在于是否承认交易安全之优越地位。

基于以上描述，我们可以看到，就单纯的功能论解释而言，它主要是从抽象性原则中推导出其保护交易安全之功能，但并不对交易安全是否更值得保护作出判断，从而不以此为目的促成抽象性原则在法政策上具有优越地位。

相反，在抽象性问题上被认为“第一次涉及交易安全问题”的戴恩伯格（Heinrich Dernburg），则在某种程度上并非单纯的功能论解释者。在通过与债法行为的比较并清楚地表明其对交付转让所有权抽象性的见解后，他继续分析说：

如果给予人交给的人欠缺给予人实际意思而得利，那么，给予人只能通过请求给付之诉这一对人之诉，向他交给的人，请求返还不正当的得利。通过这种方式，罗马人既实际得体又颇具逻辑洞察力地严格区分了对第三人发生作用的所有权转让问题和接受缺乏法律基础的交付能否保留该通过失权人意思但与失权人本意相反而获得的财产得利（Vermögensbereicherung）的问题。[19]

据此，兰德威尔认为，“由所有权转让对第三人发生作用这一暗示可见，此处第一次涉及交易安全问题”。[20] 如果这种结论难谓不当，那么结合戴恩伯格关于基础或原因对所有权转让不发生影响的主张，以及他对罗马人的赞誉之词，我们可以认为，促使戴氏肯认所有权转让之抽象性的因素中应当包含保护交易安全之目的。在这里，戴氏的理论已转化为目的论解释，也就是说，其理论虽然包含功能论的解释，即首先论证抽象性原则之交易安全的保护功能，但其工作不仅限于此，它还

〔19〕 转引自田士永：《物权行为理论研究》，中国政法大学出版社 2002 年版，第 100 页。
〔20〕 转引自田士永：《物权行为理论研究》，中国政法大学出版社 2002 年版，第 100 页。

确定交易安全的优越价值位阶，并由抽象性原则对交易安全的特有保护功能而在法政策上肯认该原则。事实上，戴氏的以下言论也证明其理论带有交易安全之目的论解释的倾向：

> 人们越来越认为，所有权转让的有效性，不依赖于给予人通过所有权转让实现的目的，不依赖于先前的、构成该法律行为的基础（原因）是否实际成就。[21]（着重号为引者所加）

如果说通过以上的论证尚不能断言戴氏乃基于保护交易安全之目的而承认物权行为的抽象性的话，那么，此后德国学者和立法普遍基于交易安全之保护的目的而对无因性原则颂扬有加，却为不争的事实。[22]

对功能论和目的论之解释做出如上区分，主要是表明前者仅对无因性原则的功能进行一种实证的、中立的描述，而与价值判断无涉。正是出于此种缘故，我们不难发现，即使是那些反对无因性原则的学者，也并不否认该原则具有保护交易安全的功能，其主要的反对理由其实是基于一种目的论上的考虑，也就是认为在法政策目标上，静的安全比交易安全更值得保护。

三、基于交易安全之目的论解释的价值

然而，仅仅指出功能论和目的论的实质而不对其做出评价，似乎欠缺一种鲜明的立场。因此，明确表示自己的立场，或者至少提供一种分析问题的路径，有其必要。正如苏永钦先生所言，由抽象的概念体系维持其体制中立的民法并非全然价值中立，它自有其意识形态。[23] 因此，以从无因性原则中发现的交易安全之保护机能来进一步论证该原则的正当性，从而在价值层面上增强其说服力，并无不妥。问题在于，

---

〔21〕 转引自田士永：《物权行为理论研究》，中国政法大学出版社 2002 年版，第 99 页。

〔22〕 参见陈华彬：《论基于法律行为的物权变动》，载梁慧星主编：《民商法论丛》（第 6 卷），法律出版社 1997 年版，第 137～138 页。

〔23〕 参见苏永钦：《走入新世纪的私法自治》，中国政法大学出版社 2002 年版，第 5 页。

交易安全之于原所有权人的利益,[24]在目的论上或曰法政策目标上是否更值得保护。

拉德布鲁赫曾针对法律生活的基本形态指出:

物权与债权之对于法律世界本身,就如同物质和力量之对于自然世界——前者是静止的,后者则是动态的因素,而且,根据这种或那种权利的优先地位,人们可以区别法律生活的静态和动态的形式。[25]

并且,他进一步指出,静态形式是中世纪法律生活直到近代的形式,其秩序"建立在物法基础上,手工工匠对其生产手段,地主依据物权对其劳动力、土地持有人、佃农、债权关系的主宰,不过是物法的捷径,即由生产者直接到顾客",总之,这是一种以所有权为中心的静态形式。而今天的资本主义法律生活则已变为有生命力的动态形式,"在一种法律客体于其中不间断地流转的法律生活中,它的生气勃勃地不安定清楚地脱离了静态法律生活的惯性状态"。[26] 拉德布鲁赫对两种社会之法律生活的描述,虽然是针对物权和债权之功能而言的,但它昭示了现代社会之动态法律生活的本质。因此,我们完全有理由相信,在中世纪到近代的社会,保障以所有权为中心的静态安全是法律的首要任务,而在现代社会的动态法律生活中,维护"法律客体于其中不间断地流转的"交易秩序,应该成为法政策考虑的首要目标。

法政策目标的转向,要求法律对其所规范的各种法律主体的利益调整作出相应的变动。也就是说,此前的法律倾斜于维护真正所有权人的利益,而现代法政策则应以交易秩序中潜在受让人之利益的保护为其导向。对此,日本学者我妻荣教授在论述债权转让的可能性和确实性时指出:

由于转让可自由实行,不仅在法律上使债权转让成为可能,也可以

〔24〕 民法上有静的安全和动的安全之分,此处所说的交易安全自然特指动的安全,而交易中原所有权人的利益保护问题则属于静的安全问题,在此特作说明。

〔25〕 [德]拉德布鲁赫:《法学导论》,米健、朱林译,中国大百科全书出版社1997年版,第64页。

〔26〕 参见[德]拉德布鲁赫:《法学导论》,米健、朱林译,中国大百科全书出版社1997年版,第64~65页。

使受让人居于安全地位。从经济角度观察,债权是否容易转让,债权转让是否有法律障碍并非决定因素,保障受让人安全地位的法律规定才是决定性因素。[27]

我妻荣接着认为,保障受让人地位要注意三个重要问题,其中之一就是:在连续转让中是否会介入瑕疵行为,换言之,在连续转让行为中会不会产生无效或被撤销的情形。[28] 显然,受让人不仅仅是简单转让模式中转让人的相对人,还包括连续转让或重复转让等复杂转让模式中的第三人。[29]

我妻荣的论断虽然仅仅针对的是债权转让,但在现代社会中,债权的转让和其他有形或无形物质的转让在本质上并无差别,他们都不过是现代经济秩序中的某种交易形式而已。因此,在现代社会中,无论是债权的转让,还是其他法律客体的流转,其顺利进行都以保护受让人尤其是第三人的安全地位为其决定性要素。其中,第三人的安全地位之所以尤其重要,乃是因为他是交易秩序整体的化身,现代社会中的每一个个体其实都是潜在的交易者,他们在简单的交易模式中确实表现为特定的相对人,但在复杂的交易链条中都可能成为所谓的第三人。从这种意义上说,保护第三人的利益就是维护更高层次的公正这一观点完全成立。[30]

综上所述,笔者认为,基于一种非现代社会的静态法律生活的立场来反驳物权行为及其抽象性理论,并未注意到法律精神已随社会转型而发生变化这一现象。换言之,两种目的论的较量,一种着眼于动的安全,另一种则基于静的安全,而结论应该是前者更能反映现代法律生活

---

〔27〕 [日]我妻荣:《债权在近代法中的优越地位》,王书江、张雷译,中国大百科全书出版社 1999 年版,第 23 页。

〔28〕 参见[日]我妻荣:《债权在近代法中的优越地位》,王书江、张雷译,中国大百科全书出版社 1999 年版,第 23 页。

〔29〕 孙宪忠教授以买卖为例,分析了两种意义上的第三人:其一,与出卖人有法律关系的第三人,如一物数卖中的两个买受人,相互为第三人;其二,买受人再次将物出卖,次买受人相对于原出卖人而言,为第三人。参见孙宪忠:《物权法基本范畴及主要制度的反思(上)》,载《中国法学》1999 年第 5 期。此种分析其实可用于所有转让的情形。

〔30〕 参见孙宪忠:《再谈物权行为理论》,载《中国社会科学》2001 年第 5 期。

的本质。

当然,基于静的安全之目的论解释者往往借善意取得制度而声称其方案并未忽视交易安全的保护。[31] 有学者首先从历史背景入手,认为基于保护交易安全之目的而构建无因性理论,恰值德国处于不知善意取得为何物的普通法时期。"在这样的法治背景下,对原权利人返还标的物的权利予以限制是非常必要的。物权变动的无因构成由于是保护从让与人那里取得标的物的受让人的,因此从某种意义上说,它变成了善意取得制度的'替代物'。"[32] 此种观点进一步主张,即使在德国普通法时期,影响、限制物权行为无因性的"交易安全的保护"机能之发挥的因素始终存在,尤其是在立法确定善意取得制度之后,无因性的交易安全之保护机能的绝大部分就被这一制度所吸收、抽空。[33]

对于这一观点,我们首先从历史的角度入手进行分析。确实,在德国普通法时期,并不存在善意取得制度,但我们并不能从这一历史背景反推善意取得制度的合理性。正如前述,无因性理论的创设,不是基于法政策上的考虑,而是法律体系内部的逻辑结论,即无因性原则其实是请求给付之诉的逻辑结论,如果不承认无因性,则各种请求给付之诉尤其是基于非债清偿的请求给付之诉难有其适用余地。因此,无论是从交易安全的角度,还是从善意取得制度的角度,去证成或否认无因性理论之创设的缘由,都是对历史的误读。由此可见,德国普通法时代是否存在善意取得制度,并不会妨碍无因性理论的产生。其实,这一结论对于现代法而言也是适用的。因为就现代法上从各种请求给付之诉发展而来的不当得利制度而言,也必须以无因性原则作为其支撑,否则,给付型的不当得利制度至少会大大缩减其适用范围。这是因为在不承认

---

〔31〕 参见梁慧星:《中国民法是否承认物权行为》,载梁慧星:《民法学说判例与立法研究》,中国政法大学出版社 1993 年版,第 123 页;王利明:《物权行为若干问题探讨》,载《中国法学》1997 年第 3 期;陈华彬:《论基于法律行为的物权变动》,载梁慧星主编:《民商法论丛》(第 6 卷),法律出版社 1997 年版,第 137 ~ 138 页。

〔32〕 陈华彬:《物权法原理》,载梁慧星主编:《民商法论丛》(第 6 卷),法律出版社 1997 年版,第 126 页。

〔33〕 参见陈华彬:《论基于法律行为的物权变动》,载梁慧星主编:《民商法论丛》(第 6 卷),第 137 ~ 138 页。

无因性原则的情形下,原因行为的无效将直接导致所有权不被移转的效果,此时,原所有权人无须借助不当得利制度,而可直接行使所有物返还之诉。正是在此种基础上,日本学者原岛重义才归纳出无因性理论的如下意义:在德国法中无因性概念扎下根来的同时,从请求给付之诉(condictio)的各种个别的、具体的制度,形成了近代法中不当得利的一般概念,易言之,它相当于在"拥有所有物返还之诉权(rei vindicatio)的人就不享有给付请求之诉权"这一原则下的德国法上的理论整合阶段;同时,这也意味着规定了无因性概念的内容本身,该概念理论层面的后面,总包含着基于不当得利而产生的可对抗性。〔34〕

显然,无因性理论和不当得利制度的这种关系,也说明了用以驳斥无因性原则的另一理由完全不符合历史的真实性。该种理由认为,承认无因性原则,即意味着原因行为即使无效或被撤销,买受人仍取得所有权,而出卖人仅能依不当得利的规定请求返还,其地位由所有人而沦为债权人,不能享受法律对物权的特殊保护,从而造成不公平的结果。〔35〕 此种观点其实是目的论解释的结论,其立论的前提就是静的安全更值得保护,对此我们无须再做探讨。唯须强调的是,从历史的角度以及制度体系的内部构成来看,尽管不当得利制度在现代德国法中具有补充无因性原则的功能,但它原本不是作为无因性原则的补充被创设的,恰恰相反,不当得利制度的存在才是无因性原则产生的主要理由。因此,以不当得利制度在功能上不能完全补足无因性原则的缺陷为由而诟病该原则,〔36〕不过是学者主观臆测的产物而已。而以这种主观臆测的结论来推出善意取得制度如果存在将不会出现无因性理论,或者认为无因性原则只是善意取得制度不存在的情况下的权宜之

---

〔34〕 原島重義「「無因性」概念の一考察、サヴィニー、ベール理論的糸譜の側面から」1957 年 3 月、九州大学記念論文集(32 頁 ~37 頁)。

〔35〕 参见陈华彬:《物权法原理》,载梁慧星主编:《民商法论丛》(第 6 卷),法律出版社 1997 年版,第 130 页。

〔36〕 不当得利制度不能补足无因性原则的缺陷这一观点本身也遭到学者的反驳。详见孙宪忠:《再谈物权行为理论》,载《中国社会科学》2001 年第 5 期。

计,〔37〕就可以说是无视历史事实了。

在澄清了无因性理论产生的真正根源后,我们不难发现,不管善意取得制度和无因性原则在保护交易安全之机能上孰优孰劣,此种目的论的解释仅具有辅助的说明力,它并不能从根本上动摇或证成无因性原则。毕竟,无因性原则和不当得利制度存在唇亡齿寒的关系,后者是前者存在的坚不可摧的理由。因此,即使善意取得制度能在动的安全和静的安全之保护机能上求得一种妥当的利益平衡,也不能以此为由否定无因性原则;否则,不当得利制度之大厦将随之崩塌。正是在此种意义上,德国学者雅科布斯坚持认为,不能从目的论的角度来反证通过善意取得制度可更合理地保护交易安全。〔38〕

其次,我国学者基于《德国民法典》关于善意取得制度的实在法规定而进一步论证无因性理论的绝大部分已被抽空或吸收,这其实也是对德国法上善意取得制度的误解。正如德国学者所言,物权变动的无因构成对所有权让与以"占有让与"方式进行的场合,也有"目的适合性"。〔39〕 因为按照无因性原则,取得原因有瑕疵的前主(第一受让人)根据他和原所有权人之间的处分行为,仍然有效地从原权利人处取得所有权,其对第三人的处分乃属有(处分)权的处分,由此,第三人是根据所有权转让的无因构成而取得所有权,而非根据善意取得制度取得所有权。与之不同的是,德国法上的动产善意取得制度其实是建立在从无权利人处取得权利这一原则的基础之上,其正当性乃借助物权公示之公信力得以说明。也就是说,虽然无权利人对标的物不享有真正的所有权,但由于其占有他人之物,故在外观上该人即为标的物的所有

〔37〕 参见陈华彬:《论基于法律行为的物权变动》,载梁慧星主编:《民商法论丛》(第6卷),第130~131页。

〔38〕 参见[德]霍尔斯特·海因里希·雅科布斯:《十九世纪德国民法科学与立法》,王娜译,法律出版社2003年版,第194页。

〔39〕 参见陈华彬:《论基于法律行为的物权变动》,载梁慧星主编:《民商法论丛》(第6卷),法律出版社1997年版,第130页。

者，此为占有本身具有的公示机能使然。[40] 此种从无权利人处取得权利的原则，在不动产让与的情形中同样可以得到说明。正是基于此种理由，德国学理上把这种善意取得制度称为“从非权利人处善意取得制度”。[41] 换言之，德国的善意取得制度不要求出让人是真正的权利人，“善意在一定程度上代替了处分权”。[42]

由此可见，在德国法上，善意取得制度与无因性原则对交易安全的保护功能并不相同，而不像我国学者所分析的那样，无因性理论的绝大部分已被善意取得制度抽空或吸收。雅科布斯就说过，《德国民法典》中虽然规定了从非权利人处善意取得的制度，但这并不表明在德国交易安全已得到更合理的保护，抽象性原则已失去其效用。[43] 对此，田士永先生基于其翔实的分析，得出了颇为精辟和透彻的结论：

善意取得通过保护信赖公示效力的善意，于自非权利人取得方面，具有保护交易安全的功能，一般物权行为抽象原则通过将原因行为与物权行为效力的分离，实现自权利人取得方面之交易安全保护，二者对交易安全的保护，适用于不同方面，不能替代。同时，善意取得使自非权利人取得成为可能，又在一定程度上克服了物权行为包含处分因素时因要求处分权而妨碍善意第三人的取得这一不足。由于自权利人取得为常态，因此，可以认为善意取得对交易安全的保护，乃在于弥补物

〔40〕 参见孙宪忠：《再谈物权行为理论》，载《中国社会科学》2001年第5期。对于德国法的这一构成，陈华彬先生认为，在所有权让与以“占有让与”方式进行的场合，“经由‘无因构成’而应获保护的人，当然应当是从‘所有者’那里取得标的物的人。但是，前主（第一受让人）并未如所有者那样基于‘所有权权利’而对标的物予以‘占有’（例如，只是基于租赁权对标的物予以占有）时，无论怎样采用无因性构成，前主也都是无权利者（非所有权人）”。由此，他得出善意取得制度才可有效保护第三人的权利这一结论。参见陈华彬：《论基于法律行为的物权变动》，载梁慧星主编：《民商法论丛》（第6卷），法律出版社1997年版，第130页以下。显然，其立论的基础是对德国法上善意取得制度的“想当然”，他未注意到德国的善意取得制度恰恰是以“从无权利人处取得权利”这一原则为基础的，该原则事实上是物权变动之公示方式具有公信力的结论，而不管让与人是否为真正的权利人。

〔41〕 [德]霍尔斯特·海因里希·雅科布斯：《十九世纪德国民法科学与立法》，王娜译，法律出版社2003年版，第194页。

〔42〕 转引自田士永：《物权行为理论研究》，中国政法大学出版社2002年版，第47页。

〔43〕 参见[德]霍尔斯特·海因里希·雅科布斯：《十九世纪德国民法科学与立法》，王娜译，法律出版社2003年版，第194页。

权行为抽象原则对交易安全保护未达之处,即自非权利人取得的情形的交易安全问题。[44]

对此结论,我们试举两例进一步加以说明。例一,设若甲将其所有之物转让于乙,而乙复将该物转让于丙,那么,即使甲、乙之间的原因行为无效,乙对丙的处分行为也不受其影响,因为根据抽象性原则,甲、乙之间的原因行为无效,并不导致其转让所有权的物权行为无效,丙仍有效取得该物的所有权,对该物具有处分权,唯甲、乙之间发生不当得利的返还问题。由此可见,丙之所以受到保护,系物权行为抽象原则之功,与善意取得制度无涉。例二,假设甲、乙之间并无所有权的转让行为,而乙擅自将甲之所有物转让给丙,那么,乙之转让因无处分权而效力待定,丙在甲不予追认的情况下,唯有求助善意取得制度,方可受到保护。显然,此例中实乃善意取得制度凸显其不可替代的功能,而抽象性原则并无适用余地。该二例表明,就给与行为而言,无因性原则主要保护自权利人处取得权利之交易安全,不当得利制度构成无因性原则的补充;善意取得制度则为无权处分的补充,它间接地承认了自无权利人处取得权利的原则,从而真正贯彻了物权变动之公示、公信的原则。

至此,我们基本可以得出结论,承认物权行为及其无因性原则,符合当代社会侧重保护动的安全之法政策目标,因而在目的论上具有先进性。尤为重要的是,无因性原则和不当得利、善意取得制度在德国法上本来就构成一个意义关联的规范群,正如所有法律体系那样,这一规范群在同一时空上的意义为,基于法律义理化的要求,自然趋向系统化,以排除或防止其间在逻辑上或价值判断上的矛盾。[45] 如果我们在构建体系时忽视甚至切断这种内在的关联或意义脉络,往往会产生以"规范矛盾"(die Normwidersprüche)或"价值判断矛盾"(die Wertungswidersprüche)的形态表现出来的所谓"体系违反"(die

---

〔44〕 田士永:《物权行为理论研究》,中国政法大学出版社 2002 年版,第 269 页。
〔45〕 参见黄茂荣:《法学方法与现代民法》,中国政法大学出版社 2001 年版,第 510 页。

Systembrüche)。[46] 在此种意义上,我们应充分认识到德国法为维系其体系上的意义关联而坚持无因性原则的真正目的。

(原文载于《中国法学》2005 年第 2 期)

---

〔46〕 参见黄茂荣:《法学方法与现代民法》,中国政法大学出版社 2001 年版,第 311 页以下。

宪法所有权和私法所有权之区分及其意义

——评《物权法》第四、五章

目　次

一、宪法上所有权和私法上所有权区分之由来
二、具有制度保障功能的宪法所有权:和私法所有权的区分及其在《物权法》中的表现
三、具有权利保障功能的宪法所有权:《物权法》中征收补偿条款的性质及其意义
四、民法所有权之私产和公产的区分:《物权法》之阙如

所有权制度是物权立法的核心,《物权法》专以第二编加以规范。但在我国,所有权的性质及其具体制度的设计,历来笼罩着一团迷雾,其轮廓依稀可见,真实面目却难以辨识。表现在立法活动中,包括学者建议稿在内的各种物权法草案,对国家所有权、集体所有权和公民个人所有权之区分的立法态度迥异,迎合者有之,拒斥者亦有之。《物权法》第四章和第五章的大部分条文,就属于前一情况。此种立法态度的分歧,主要原因应该是立法者和学者未能区分宪法层面和私法层面的所有权,迎合者把宪法意义上的所有权引入私法,拒斥者虽在民事立法中坚持民法所有权的概念,但一味否认依据权利主体的标准区分国家所有权、集体所有权和个人所有权的正当性,殊不知此种区分在宪法

层面是完全可能的。在笔者看来,解决此种争议的关键在于有效区分宪法意义上的所有权和民法意义上的所有权,并依此在立法结构上妥善安排其各自位置,根据其属性设计具体制度。因此,本文将以《物权法》的相关文本为分析对象,以法教义学的立场,揭橥宪法所有权和私法所有权区分之意义,意图在立法论上对我国物权立法有所贡献。至于该法第五章的其他问题,如未区分主体法(或组织法)和权利法,而将国家、集体和企业法人之组织法(第55条、第57条、第59~60条、第67~68条)的内容植入作为权利法的所有权制度中,是否妥当,本文不欲涉及。

一、宪法上所有权和私法上所有权区分之由来

黑格尔曾言:“所有权所以合乎理性不在于满足需要,而在于扬弃人格的纯粹主观性。人唯有在所有权中才是作为理性而存在的。”亦即“人为了作为理念而存在,必须给它的自由以外部的领域”。[1] 以此观之,人格自由经由所有权得以彰显和界定,社会成员个人人格的自我实现和发展实以所有权为基础,所有权由此构成近现代民法权利体系的核心,进而成为宪法层面的一项基本人权。

在法国法中,宪法上的所有权和民法上的所有权并未得到有效区分。在其《人权宣言》中,所有权被表述为一项天赋人权,被置于和自由同等的地位,其民法典的编纂者也确认所有权是一项天赋人权,并在法典中确定了所有权神圣不可侵犯的原则。[2] 正是基于此种原因,《法国民法典》中甚至规定了所有权的公法效力,其显例就是第545条涉及国家征用的规定。

在德国,由《魏玛宪法》第153条到《德国基本法》第14条关于“所有权保障”的条款,在黑格尔哲学思想的基础上,经由联邦宪法法院所作之司法解释,已与个人人格自由理念紧密相连。此种意义上的所有

〔1〕[德]黑格尔:《法哲学原理》,范扬、张启泰译,商务印书馆1961年版,第50页。

〔2〕参见尹田:《法国物权法》,法律出版社1998年版,第118~120页。

权,指应能享受《德国基本法》第 14 条中对所有权所提供之保障的所有财产利益。[3] 于是,《德国基本法》第 14 条和《德国民法典》第 903 条及其以下各条,在规范功能上有了分工:前者所规定者,乃所有权人和国家之间的公法法律关系,后者则规定所有权人和其他私法主体之间的民事法律关系。由此决定,民法上关于所有权的规则,为单个个体用益和变价其所有权营造了一个相当广泛的活动空间,宪法上则产生一项和民法视角完全不同的所有权问题:所有权应作为什么样的地位受到保护(保障条款),而国家又在何种程度上享有对这种地位之内容予以规定和限制的权限(制约条款和延伸出来的征用补偿条款)。[4]

社会主义政治哲学反对从人性或神启推导出的一般所有权概念,认为在每个历史时代中所有权以各种不同的方式、在完全不同的社会关系下发展,历史上的生产关系依照生产资料所有制的性质,被区分为公有制和私有制两种基本类型。而社会主义意识形态则着力于建立社会主义公有制的所有制形式,于是,作为规定性要素而非可替代要素的意识形态,像分水岭一样将资本主义法和社会主义法区分开来。[5]

立于社会主义阵营的我国,在所有权立法上自然要体现作为规定性要素之意识形态方面的要求。但应注意的是,我国社会主义意识形态在不同历史时期的表现是不同的,这尤其反映在不同时期的宪法和配套的民事立法之中。原初的意识形态认为,所有权制度不过是由反映生产资料控制方面现存社会关系的规则以及为维护和加强对统治阶级有利的关系而使用国家强制力方面的规则组成。[6] 反映此种意识形态的社会主义法,从狄骥的社会连带主义法学思想中汲取营养,即所有权已非权利,它不过是一种社会职责而已,所有权人不仅仅是以所有

---

〔3〕 参见[德]鲍尔/施蒂尔纳:《德国物权法》,张双根译,法律出版社 2004 年版,第 518 页;陈新民:《德国公法学基础理论》(下),山东人民出版社 2001 年版,第 408 页。

〔4〕 [德]鲍尔/施蒂尔纳:《德国物权法》,张双根译,法律出版社 2004 年版,第 516 页;林来梵:《论私人财产权的宪法保障》,载《法学》1999 年第 3 期。

〔5〕 参见[德]K. 茨威格特、H. 克茨:《比较法总论》,潘汉典等译,贵州人民出版社 1992 年版,第 574—575 页,[日]大木雅夫:《比较法》,范愉译,法律出版社 1999 年版,第 237 页。

〔6〕 [德]K. 茨威格特、H. 克茨:《比较法总论》,潘汉典等译,贵州人民出版社 1992 年版,第 574 页。

物来满足个人欲望,更有为了公共的必需和国家以及所属集体的需要利用该所有物的“义务”和“权能”。[7] 显然,此种意识形态下,公域全面统合私域,空间极小的私域也是为了公域的目的而存在。于是,不管是宪法上的所有权,还是民事立法中的所谓所有权,基本都属于公法的领域,其性质并无区别。

改革开放以来,公域和私域的区分逐渐明朗,民法上的所有权开始恢复其私法属性,《宪法》的数次修正也使宪法意义上的所有权凸显出来。尤其是2004年的修正案将人权观念引入宪法后,已将“尊重和保障人权”原则作为宪法的价值法则确立在宪法之中,这不仅奠定了我国宪制的合法性根基,也为私有财产权的保护提供了价值支点。于是,宪法上的所有权除了意识形态上的制度保障意义外,也被视为一种基本人权,一种特殊的防御权,是所有权人对抗国家公权力、抵御国家公权力不当侵害并在实际损害发生时可寻得救济的一种公权利,[8] 它区别于民法上平等主体之间的所有权关系。由此,在保障基本人权的层面上,我国立法文件中事实上已有和德国法旨趣极为近似的宪法所有权和民法所有权之区分。

二、具有制度保障功能的宪法所有权:和私法所有权的区分及其在《物权法》中的表现

宪法上的所有权首先是一种公权利,是各种主体取得所有权的资格,[9] 而对此种权利的宪法保障是一种制度保障,这种保障是一种对客观制度的保障,而非对各种各样现存的财产权状况或财产秩序的保障。我们通常所谓的所有制,其实就是宪法所要保障的所有权的制度形式。无论是在公有制国家还是私有制国家,宪法都要保障所有权的某种“核心部分”,对于这个“核心部分”,即使国家通过立法也不能加

〔7〕 [日]大木雅夫:《比较法》,范愉译,法律出版社1999年版,第224页。

〔8〕 参见马英娟:《论宪法修正案对私有财产权的保护》,载《中国社会科学院研究生院学报》2004年第5期。另参见赵世义:《论财产权的宪法保障与制约》,载《法学评论》1999年第3期。

〔9〕 赵世义:《论财产权的宪法保障与制约》,载《法学评论》1999年第3期。

以消灭或侵犯。[10] 但是,受意识形态的影响,在不同的所有制中,宪法要保障的“核心部分”是不同的:公有制保护的“核心部分”是生产资料的公有(国家所有和集体所有),它意味着重要的生产资料(如土地、自然资源)只能归国家或集体所有,私人不具有取得此等财产之所有权的资格;私有制保护的“核心部分”则为一切物质资料的私有,它意味着私人具有取得任何财产之所有权的资格。由此可见,公有制和私有制的区别不在于主体本身的差异,而在于国家、集体和私人是否在宪法上具有取得重要生产资料之所有权的资格。从这个意义上说,将所有权区分为国家所有权、集体所有权和公民个人所有权,并非如某些学者所言“更多具有政治意味,而不是法学意味”。[11] 事实上,此种区分同时具有政治意味和法律意义,属于政治法的范畴,它是公有制中在宪法层面对所有权的区分,而非民法层面的区分。[12] 因为它根据主体的不同,分别规定了国家、集体和公民个人在取得生产资料所有权之资格方面的差异,这不同于民法意义上的所有权,后者确实不因所有权主体的差别而在性质上和保护手段上存在差异。由此可见,《物权法》第 45 ~ 52 条和第 58 条规定的,不过是宪法上的所有权,因为它们在民事立法中再次确认了土地、自然资源等重要的生产资料只能由国家或集体所有,私人被剥夺了取得此等财产之所有权的可能性(资格),[13] 这是对公有制这种客观制度的保障,是宪法之制度保障功能在《物权法》中的重申。

宪法上的所有权既然被我们界定为一种和主体紧密相关的资格,那么它和民法上全面使用和支配某一财产的所有权就有了本质区别:前者注重的是取得所有权的资格,是一种获得财产利益的可能性,它不

---

〔10〕 林来梵:《论私人财产权的宪法保障》,载《法学》1999 年第 3 期。

〔11〕 梁慧星主编:《中国物权法草案建议稿:条文、说明、理由与参考立法例》,社会科学文献出版社 2000 年版,第 212 页。

〔12〕 但这种区分在私法层面并非没有意义,宪法上的国家所有权和集体所有权实质上构成对民事主体权利能力的公法限制。

〔13〕 《物权法》第 41 条明文规定,法律规定专属于国家所有的不动产和动产,任何单位和个人不能取得所有权。

明确地指向具体的客体,一个人并不因暂时没有财产而失去宪法上取得、占有和使用财产的资格;民法上的所有权则是以具体的物为中介的人和人的关系的表现,有明确、具体指向的权利客体,没有具体指向的物,我们无法想象所有权人进行怎样的全面支配和使用。[14] 因此,从客体的角度看,民法上的所有权客体是能够为人们所认识、控制和利用,可以满足人类某种需要的物,而且民法上的所有权仅成立于单个的、特定的有形客体(物)之上,此为物权客体特定原则的体现;[15] 宪法上的财产不仅包括民法上的物,而且也包括一国主权管辖下与权利主体相联系、尚未被人们所认识、暂时不能被利用来满足人类需要的一切自然资源和社会财富。[16]

显然,《物权法》违背了这一区分标准:它一方面在第 2 条第 3 款定义物权时,确认了物权客体特定的原则;另一方面又在第 46 ~ 52 条违背这一原则,因为这些条文规定的由国家所有的土地、自然资源等,并非民法上具体的、特定的物。准此,宪法上的所有权和民法上的所有权不能得到有效区分,会导致物权法上所有权概念的混乱,难以解释某些问题。例如,按照《物权法》第 49 条的规定,野生动物资源一般由国家所有,那么,国家在候鸟因季节而迁徙至他国时是否丧失其所有权呢?从民法上所有权的角度看,国家确实丧失对这些特定的候鸟的所有权,但在宪法所有权的意义上,特定候鸟的迁徙并不影响国家对野生动物拥有抽象的所有权,因为宪法上的所有权意味着一种资格,一种获得财产的可能性,它针对的是处于一国主权下抽象的一切资源,而非具体的、特定的物。再如,《物权法》第 46 条所谓的矿藏,应指一切已发现或未发现的矿藏,但能在其上成立民法所有权的,必须是已发现的被特定化的矿藏。

其次,宪法所有权和民法所有权的区分,也表明两种所有权在法律

---

〔14〕 参见赵世义:《论财产权的宪法保障与制约》,载《法学评论》1999 年第 3 期。

〔15〕 参见[德]鲍尔/施蒂尔纳:《德国物权法》,张双根译,法律出版社 2004 年版,第 515 页;[德]曼弗雷德·沃尔夫:《物权法》,法律出版社 2002 年版,第 16 ~ 17 页。

〔16〕 参见赵世义:《论财产权的宪法保障与制约》,载《法学评论》1999 年第 3 期。

属性和立法结构上有其自身的构造。而且,无论作为规定性要素的意识形态如何天壤有别,就作为法律术语的所有权而言,其立法技术上的构造以及法律属性应该是统一的,否则会造成立法结构的混乱。一般来说,在严格界定物权概念的国家(如德国),都会在立法结构上有效区分民法上的所有权和宪法意义上的所有权。其中,民法上的所有权只是在特定的物上成立的全面使用和支配的权利,并不包含所有的财产性权利,而宪法意义上的所有权概念则比物权法中的所有权概念更为广泛,它不仅包括所有具有财产价值的私法权利,如所有权、知识产权、债权以及其他私法权利,甚至还包括个别的公法权利,特别是通过自己的给付获取的公法权利。[17] 可见,《物权法》在这方面的规定也类似于宪法意义上的所有权。例如,它规定的所有权不仅包括所有权本身,还包括股权(如第65条第1款的所谓投资和第67条的规定)、债权(如第65条第1款的所谓储蓄)、财产继承权(第65条第2款)等。[18]

综上所述,笔者认为,我国宪法中规定的以公有制为主体的多种所有权形式以及《物权法》第五章规定的"国家、集体和私人所有权",就其本质而言,都是作为规定性要素的生产资料公有制在政治法和私法中的体现,其性质并无二致。因此,在《物权法》中再次强调宪法意义上的所有权,除了可以解释社会主义制度下意识形态因素如何突破私法中立原则进入物权法之外,对于具体物权规则的构造并无助益。相反,政治意义附加于民法典之上,将使宪法充当的角色和民法典本身充当的角色之间的区别变得模糊不清,导致"私法规则的中立性"被遗忘。在这一意义上,"谁是财产的主人"或"谁可以成为财产的主人"这

〔17〕 [德]曼弗雷德·沃尔夫:《物权法》,法律出版社2002年版,第24~25页;陈新民:《德国公法学基础理论》(下),山东人民出版社2001年版,第408~410页。

〔18〕 《宪法》2004年修正案已将《宪法》原第13条"国家保护公民的合法的收入、储蓄、房屋和其他合法财产的所有权"改为"国家依照法律规定保护公民的私有财产权",其用意显然在于以"私有财产权"代替原条文中的"财产所有权",使宪法保障的权利范围扩展到一切财产性权利,从而区别于民法上的所有权。而《物权法》第64条和第65条沿袭了《宪法》原条文的某些表述,而且将这些权利置于民法意义上的"所有权"一编。

一政治问题完全可以在宪法或政治性文件中找到答案，一部私法典可以不触及意识形态问题，而仅仅提供所有权权限方面的详细规定。[19]职是之故，我认为，《物权法》中前述关于宪法所有权的规定在《宪法》中已然得到规定，我们没有必要将这些规定塞进物权法之中，否则，一方面会牺牲民法所有权的固有属性和立法结构的逻辑，另一方面反而降低宪法所有权的效力层次，削弱其制度保障功能。而且，即便我们强调，作为规定性要素的意识形态是社会主义法区别于资本主义法的根本标志，公有制这种标志尚应在普通法律中得到规定，也完全可以在有关公法中得到反映（如土地管理法、各种自然资源管理法、专门的国有资产法等）。再退一步说，既然我们在物权法中已经粘贴这种社会主义法的标签，也无妨将其解释为宪法上的所有权，并将其理解为国家、集体之外的民事主体在所有权取得能力上受到的公法限制，以有利于此类条款的正确适用。

三、具有权利保障功能的宪法所有权：《物权法》中征收补偿条款的性质及其意义

对所有权的宪法保障首先是制度保障问题，即一国宪法保障的所有权“核心部分”是生产资料公有还是私有。只有在私有制的情形下，或在公有制亦承认多种所有权形式中的私人所有权部分具有基本人权的性质时，宪法才有其权利保障功能。此时，私人所有权在宪法层面上被理解为基本人权，宪法的不可侵犯条款在于保障作为基本人权的所有权。也就是说，此种意义上的宪法所有权是针对作为公权力主体的国家而享有的一种特殊防御权，即私人对国家权力（或公权力）所加诸的不当侵害做出防御，并在实际侵害发生的场合可获得救济的一种权

---

〔19〕 参见［意］简曼拉·阿雅尼：《比较法在新法典编纂中的角色》，禹明译，载吴汉东主编：《私法研究》（创刊号），中国政法大学出版社 2002 年版，第 71 ~ 72 页。

利，它直接反映了私人权利和国家权力之间在宪法秩序中的关系。[20] 此种所有权区别于民法上的所有权，后者为权利人针对其他私法主体（包括作为私法主体出现的国家）享有的一种可获得民事救济的私权，由此形成了作为平等主体的私人之间的财产关系。

在承认私人所有权为基本人权的前提下，宪法对所有权的权利保障大都蕴含三重结构：不可侵犯条款（或保障条款）、制约条款（或限制条款）和征收补偿条款。[21] 其中，不可侵犯条款更多的是一种道德上和政治哲学上的思想表述，如果没有后续的征收补偿条款，它就不太符合严格意义上的法律规范的要求，而可能沦为一种道德价值的宣言。[22] 在笔者看来，这种三重结构仅在西方私有制国家有关现代财产权的宪法保障规范中完全呈现出来。而在我国，经《宪法》2004 年修正案在基本人权的框架下确认私有财产不可侵犯后，此三重结构主要表现在对私人所有权的宪法保障之上。尤其是，征收补偿条款仅对私人所有权有其适用余地。[23] 因为，征收的特征是国家对所有权客体所采取的具体而特别的干预，其典型方式就是通过享有相应权限的行政机关的行政行为，使所有权移转到享受利益的权利承担人，[24] 国家对自己享有所有权的客体无须征收和补偿。

如此界定宪法所有权的权利保障机制后，我们就可将《物权法》第

〔20〕 参见林来梵：《针对国家享有的财产权》，载《法商研究》2003 年第 1 期。相反地，在不承认私人所有权为基本人权的公有制制度安排下，《宪法》对私人所有权不具权利保障功能。因为在这种制度下，所有权并非权利，而是一种社会职责，即便是空间极小的私人所有权，也要服从国家和社会的需要，此中隐含着一种公权力借国家、社会之名剥夺私人所有权的合法性，私人所有权在宪法意义上的防御权性质无从谈起。

〔21〕 林来梵：《论私人财产权的宪法保障》，载《法学》1999 年第 3 期。

〔22〕 林来梵：《针对国家享有的财产权》，载《法商研究》2003 年第 1 期。

〔23〕 笔者认为，在我国当今经济生活中，集体所有已逐渐褪去其意识形态的色彩，更多地具有私所有权的性质。尽管此种所有权的主体仍然具有团体性，但集体组织主要承担的是经济组织、社群团体的功能，其政治功能日渐减弱。因此，宪法对私人所有权的保障，理应包括对集体所有尤其是农村集体所有权的保护。在城市化的过程中，农村集体所有的土地也会遭遇征收和补偿的问题，而"农村集体所有的不动产属于本集体成员集体所有"的模糊规定，使作为个体的农民的权利更易遭受侵害。《宪法》2004 年修正案第 20 条规定"国家为了公共利益的需要，可以依照法律规定对土地实行征收或者征用并给予补偿"，可以解释为对集体所有的土地亦为适用。事实上，《土地管理法》和《物权法》第 42 条对此有明确的规定。

〔24〕 ［德］鲍尔/施蒂尔纳：《德国物权法》，张双根译，法律出版社 2004 年版，第 254 页。

42条的规定界定为宪法意义上的征收补偿条款。[25] 从立法的体系结构看,该条不过是《宪法》2004年修正案第20条和第22条的重复,似无再行规定的必要。然而,诚如学者所言,实体法上的所有权保障,若欠缺完整的诉讼程序上的权利保护机制与之配套,犹如无刃之剑。[26] 就国外的立法而言,征收补偿条款往往都有诉讼程序上的救济。例如,《德国基本法》第19条第4款经由一些法院法和宪法法院司法判例的补充,对此极为明确:所有权以及他物权遭受公权力干预时,对其赋予的基本保护,通过行政诉讼管辖来实现;在上诉至联邦宪法法院之前,已尝试行政诉讼途径无果时,可以主张基本权利受到侵害,而在联邦宪法法院提起宪法上诉;征收中就补偿额发生的争议,由民事法院判决。[27] 而在我国《宪法》欠缺诉讼程序之保障条款时,《物权法》第42条之征收补偿条款若意味着可在普通法院就征收和补偿提起行政诉讼和民事诉讼,则功莫大焉。但是,对此我仍存有疑虑:其一,针对县级以上人民政府征收、征用提起诉讼,显然属于行政诉讼的范围,作为实体法且具私法属性的《物权法》对此作出规定,似不妥当,对政府征收、征用是否可诉,完全可以通过对《行政诉讼法》的适用解释达其目标;其二,《物权法》第42条和宪法以及一些单行法(如《土地管理法》)条文一样,只是对宪法之征收补偿条款中的实体权利加以确认或具体化,但未赋予诉讼之途径,而在我国司法尚未真正独立时,法律若未明确规定征收补偿的可诉性,则宪法所有权作为针对国家的防御权仅仅表现为一纸具文,即便欲通过严肃的司法解释达致目标,在体制上也存在难以克服的困难。事实上,最高人民法院早在2003年上半年就意图针对国

〔25〕《物权法》其实共有6个条文(第42~44条、第121条、第132条和第148条)属于此种性质,后3个条文的意义在于对第42条进行延伸和具体化。因为,征收补偿条款乃针对宪法意义上的所有权而言,而第121条、第132条和第148条所针对的用益物权、土地承包经营权和建设用地使用权,均属于宪法所有权的范畴。我们甚至可以说,即便这些条文不存在,《宪法》和《物权法》第42条之征收补偿条款也适用于这些列举的情形。有鉴于此,本文关于《物权法》第42条的分析,同样适用于这些条文。

〔26〕[德]鲍尔/施蒂尔纳:《德国物权法》,张双根译,法律出版社2004年版,第262页。

〔27〕[德]鲍尔/施蒂尔纳:《德国物权法》,张双根译,法律出版社2004年版,第262~264页。

务院的《城市房屋拆迁管理条例》(以下简称《管理条例》)[28]做出司法解释,其公布的《关于审理城市房屋拆迁行政案件若干问题的规定(征求意见稿)》的基本精神就是不再支持强制拆迁。并且,该意见稿依据《行政诉讼法》和其他有关法律做出解释,明确区分了拆迁中的行政诉讼和民事诉讼途径(类似于德国的区分),大大提高了拆迁中行政诉讼的可行性。[29] 但此后,该意见稿是否一直"在路上",不得而知;唯一可以确知的是,其中只有第 2 条第 1 款在最高人民法院于 2005 年 8 月 11 日公布的《关于当事人达不成拆迁补偿安置协议就补偿安置争议提起民事诉讼人民法院应否受理问题的批复》中被采用。

不过,《物权法》第 42 条第 3 款的规定似乎为征收补偿的可诉性埋下了伏笔。依其表述,该规范应该是对国务院《城市房屋拆迁管理条例》有关规定的修正。

按照《管理条例》第 2 条和第 4 条的规定,其规范对象主要是"取得房屋拆迁许可证的单位"和"被拆迁房屋的所有人",适用范围则为城市规划区内国有土地上房屋拆迁的实施以及被拆迁人的补偿、安置问题。在这里,行政机关批准建设项目、颁发拆迁许可证等系列行为,对于作为拆迁对象的房屋来说,本身就是一种征收、征用行为,或至少是具有征收性质和效果的国家干预,[30]而《管理条例》巧妙地把国家和被征收人之间的宪法上的征收补偿关系,转化为取得拆迁许可证的单位和被拆迁人之平等主体间的补偿关系,欲使当事人自己通过补偿安置协议解决问题,作为征收主体的政府则置身事外,只是在拆迁人和被拆迁人不能达成协议时摇身变为裁判者(《管理条例》第 16 条),其智慧令人惊叹。而《物权法》第 42 条第 3 款"依法给予拆迁补偿"之文义,应被解释为"征收者应予补偿",[31]此"征收者",依法理当然为国

---

〔28〕 该条例已被 2011 年通过的《国有土地上房屋征收与补偿条例》废止。

〔29〕 参见左志坚:《动迁法律困境:最高法草案在路上》,载《21 世纪经济报道》2003 年 9 月 28 日。转引自 http://www.nanfangdaily.com.cn/jj/20030929/jd/200309280429.asp。

〔30〕 关于征收、具有征收性质的干预和具有征收效果的干预,参见[德]鲍尔/施蒂尔纳:《德国物权法》,张双根译,法律出版社 2004 年版,第 254 页以下。

〔31〕 事实上,《民法典》第 243 条已修改为"依法给予征收补偿。"

家或政府,因为征收行为只能是政府行为。如此,该款规定至少为被征收者就补偿问题对作为征收主体的政府提起民事诉讼提供了裁判依据。据此,2011 年通过的《国有土地上房屋征收与补偿条例》于第 27 条确认"先补偿,后搬迁"原则的同时,更在第 25 条针对房屋征收部门与被征收人之补偿协议的不履行赋予当事人以提起民事诉讼的权利,在第 26 条第 3 款赋予被征收人对作出补偿决定的政府申请行政复议和提起行政诉讼的权利。

通过以上分析,笔者认为,《物权法》第 42 条的规范性质是对宪法上不可侵犯条款和征收补偿条款的重复,除其第 3 款对征收中的补偿问题修正了原有的一些关于民事救济的规定外,对征收行为本身的可诉性仍讳莫如深。对于后一问题,虽然《国有土地上房屋征收与补偿条例》第 14 条规定被征收人对征收决定可以提起行政复议和行政诉讼,但在适用范围上是否可以扩及至国有土地上的房屋之外的征收行为,有待明确。

四、民法所有权之私产和公产的区分:《物权法》之阙如

正如前述,公有和私有是从宪法之制度保障的角度理解的。在私法上,对所有权不应从权利主体的角度加以区分,而应从其私法属性上理解。也就是说,如果国家和集体乃以私法主体的身份和其他民事主体形成所有权关系,那么此种所有权均属私法所有权的范畴,不因宪法层面的公有和私有之分而在私法上有优惠待遇。唯有如此,国家、集体和个人才能在私域中构成平等者之间的关系。

然而,民法上的所有权也广受公法的影响,此点在国家所有权(非宪法意义上的国家所有权)方面表现尤为明显。在法国法中,行政主体的财产被区分为公产和私产,前者原则上受行政法的支配和行政法院管辖,后者原则上受私法支配和普通法院管辖。[32] 在德国,国家、市镇除了可以在物上成立纯粹私法意义上的所有权之外,还可以对所谓

---

〔32〕 参见王名扬:《法国行政法》,中国政法大学出版社 1988 年版,第 301 页。

的公物（包括公有物和公用物）成立特别的所有权。但是，公物不享有特殊地位，仍是民法中属于公法人的财产，原则上适用民法。只是在某些方面，特别是在公共使用上，公物又与公法约束相重叠。[33]

对于公产或公物上所有权的性质，学界颇有争议。在法国，第一种意见认为，公产所有权就是民法上的所有权，只是由于供公共使用的缘故，受到行政法的诸多限制；第二种意见认为，公产所有权是行政法上的公所有权，其观念来自民法，但已由行政法加以改造。[34] 在德国，尽管有学者作了相当努力，但法国的公产理论并未被德国广为接受。学者一般认为，即使是那些服务于公共用途的物（公用物），或服务于真正国家目的的物（公有物），仍存在于公法团体的私法所有权中，只是在对这些物之公法规定范围内，这类所有权的私法内容受到排挤。[35] 我国学者也认为，以民法所有权来定性公产所有权完全符合法理，即行政主体对公产既然享有所有权，自然有权将其使用公产的权能分离出去，由公众公共使用。从所有权行使的角度看，此为行政主体行使其公产所有权的表现；从所有权受限制的角度看，此为行政主体对公产所有权受到限制的反映，系所有权社会化的典型表现。[36] 此说可资赞同。

前文已经述及，《物权法》规定的国家所有权、集体所有权，主要是在宪法意义上展开的。相反，《物权法》对民法意义上的国家所有权却保持沉默，这对私法性质国家所有权之内容和行使的合理性及其适用私法时存在的约束力来说，缺乏明确的法律规则加以规范。虽然说，公法和私法二分与国家活动形式之二元性的基础不是逻辑的或绝对必需的，[37] 但在我国，在民法中明确国家所有权的私法属性，一方面可以有效界定国家所有权在私法中的地位，规范国家在私域行使其所有权的

---

〔33〕 参见［德］平特纳：《德国普通行政法》，朱林译，中国政法大学出版社 1999 年版，第 169 页；［德］鲍尔/施蒂尔纳：《德国物权法》，张双根译，法律出版社 2004 年版，第 14 页。

〔34〕 王名扬：《法国行政法》，中国政法大学出版社 1988 年版，第 315 ~ 316 页。

〔35〕 ［德］平特纳：《德国普通行政法》，朱林译，中国政法大学出版社 1999 年版，第 169 页；［德］鲍尔/施蒂尔纳：《德国物权法》，张双根译，法律出版社 2004 年版，第 14 页。

〔36〕 参见崔建远：《所有权的蜕变？》，载《河南省政法管理干部学院学报》2005 年第 3 期。

〔37〕 ［德］平特纳：《德国普通行政法》，朱林译，中国政法大学出版社 1999 年版，第 89 页。

行为；另一方面则可为国家所有权之内容及其在私域、公域行使的正当性夯实实在法基础。

在明确国家所有权之私法属性的基础上，我们可以借鉴国外经验，在民事立法中区分国家或行政机关的公产和私产，对于私产，可以使它们和所谓私人所有权一样，平等地受到物权法之私法救济的保护；对于公产或公物，则同时以公法和私法加以规范，即除公物之设定、废止、使用目的之确定及依公物特征不能适用民法规定〔38〕者外，有关公物之一般法律关系，仍受民法支配。在这方面，《物权法》本应有所作为，其完全可以仿效梁慧星教授主持的《物权法草案建议稿》第 63 条的规定，就此作出原则性的规定；至于公法方面的规范，则可留待将来完善。具体而言，就是为了保护公共利益的完整，在《物权法》中有效界定公有物和公用物，并明确规定其在性质上属于禁止流通物或不融通物，私人也不能通过时效取得其所有权，从而为公法的有效导入留有接口。

（原文载于《中外法学》2006 年第 1 期）

---

〔38〕 参见王名扬：《法国行政法》，中国政法大学出版社 1988 年版，第 318 页以下；［德］平特纳：《德国普通行政法》，朱林译，中国政法大学出版社 1999 年版，第 169 页以下。

法律文本中所有权之类型的法教义学分析*

——兼谈中国民法学的知识转型

目　次

一、引言
二、法律文本之惑
三、法教义学的登场
四、结束语：中国民法学的知识转型
附一：讲座与谈嘉宾评议
附二：法律条文对照表

一、引言

《物权法》起草之时，我发现物权法草案中吸收大量的宪法条文，由此产生了一个疑问：这些条文为什么能够进入《物权法》条文中呢？于是，我应张谷教授之约，以《所有权的类型及其立法结构》为题，写了一篇文章发表在《中外法学》2006 年第 1 期，其大量笔墨都是在论证宪法所有权和民法所有权的区分及其意义。后来，为凸显主题，我将文章改名为《宪法所有权和民法所有权之区分及其意义》，并在各种学术讲

---

* 本文系根据作者 2007 年 12 月在中国人民大学法学院所作的讲演报告整理而成。

座和报告(包括2007年12月在罗马参加的国际学术会议)汇报其主旨观点。随着讨论的深入,我发现关于这一主题的很多问题尚未梳理或论证清楚,由此促使我做进一步思考。

其实,我当初描述的所有权类型是从另外一个意义上来说的,是一个规范层级意义上的问题,主要指宪法意义上的所有权和一般法意义上的所有权,意在分析隐藏在二种不同层级的所有权类型后面的立法价值。那么,本文为什么要强调法律文本呢?因为后文会提到,法教义学主要就是针对文本,建立在实证法基础上,而我对于所有权的类型的分析,主要就是基于《宪法》文本和《物权法》文本以及其他法律文本(比如《土地管理法》的文本)。从这些几乎雷同的条文出现在不同的法律文本这一现象中,我提出问题,并对此进行梳理,借助法教义学的方法进行探讨。

二、法律文本之惑

通过对《宪法》《物权法》《土地管理法》三个法律文本的对比,我们不难发现:在《物权法》第一章"基本原则"中,其第3条与《宪法》第6条、第7条、第11条、第15条相近,甚至可以说就是复制;《物权法》第4条是对《宪法》第12条、第13条的复制;《物权法》第7条是对《宪法》第5条、第51条的复制。尤其是所有权在《物权法》里集中规定于第四章和第五章,第四章的条文更是复制了很多《宪法》的条文。比如说,《物权法》第42条关于征收的规定,第43条、第44条关于征收、征用的规定,这些基本上都是对2004年《宪法修正案》第22条的复制。另外,《土地管理法》第2条的规定与《宪法》第7条基本相同;尤其是《物权法》第45条、第46条规定了哪些物属于国家所有;第47条、第48条、第49条、第58条,不过是对《宪法》第9条和第10条的复制。《宪法》第9条就明确规定,矿藏、水流、森林、山岭、草原、荒地、滩涂等自然资源,都属于国家所有,即全民所有;由法律规定属于集体所有的森林和山岭、草原、荒地、滩涂除外。《物权法》第45条、第46条、第48条、第49条、第58条只是基于矿藏、水流等资源的不同用途,利用自然科学的方法对所有权客体作出分类,此外我们很难看到它有什么制度贡献,本质上它们都是对《宪法》条文的复制。《物权法》第47条规定城市的土地归国家所有、农村集体所有的土地等,这条属于《宪法》第10条规定的内容。再如,《物权法》第64条规定:“私人对其合法的收入、房屋、生活用品、生产工具、原材料等不动产和动产享有所有权。”还有《物权法》第65条规定:“私人合法的储蓄、投资及其收益受法律保护;国家依照法律规定保护私人的继承权及其他合法权益。”这基本是对2004年《宪法修正案》之前的《宪法》第13条的复制。

由此产生的一个疑问是,《宪法》中已经规定了的,在《物权法》中为什么还要规定?或者说,为什么还要在部门法中进行规定?很多人认为,这样规定并无不妥,至少重复宪法条文在立法上不会出现违宪风险。但是,我认为这个问题并没有这么简单,这样会产生一些问题。第一个问题就是,条文本来仅仅应该规定在宪法中,但又在部门法中被重复规定,这种现象可称为宪法的部门法化。关于这个问题一些学者也讨论过,此即宪法与民法的关系问题。如果宪法性的法律规范在部门法中出现,在一个遵循法教义学的国家就会遭受司法困境:宪法规范之违反肯定引发是违宪审查,也就是宪法诉讼问题;而在部门法里出现,是不是意味着可以由普通法院司法管辖?这显然是一个非常实际的问题。因此,同样的法律文本在宪法和部门法中都出现,会引起宪法部门法化的问题。而更为严重的是第二个问题,本来在部门法里规定就可以了,但立法者在宪法里又再次规定,这种情况应该属于部门法泛宪法化,也就是部门法对宪法诉求的泛化。林来梵教授就提出一个私法泛宪法化的主要例子,就是所谓的齐玉苓案。所谓私法泛宪法化第一案,也就是宪法的一些条文在民事案件审理中被援引。这就导致了,宪法本来是更高层次的根本法,在国外一般是由宪法法院进行管辖的,但其条文在一个私法案件中直接适用,这就涉及宪法的第三人效力问题了。直接适用就是直接效力说,而现在的通说是间接效力说。按照直接效力说,本来是宪法条文,却在普通民事判决中被援引的话,就是所谓的泛宪法化,这种司法实务已遭受严厉批评。立法中其实也有这个问题,本来由宪法进行规定就可以了，而又在私法中进行规定，在部门法中得到体现，我认为也是泛宪法化的倾向。

由此，就产生了一个问题：虽然在不同的法律文本中条文都是相同的，但它们的性质是否一样？我们是否应当区分二者？区分的意义又在哪里？这就是第一个问题的产生。

三、法教义学的登场

（一）为什么采法教义学的立场

关于法教义学，目前有两种最基本的观点。一种观点认为，法教义学是指针对特定的法律领域，依照现行有效的法律规范和个案裁判，阐明其规范内涵，并整理归纳出原理、原则，以方便法律适用、法律塑造甚至进行法律改革的一种学问。其最基本的界定是：在传统的法律部门划分之下，针对特定的法律领域，尤其针对现行有效的法律文本；最终的目标是为了法律适用，但它的直接目标是阐明规范内涵。在这个意义上来说，法教义学与法解释学很大层面上是相同的。另一种观点认为，法教义学是研究特定法律体系或此系统的法律命题语句的实在法理论。这种定义比较难理解一些，这是典型的实证法理论。在特定的法律体系中，首先要界定的是宪法问题还是民法问题，而法律命题语句主要是规范实证主义的分析对象，其主要研究的是通过语句表达出来的法律命题。

其实两种定义，第一种是把它的一些方法、目标很清楚地表达出来，第二种是更学理性的观点。我根据自己的理解，归纳了法教义学的一些特点。第一个特点是，它是对实在法或者是对有效法律的一种描述，它遵从的文本就是实在法文本。由此导致的后果就是，法教义学即使提出一种批评，也是基于体系内部的考虑提出的。比如，《物权法》一些条文中的所有权是不是民法意义上的所有权？比如水流、矿藏的所有权问题。我说不是！为什么呢？因为按照民法教义学，《物权法》第 20 条对物权进行定义的时候，强调它是针对特定的物所享有的一种排他支配性的权利，这里强调的是所谓特定的物，那么水流怎么能够特定化呢？说国家对水流拥有所有权，那么所谓一江春水向东流，奔流到海不复回，这不意味着每天国有资产都在流失吗？国家对动物、植物也享有所有权，但没法规定对哪一只鸟享有所有权，只是说对在中华人民共和国境内的动物、植物享有所有权。这也会面临一个问题，它是不是民法意义上的所有权呢？如果从法教义学的角度来说，我也会提出一种批评：假设一只大雁夏天到西伯利亚乘凉去了，冬天又回到我国南方地区来取暖，这是不是意味着大雁每出去一次国家资产就流失一次呢？这种所有权的客体显然是没有特定化的。我们学习民法的都知道物权客体特定化的原因。显然，从民法教义学的角度来说很难解释，那么我就从法教义学体系内部提出了批评。我这种批评绝对不是从意识形态或者政治哲学、法哲学角度进行评判的，也就是说，是公有制更好啊，还是私有制更好啊，这些问题不是法教义学要探讨的范畴。所以，对于法教义学来说，它是对实在法法律文本进行分析，即使要批评也是在法律体系内部展开的批评，也就是基于公法、私法的划分，基于宪法、一般法的法律效力层级的划分来进行批评，这是对实在法和现行有效法律的一种描述，批评也是在体系内部展开的。基于这样一种特征，就表明法教义学是一种非常严谨的法律学，有学者称为法学内部的法学。

法教义学的第二个特点就是阐释性。这个阐释性，是指其直接目标就是阐明它的规范内涵是什么，它最终的目标是方便法律适用。所以，从这个角度来说，它与法解释学是密切相关的。在我国台湾地区，甚至有学者把法教义学译为法释义学，因为它最常用的方法就是法解释学。法解释学在大陆法系尤其是德国，是非常严谨的一套方法论，其目标就是阐明规范内涵。

第三个特点，法教义学遵循一种概念体系。它遵循一种规范实证主义的概念体系，存在公法和私法的区分，存在宪法和一般法的区分，并在一个特定的法律领域展开。拉伦茨教授在他的《法学方法论》中，也遵循这一套概念体系，强调针对一个特定的法律领域进行分析，否则分析的有效性很难获得。因此，第三个特点就表现为部门法化和体系化，就是我们所说的概念法学的一种解释模式。这是他们坚持的一个最基本的立场:你既然坚持这样一种实证法的分析,你就有必要把各种不同属性的法律规范的属性区别开来,宪法规范的是国家和人民的关系,民法规范的是作为私主体的个体和个体之间的关系。

第四个特点,法教义学是一种实用科学和技术科学,具有很强烈的实践性。刚才我们在定义的时候其实已经说了,法教义学作为一种实在法理论,它最终的目标是方便法律适用、法律续造,甚至是一种法律改革。那么,要做到这一点首先就是对于法律规范本身属性的一种根本性的认识。从某个意义上来说,我个人比较坚持的是,法律规范尤其是民法规范是一种裁判规范,它约束的是法官,而不是要为社会中某个或某些特定的人提供一种生活的规范模式。法律规范的生命力就在于它的可诉性,通过法律的适用来获得一种生命。因此,它带有一种很强烈的实践性,首先是为了法律的正确适用。但是很多人把法教义学仅仅局限于法律适用这一块,我认为这种理解是错误的。在我看来,立法者基于理性而立法,但并不追求穷尽一切的预测,他们一旦形成法律文本,就为学者和司法实践者创造了法律续造的空间,后者主要的任务就是通过法律解释以及漏洞补充的方法对法律进行续造。法律规定得越详细,就越限制学者和法官因应具体情势续造法律的空间。

例如,我翻译过《阿根廷民法典》,这部法典有四千多个条文,但法典包含大量的注释,注释数量甚至多于条文。如果把注释作为法律解释的历史材料来对待的话,民法典之后学者批评的空间就小了很多。为此,我专门请教了阿根廷的民法学者:你们在法律解释时,或者在进行学术研究时,是不是要遵循立法的原意?他们回答说,不是这样的,虽然阿根廷民法典是全世界唯一一部把注释也作为官方文本的法典,但学者不太理会注释,这些注释仅仅提供一种法律历史研究的材料,它们不能成为限制法律解释的所谓立法者原意。也就是说,即使它们是主观解释论中的立法者原意,但并不能限制对法律的客观解释。这里面就涉及立法者与学说以及法官之间的关系问题。首先要认识到,立法者是不可能穷尽一切规范问题的,而且没有必要穷尽一切法律问题。因此,立法者不是万能的,肯定要给学说和司法实践留下必要的空间,法官和学说通过法律解释来发展时代的法，进行法律续造。法教义学在这方面虽然也表现出封闭性，但它主要是强调一种方法论，即通过法律解释的方法不断地对其进行漏洞补充和法律续造，它主张对法律的改革应该在法教义学的体系内完成。这往往是一种潜在的法律变革，而不像我们经常谈到的立法改革，往往会对法律本身的稳定性和可预测性造成一种致命的打击。在我国，法律家都喜欢做立法者，一部法律才出来，马上又呼吁以一部新的法律取代它。事实上，按照法教义学的主张，法律适用中呈现的很多问题无须走立法论的路子，遵循法律解释、漏洞补充甚或法律的续造，完全可以完成"润物细无声"般的法律变革。

第五个特点，法教义学一个最根本的特征就在于，它的前提往往具有无须辩护的确定性。大家都知道，"教义学"一词首先来自神学教义学，"教义"是神学的起点，要求被信徒普遍接受而不要求理性恰当性的证明。所以，在法学领域，我想强调的意思是，像这样一个无须辩护的确实性，在法学研究中先要遵循具有确定性的实在法基本概念体系，这是论证的起点。比如说，公法、私法的法律规范属性是不一样的，宪法效力层次与私法的效力层次是不一样的，这些东西我们是必须要遵守的。如果我们说，宪法的内容规定在物权法里面也没有害处，好像常理上看也没有什么不对，但它确实违背了法教义学上的关于效力层次划分的最基本标准。

关于无须辩护的确定性的第二方面含义是，在一个实在法律体系内部，某些前提性的政治考量对法教义学来说意义不大，比如说到底是公有制好还是私有制好。我们在进行法律文本分析的时候，只需看实在法是怎么规定的。我国实在法既然强调了公有制的意识形态，那么公有制在法律文本的分析中就具有无须辩护的确定性，我们就没有必要再去阐述它背后的东西是什么。当然，大家不要误会我的意思，以为我在这里只强调法教义学，我只是说，法教义学作为基本的方法论，对于真正的法学分析是有效的。我也不排除对实在法的前提进行质疑，但我现在谈的是法教义学问题，也就是说，我必须强调其前提是无须辩护的。

我们为什么要采用法教义学的立场呢？舒国滢教授认为，法学其实有两种研究的进路，一种叫作法学内的法学，另一种叫作法学外的法学。法学内的法学是法律家或者专业法律人的法学，这种法学是用一套法律家创制的法律语言，用法律家经典的解释方法完成法律实务操作，作出问题解答，以追求实践技术的知识。它最强调的其实就是法教义学，只有遵循法教义学才能获得这样一种确定性，才能是一种法学内部的法学。法学外的法学家总是用其他社会科学的研究范式，度量法律家的知识工作。表现最明显的就是，比如经济学家、社会学家运用经济学的方法或者社会学的方法研究法律现象，这在他们所研究的领域内具有很强的专业性，但是就法学内部来说，他们是怀着一种轻视甚至是否定的态度来审视法学，他们在指责某些法律问题的时候，是基于他们所持有的专业知识的思考方式进行的。这种方式很容易否定法学内部的思考方式，这个问题在《物权法》立法时已经表现得很明显，比如动产占有的权利推定规则，据说就是因为一些经济学家用经济学的视角否定了它而未被纳入《物权法》的。我们法律人为什么强调法教义学的方法呢？因为法教义学就是信奉现行有效的法，然后通过专业法解释的思考方法，目标是进行法律适用、法律塑造，乃至于法律改革，它能够获得一种确定性，在法律专业知识当中能够达成一种共识，形成通说。

（二）如何基于法教义学立场区分不同法律文本中的所有权类型

宪法所有权和民法所有权区分理论，主要由德国学者提出，这种理论在意大利法学界也不乏支持者。我们首先看看德国学者如何构建宪法所有权和民法所有权区分理论。在 20 世纪之前，德国学者对这个问题也没有研究，但是在 20 世纪初，德国出现了宪法所有权和普通法所有权的区分理论。德国学者从实在法文本出发，发现《德国基本法》第 14 条是所有权保障条款，《德国民法典》第 903 条也是关于所有权的规定。那么，《德国基本法》第 14 条提到的所有权和《德国民法典》提到的所有权是一样的概念吗？于是，他们通过法教义学的分析立场得出结论:根本就不是! 因为从文本的角度出发,一个规定在宪法里,另一个规定在民法典里,既然是规定在《德国基本法》里的所有权保障条款,那么它其实是宪法上的基本权利。我国台湾地区学者王泽鉴老师也提到过宪法上的隐私权和民法上的隐私权的区分,和我们所谈的所有权类型区分有异曲同工之妙:宪法上的隐私权是基本人权,民法上的隐私权是具体的民事权利。总之,德国学理上认为,从规范内容来看,宪法所有权就是一种基本权利,这种权利强调的是人民对国家的一种权利。意思就是,这是不能被剥夺的基本权利,而不是个人所享有的所有权,它是人民以自己的所有权对抗国家权力的一种权利。当然也有人说,基本权利有两方面的内容:一方面是积极权利,积极权利就是要求立法者提供一种立法保障,来保障私人权利在立法上得到保障;另一方面是消极权利,国家不能借用公权力来侵犯作为基本人权的权利。从后一个角度来说,最终提起的是一种宪法诉讼。

所以,从法教义学上来看,这种区分非常有意义。在德国,宪法所有权就是一种基本权利。那么,什么是民事权利呢? 民事权利是个人与个人之间的权利,最终是通过民事诉讼获得救济,比如以物权请求权、债权请求权等救济方式去保护民法上的所有权。这两种所有权的救济途径是不一样的,而且管辖法院也不一样:一个是宪法法院管辖,另一个是普通法院管辖。法教义学在这个问题上区分得非常清楚,这就是德国法上所谓的宪法所有权和民法所有权区分问题。我这次在罗马开会时偶然发现,在意大利也有宪法所有权和民法所有权区分的理论,这是一位意大利非常有名的学者的著述。

宪法所有权和民法所有权的区分,还可以通过其他一些辅助性特点加以界定。依德国宪法教义,宪法文本中的所有权其实并不指向某一个具体的物,它指向的是一种财产的基本利益;而依私法教义,民法上的所有权指向的是对某个特定物享有的权利。也就是说,在民法上,如果我说我对苹果享有所有权,可能每个人都会感到莫名其妙,我只能说我对"这一个"苹果享有所有权,也就是一定要对某物进行特定化(特指),你才能说对它享有民法上的所有权。宪法所有权的另一个辅助性辨识要素是什么呢？它其实是一种涵盖公法、私法上各种财产利益的一种权利，在宪法教义的意义上，所有权和用益物权、担保物权，以及其他财产权如债权、知识产权，统统属于宪法所有权的范畴。相反地，在民法上，所有权肯定是物权的主要类型，但债权怎么可能属于所有权的范畴呢？我对《物权法》的一些表述就感到很奇怪，如公民对储蓄拥有所有权，这明显是将储蓄这种债的关系指鹿为马。所以，把宪法里的一些表述抄进民法里，违背民法教义学的基本概念体系。

德国的法教义学是针对德国法的文本进行解释的，那么，在我国宪法文本和物权法文本里，所有权条款又是如何被表述的呢？通过前面法律文本的对比，在我国显然也存在宪法所有权和民法所有权之区分。在本文中，我们主要通过分析宪法所有权来发现这种区分在实在法中客观存在。在《所有权的类型及其立法结构》一文中，我只提出了宪法所有权和民法所有权区分的理论，但没有区分两种意义上的宪法所有权。现在我发现，其实我国实在法上存在两种意义上的宪法所有权。第一种意义上的宪法所有权，是社会主义国家的一个特色。任何国家都有所有权保障条款，这就是所谓的制度性保障。制度性保障也就是，一个国家基于自己的经济制度，通过宪法对作为基本经济制度的所有权核心部分提供最基本的保障。在私有制国家，宪法要保障的核心是私人所有；而在社会主义国家，保障的核心是公有制，这是一种最基本的经济制度。从这个角度来说，我们可以通过分析前面所说的那些重复规定的条文，发现它们与民法上的所有权根本就不一样。为什么这样说呢？大家只要看看这些条文，会发现它们根本不用排他性的权利这种民法规范的表述，或者以物权的特性来表达。其基本表述格式是：什么东西是国家所有或者集体所有。这样一种表述，其实就是关于所有权取得资格的规定：有些东西只有国家才能够取得，或者只有集体才能够取得。它的本质在于保障有些东西（主要是生产资料类的）即使通过物权的变动手段，也是不可能由私人取得的，因为这里面排除了私人的取得资格。我看过我国台湾地区学者的一本著作，书的名字是《中华人民共和国法规范中所有权之符号学分析》，他有一种观点，认为通过对所有权客体的取得进行限制,比如什么东西你都不能取得,从而达到消灭或削弱主体的目的。这句话的意思就是说,在民事生活中,一个人对什么东西都不可能取得其所有权的话,你肯定就依附于一个集体之中,于是个人的主体属性就被消灭了。在单纯的社会主义公有制这种体制下,为什么集体的概念能够浮现出来,人民的概念能够浮现出来,最主要是通过所有权客体的限制来实现。只要把你取得所有权的客体无限缩小,你的个人主体性就难以彰显,从而只能依附于集体才能取得生产资料和重要的生活资料。所以,这种制度是通过客体来消灭主体。也就是说在法律上,你很难成为一个独立的主体,因为你的取得资格被限制了。这里涉及的就是所谓的"无财产即无人格",从法律技术的角度来说,取得财产的资格被限制了,主体资格肯定就被消灭了。我们可以设想一下,一个人在社会中,如果任何东西他都不能说是他所有的,那么他的主体性如何体现?他的主体资格没有什么方法可以体现出来。

社会主义公有制是一种基本经济制度,它的目的也就在于这里,通过一种宪法性的安排,规定一些东西根本就不可能由私人取得。当然,现在不能由私人取得的客体范围越来越小。所以我认为,像这样的规定在《宪法》里面已经规定了,在《物权法》里面再次规定,其实就是一种具有制度性保障功能的手段,它是一种宪法意义上的所有权,它决定了一个国家的基本经济制度,它的目的也就在于,要保障公有制的主体地位,就必须有一些东西是永远不可能由私人取得的。所以,《物权法》再次进行规定,不过是对宪法所有权制度保障功能的重申而已。

在我国,第二种意义上的宪法所有权,与西方的区分也是有差别的。像德国和意大利这些国家,他们区分宪法意义上的所有权是以私有制为基础的,这种以私有制为基础的宪法所有权就可以被界定为一种基本权利,只有在承认私有的情况下才会出现这种基本权利。在改革开放之前的我国,除了有限的生活资料外,什么东西都是国家或集体的,怎么可能产生这种意义上的宪法所有权呢?但现在我们的宪法承认"公有制为主体、多种所有制共同发展"的经济制度,所以就产生了第二种意义上的宪法所有权,也就是私人所有的宪法所有权。这是公民的一种基本权利,是作为公民对抗国家公权力的权利,一旦发生违宪的话,法理上也应该可以提起违宪审查。但是在我们国家,这种宪法诉求很难通过诉讼机制来完成,由此就产生了把它放到一般法里进行规定,使它具有可诉性的需要。2004 年的《宪法修正案》规定的征收补偿条款,其实就是对基本权利的保障条款。但是《物权法》里再出现一次,从法教义学的意义来说,有悖法理。因为即便提起诉讼也是一种行政诉讼,怎么放到《物权法》里面去了呢?《物权法》出台以后,有一些行政法的学者在那数条文,说《物权法》里有几十个条文是行政法规范,为什么要把这些条文放到《物权法》里去呢?我想主要原因应该是,虽然说这样做使《宪法》降低了效力层次,但在我国,对基本人权的保护只有通过进入到具体的部门法里面去才具有可诉性,从这个角度来说,有一定的积极意义。不过,以征收补偿条款为例,在很多国家本来是通过宪法诉讼救济的,但保障这种宪法所有权可以通过宪法诉讼,也可以通过行政诉讼,因为行政法在德国被视为具体化的宪法,征收补偿条款就是作为公法、行政法来对待的,这一诉讼肯定是属于行政诉讼的范畴。我们国家把这些又规定在《物权法》里,一方面虽然起到了宪法具体化的作用,但是另一方面又有弊端,行政法的规范怎么进入民法的规范之中了呢?这在民法教义学里的逻辑学里不太圆通。

综上所述,我国实在法上存在两种意义上的宪法所有权,一种是关于制度保障的宪法所有权,是公有制绝对保护的一种宪法所有权;另一种是作为基本权利的宪法所有权保护。这两种保护是不一样的,但它们尤其区别于民法意义上的所有权及其救济途径。

四、结束语:中国民法学的知识转型

这个问题与我在研的教育部课题有关,题目就是《现代中国民法学的知识转型》。关于宪法所有权、民法所有权区分,也正好给我提供了一个个案分析的素材。通过研究我发现,中国民法学是不是可能存在知识转型的可能性问题。既然谈到知识转型,首先就要有一个基本判断，中国民法学的知识形态本来是什么样的，然后再转成什么样的。基于这一基本判断，我们来探讨一下中国民法学知识转型的基本思路。

我认为，知识转型问题要基于立法者和学者以及司法者之间的关系来看待。有鉴于此，中国民法学其实面临这样一个知识转型，也就是从立法论转向解释论。我国在改革开放伊始，百废待兴，需要高歌猛进式的立法，所以立法论盛极一时。20世纪八九十年代，实在法文本比较少，我们专注于立法论的研究，而立法研究也都是从我国台湾地区或者德国、英美国家借鉴过来，当时最主要是通过移植的方法，通过理性建构主义立法方式来形成实在法文本。现在的情况不太一样了，我们的民事立法已经不少了，但我发现中国民法学仍然崇尚立法论的研究进路。写某一方面的文章都是八股文式的，都是先介绍国外的法律是怎么规定的，然后说我们国家没有规定，最后结论部分都是完善或者应该怎样制定一部法律。我个人认为，不是我们目前的立法太少，其实目前的法律文本已为我们提供足够的实在法分析文本。如果我们把最高人民法院的司法解释作为对法官有约束力的裁判规范来对待的话，这种实在法文本就更多了。因此，我们很多的研究应该在于，通过法教义学的方法来阐明法律规范，再往前面走一步就是法律漏洞的补充，而这种法律漏洞的补充就是一种法律续造的工程。所以，不是说一定要通过颁布一部新的法律来做到这一点，通过法解释学的方法也可以进行法律续造和变革。例如，《法国民法典》《德国民法典》颁布了那么多年，也没有出现整体变法的问题，我觉得这最主要是立法者、司法者和学者之间形成的良性关系所致。法律一旦制定出来，就形成实在法文本，这个实在法文本就成为研究的起点。从法教义学的角度来说，这就是研究的对象，对这些文本可以通过法解释学的方法影响司法实践，慢慢形成通说，从而对立法达到一种潜移默化的革新。通过法教义学的方法指导法官的具体实践，这给我们学者留下一个很大的空间。通过刚才的分析我们就可以发现，有一些条文不可能属于民法的救济方法，通过法教义学的严格梳理，一方面可以指导法律的正确适用，另一方面也可以完成法律续造和革新的功能。通过法官的法律实践形成判例，不断完善立法，而不是动辄通过立法来对未来的事情作出预测，不然的话我们的法律就会总是处在变动不居之中。

所以我认为，中国民法学要注意的问题就是，以后的研究是不是更多地应该关注解释论的问题，我们能够做的事情，就是要形成通说，不断通过判例、学说对法律进行补充和完善。以后中国的民法学应该更注重实在法的文本，在法教义学分析的框架之内形成通说，目标就是为了法律适用、为了法律续造，甚至是法律改革，从而推进中国民法学的发展。我这里并不是要排除通过其他的一些方法对民法学问题进行思考，比如通过社会学的方法、经济学的分析方法、哲学的分析方法等，但是对作为一种具有实践品格、技术品格的民法学来说的话，更多地应该注重法教义学的分析方法。

附一：讲座与谈嘉宾评议

王轶教授：我就对徐教授刚才所做的报告，简单地谈几点我自己的想法：

第一点，徐教授刚才一直强调法教义学的重要性，这点我是完全同意的，其实法教义学发展的程度如何也反映了一个国家和地区法学研究发展的水平如何。法教义学的方法是法律人这个职业群体不同于其他职业群体的一个典型的职业特征，这是我们法律人职业群体的工作方法，如果连这种工作方法都没有，我们这个法律人的职业群体就不会存在了。而从某种意义上来讲，应该说法教义学的方法也是我们法律人这个职业群体生存的方法，因为在一个法治的社会里面，特别是像我们国家奉行主权在民这样的一项政治的原则的情况下，法律人必须要凸显主权在民的“民”体现在实定法中的价值判断的结论。我们怎么去尊重这个“民”体现在实定法中的价值判断结论呢？那就必须借助各种法教义学的方法，才能去发现体现在实定法中的价值判断结论，这也是法律人的生存之道。所以，法教义学这样的方法对于中国的民法学发展来讲，的确至关重要。但是在中国民法学的研究中，的确有很多不尽如人意的地方，法教义学没有受到应有的重视。我个人理解，可能有这几个原因是比较重要的，其一，中国民法学的研究今天所处阶段与德国等国家和地区的民法学所处的发展阶段有一个非常大的区别，我们还处在面向立法的民法学阶段。为什么是一个面向立法的民法学阶段？因为民法典的起草工作还没有最终完成，按照立法机关的规划，是在2010年前后完成，这个"前"是比较玄了，就看"后"到什么时候了。我个人觉得我国民法典制定完成的那一天，应当是我们从面向立法的民法学转向司法的民法学的那一天，我相信，到那时候，法教义学这种研究方法所受到的重视程度一定不可同日而语。其二，中国的法律包括基本法《宪法》在内修改得过于频繁，影响人们对法律权威性的重视，这个也可能是法教义学方法之所以不是处在显赫地位的另外一个客观的原因。其三，法教义学方法的运用有赖于很多配套制度的具备，比如刚才徐教授分析《物权法》的时候就谈到，关于自然人对自己合法的储蓄，这个也在《物权法》上作出了规定，这个规定在制定的时候我曾经请教过全国人大常委会法工委的同志：为什么要规定这个储蓄？它严格来讲是一个债权关系！立法机关的同志回答，《宪法》上面都写了，如果《物权法》上面不写，老百姓容易产生误解。如果我们能够像很多法制比较健全的国家和地区那样，公布立法理由书，我相信做法教义学这方面的探讨一定会更加便利。但是现在缺少这方面的条件，所以历史解释方法的运用就会经常性地遇到障碍。所以，这也是法教义学研究没有受到重视的一个客观原因。当然，原因还有很多，但给我印象比较深的是这几个方面。我很同意徐教授刚才谈到的，中国民法学的研究一定要重视法教义学，这样才能培育民法人的法律共同体，才能够形成通说的见解。

第二点，刚才徐教授从历史角度分析了宪法所有权和民法所有权之间的关系，这对我也有非常大的启发意义。2005年《中外法学》第1期当时张谷博士组织了一批年轻学者对《物权法（草案）》相关问题写评论，批判性的意见比较多。当时徐教授就谈到宪法所有权和民法所有权的区分，至少就我自己来说，有耳目一新的感觉。为什么呢？以前有一些不太清楚的问题，现在感觉比较清楚了。大家知道，王利明教授领导的课题组完成的《物权法草案建议稿》与梁慧星教授领导完成的

《物权法草案建议稿》,有一个很大的区别,就是在所有权的类型区分方面,究竟是根据所有权主体的不同做类型区分,还是根据所有权客体的不同做类型的区分?在王利明教授领导的课题组完成的《物权法草案建议稿》里,是根据所有权归属主体的不同做了类型区分,与根据所有权客体的不同是交叉进行使用的。立法机关曾经在2000年12月28日至29日组织了一个研讨会,对王利明教授领导的课题组完成的国家所有权和集体所有权部分的内容进行了专门的讨论,我记得当时在拟定这两部分内容的时候,王老师就曾经提到过《物权法草案建议稿》中关于国家所有权和集体所有权规定的内容与宪法中已有的内容不要重复。当时让我们考虑一下,《物权法》上如果根据所有权主体归属不同来规定国家所有权和集体所有权,到底应该规定什么。后来大家经过讨论形成的共识就是,国家所有权规制的重点放在如何行使国家所有权方面,集体所有权规定的重点放在强化集体组织的社员权。力图通过这样的思路把《物权法》上有关国家和集体所有权的规定与《宪法》上关于国家和集体所有权的规定区分开来。但后来由于众所周知的原因,2005年下半年以后,围绕着《物权法》出现了意识形态方面的争论,使立法机关最终在《物权法》第五章有关国家、集体所有权的规定大量地把《宪法》中的规定就复制过来了。这样与王利明教授领导的课题组当初考虑的初衷也不太相符,但是当时只是下意识地想到要区分《物权法》有关国家和集体所有权的规定,但没有形成一个非常清晰的理论框架。我觉得,徐教授谈到宪法所有权和民法所有权理论的框架就显得清晰起来,这样进行论证的时候根据就会更加充分和扎实。

第三点,刚才徐教授谈到了中国民法学知识转型的问题,我个人也很同意徐教授刚才所表达的看法,支持徐教授把中国民法学的知识转型的问题继续做下去。我曾经在厦门大学的一个博士论坛以"中国民法学学术路向的初步思考"为题谈了两个方面,一个是要建构学术平台,推动通说的出现。另一个就是面向立法的民法学向面向司法的民法学转变。刚才听徐教授的介绍,我觉得我们有些想法还是有进一步沟通的地方,希望以后多交流。

丁海俊副教授:我就简单谈两点感想:

第一点,我现在在学习西方的实证主义,我目前研究领域基本上是英美法理学和英美法的分析哲学,忽然间发现,其实无论是大陆传统还是分析哲学都是一样的,徐老师所讲到的教义学和西方所讲到的法理学实证主义又和分析实证主义两个前提是一模一样的。其一,分析的基础就是在实在法,都是在有效的法律前提下来分析问题,只有这种文本才是法学应该研究的问题,剩下的应该放到法理学和立法学的领域。其二,通用性在哪里呢?就是分析方法,从后期维特根斯坦对日常语言学派的分析来讲,包括它对哈特的影响,我们能够看得出来,英美法虽然是一个判例法,但它仍然重视对概念的分析,当然这个概念不是我们所说的概念,他们所说的概念是语言,通过语言来分析哲学,也包括哈特所说的法学的内容。通过对日常语言的分析来得出一个共识,也就是大家的沟通其实经过语言这个工具建立起来的。我忽然发现,徐教授所讲的教义学的两个前提与分析实证主义的两个前提是一模一样的,而且还贯穿了整个路径。在我国,我们缺乏这个传统。德国的法解释学我们学的不多,英美法的分析法学学的更少了,实证法目前讨论的法律与道德分开的问题,到目前为止,我们已经远远落后于英美法的研究层次。从拉兹的完全排他主义到现在科尔曼的道德可以经过某种途径进入法律。但是人家这种解释恰恰给大陆法系提供了一个理论依据。我原来一直在想一个题目,道德究竟是怎么进入法律的,它不是说法官认为这个道德是法律,就是法律,它必须通过一个途径,在英美法上就是承认规则。我觉得在大陆法系更有一个好的渠道,就是通过立法者的确认,因为在我国是成文法确认的价值司法才能够适用,否则的话,就是司法者解释法律或者创造法律了。

第二点,仍然是接着分析法学而来的,关于概念体系的把握问题。徐老师的这篇文章仍然是以分析的方法对待公法所有权或者私法所有权的区分,这恰恰是法教义学应该认真做的基本工作。徐老师做的是所有权的分析,而我做的是债与责任的问题,我们所讨论的债是德国法上的债吗?我们对于债的概念没有形成一个共识或者通说。比如涉及侵权行为法的立法当中,我们立的侵权行为法是什么样的侵权行为法,是德国债法之模式下损害赔偿之债的产生原因的侵权行为法,还是英美法所有的绝对权保护模式下的侵权行为法呢?我们两个概念都不一样,所有人谈的侵权行为法实际上包含了德国物权请求权的侵权行为法,我们仍然把它叫作债法,而我们民法典体系就目前来说,基本上都倾向于德国法的体系。在德国法体系下,我们能否把侵权行为产生根据的侵权行为纳入德国的民法体系当中,这是一个需要斟酌的问题。

附二:法律条文对照表

<table>
<tr><th colspan="2">《宪法》</th><th colspan="2">《物权法》</th><th colspan="2">《土地管理法》</th></tr>
<tr><td>第6条第2款</td><td>国家在社会主义初级阶段,坚持公有制为主体、多种所有制经济共同发展的基本经济制度,坚持按劳分配为主体、多种分配方式并存的分配制度。</td><td>第3条第1款</td><td>国家在社会主义初级阶段,坚持公有制为主体、多种所有制经济共同发展的基本经济制度。</td><td>—</td><td>—</td></tr>
<tr><td>第7条</td><td>国有经济,即社会主义全民所有制经济,是国民经济中的主导力量。国家保障国有经济的巩固和发展。</td><td rowspan="2">第3条第2款</td><td rowspan="2">国家巩固和发展公有制经济,鼓励、支持和引导非公有制经济的发展。</td><td rowspan="2">—</td><td rowspan="2">—</td></tr>
<tr><td>第11条第2款</td><td>国家保护个体经济、私营经济等非公有制经济的合法的权利和利益。国家鼓励、支持和引导非公有制经济的发展,并对非公有制经济依法实行监督和管理。</td></tr>
<tr><td>第15条</td><td>国家实行社会主义市场经济。
国家加强经济立法,完善宏观调控。
国家依法禁止任何组织或者个人扰乱社会经济秩序。</td><td>第3条第3款</td><td>国家实行社会主义市场经济,保障一切市场主体的平等法律地位和发展权利。</td><td>—</td><td>—</td></tr>
</table>

续表

<table>
<tr><th colspan="2">《宪法》</th><th colspan="2">《物权法》</th><th colspan="2">《土地管理法》</th></tr>
<tr><td>第12条</td><td>社会主义的公共财产神圣不可侵犯。
国家保护社会主义的公共财产。禁止任何组织或者个人用任何手段侵占或者破坏国家的和集体的财产。</td><td>第4条</td><td>国家、集体、私人的物权和其他权利人的物权受法律保护,任何单位和个人不得侵犯。</td><td>—</td><td>—</td></tr>
<tr><td rowspan="3">第13条(由宪法修正案第20条修正)</td><td rowspan="3">公民的合法的私有财产不受侵犯。
国家依照法律规定保护公民的私有财产权和继承权。
国家为了公共利益的需要,可以依照法律规定对公民的私有财产实行征收或者征用并给予补偿。</td><td>第64条</td><td>私人对其合法的收入、房屋、生活用品、生产工具、原材料等不动产和动产享有所有权。</td><td rowspan="4">第2条第3款</td><td rowspan="4">国家为了公共利益的需要,可以依法对土地实行征收或者征用并给予补偿。</td></tr>
<tr><td>第65条</td><td>私人合法的储蓄、投资及其收益受法律保护。
国家依照法律规定保护私人的继承权及其他合法权益。</td></tr>
<tr><td>第42条第1款</td><td>为了公共利益的需要,依照法律规定的权限和程序可以征收集体所有的土地和单位、个人的房屋及其他不动产。</td></tr>
<tr><td>第51条</td><td>中华人民共和国公民在行使自由和权利的时候,不得损害国家的、社会的、集体的利益和其他公民的合法的自由和权利。</td><td>第7条</td><td>物权的取得和行使,应当遵守法律,尊重社会公德,不得损害公共利益和他人合法权益。</td></tr>
</table>

续表

<table>
<tr><th colspan="2">《宪法》</th><th colspan="2">《物权法》</th><th colspan="2">《土地管理法》</th></tr>
<tr><td rowspan="2">第10条</td><td rowspan="2">城市的土地属于国家所有。
农村和城市郊区的土地，除由法律规定属于国家所有的以外，属于集体所有；宅基地和自留地、自留山，也属于集体所有。
国家为了公共利益的需要，可以依照法律规定对土地实行征收或者征用并给予补偿。
任何组织或者个人不得侵占、买卖或者以其他形式非法转让土地。土地的使用权可以依照法律的规定转让。
一切使用土地的组织和个人必须合理地利用土地。</td><td rowspan="2">第47条</td><td rowspan="2">城市的土地，属于国家所有。法律规定属于国家所有的农村和城市郊区的土地，属于国家所有。</td><td>第2条第1款至第3款</td><td>中华人民共和国实行土地的社会主义公有制，即全民所有制和劳动群众集体所有制。
全民所有，即国家所有土地的所有权由国务院代表国家行使。
任何单位和个人不得侵占、买卖或者以其他形式非法转让土地。土地使用权可以依法转让。</td></tr>
<tr><td>第8条</td><td>城市市区的土地属于国家所有。
农村和城市郊区的土地，除由法律规定属于国家所有的以外，属于农民集体所有；宅基地和自留地、自留山，属于农民集体所有。</td></tr>
</table>

叁

民法历史实证研究之展开

民法历史实证研究导论

目　次

一、何为历史实证研究
二、如何进行历史实证研究

一、何为历史实证研究

对概念的界定,可以从确定其内涵与外延出发。就法学研究中的历史实证进路而言,为获得其清晰的形象,我们不仅要搞清楚其积极面向,亦须厘清其与他种进路间的差异。在当今的法学氛围中,法教义学与法律史犹如两条平行线,而规范实证分析、价值实证分析或价值论证等在法学研究中占据着主导地位,因此,我们尤其需要澄清并论辩历史实证研究何以仍融贯于法学中;否则,法学研究不免有沦入"方法论杂糅"之窠臼的危险。

(一)历史实证之内涵

"实证主义"(positivisim)于19世纪中叶发轫于对"形而上学"理论的反对。作为一种科学的态度,它反对先验的思辨,并力图将其自身限定在经验历史材料的范围之内;它反对提倡玄虚的精神,并把学术工作限制在分析"给定事实"的范围之内。[1] 在法学领域,萨维尼强调

---

〔1〕 [美]E.博登海默:《法律哲学与法律方法》,邓正来译,中国政法大学出版社2010年版,第119页。

在历史中逐渐形成的“实证法”有一种“内在的理性”,它促成实证法的统一及关联性,体系的法学也是透过它才被发现的。[2] 不过,须予辨别的是,萨维尼在此处所强调的历史中形成的“实证法”,也只是作为实证分析的对象,这一对象是真实、确定存在于历史之中的法律,但并不能用之以表达历史实证本身的含义。[3] “历史实证分析”强调的是研究者对待法律史的“旁观者”的研究态度或者方法,而“历史”一词,则从时间属性上限定了这种研究立场和研究方法所面向的素材范围乃是历史中的材料。

所有的实证分析,如果它确实是实证分析的话,都是价值无涉和情感中立的,理性、逻辑和经验事实是它仅有的凭证。[4] 对法律的历史实证分析旨在尽可能还原特定历史时期研究对象的表现如何,变化如何发生,又有哪些因素沉淀下来。它既要与当时的理论话语保持距离,又要对以现在写过去的“现在主义”抱怵惕之心。历史实证地对待法律史之研究路径,核心意旨在于探究客观、真实的历史与历史背后的真意,因而其排斥浪漫主义研究观。其与被福柯称为“现在主义的分析方法”恰好形成相反的对照,它既不是“根据现在写过去的历史”,也非“历史决定论”。前者把现在的概念、模式、制度、利益或感觉强加给过去,然后宣称发现较早时期的概念、制度等具有现在的意义;后者从过去的某一个点发现现在的核心,然后来揭示从该点到现在发展的必然性。[5]

恩斯特·卡西尔认为,历史学家并非活动在物理的宇宙中,而是活动于符号的宇宙中,为了解释和理解各种符号,其研究需建立不同于研

---

〔2〕 [德]卡尔·拉伦茨:《法学方法论》,陈爱娥译,商务印书馆2013年版,第49页。

〔3〕 萨维尼在此处所述的“实证法”与“自然法”是一组相对的概念,是在回答“什么是法”之时产生的分歧,参见[德]罗伯特·阿列克西:《法概念与法效力》,王鹏翔译,商务印书馆2015年版,第29~35页。

〔4〕 郑成良:《法律之内的正义——一个关于司法公正的法律实证主义解读》,法律出版社2002年版,第1页。

〔5〕 参见张法:《福柯与历史重写》,载《华中师范大学学报》(人文社会科学)2002年第4期;莫伟民:《论福柯非历史主义的历史观》,载《复旦学报》(社会科学版)2001年第3期。

究对象本身的各种方法。[6] 他论证了历史学乃一种阐释学，也即把历史实证引向了解释学的领域。[7] 换言之，辨析历史素材之真伪并非历史实证的中心任务，其核心目的在于做出符合历史语境下的法律史解释。但历史实证不等于法律史解释，它实际上是法律史解释的方法论。基于历史实证而作出法律史解释，往往表现出以下四个层次的特质：其一，阐述性。这是法律史解释的一般基础，基于历史素材而对历史现象作一般性描述，是法律史解释需做的辅助性但又非常必要的工作。其二，解释性。面向历史中的现象时，得基于特定时期的历史语境，并运用解释方法，对该历史现象的产生的原因、制度、影响与其他有关的因素进行探究和解释。其三，批判性。批判性建立于阐述性与解释性基础上，是对法律史现象的再度深化思考。而且，历史实证的批判性是双向的，它既批判历史本身，也批判当下，并通过批判的展开，在历史与当今之间建立一座可以对话的桥梁。其四，逻辑性。这种逻辑既包括历史中法律现象存在的逻辑，也包括其演变的逻辑。历史实证的展开也往往基于对法律史的梳理，从中把握历史发展脉络和逻辑。但这并不意味着法学的历史发展脉络总是连贯的，因为也常常可见历史发展的断裂；同样，历史实证的逻辑性，也不等同于法律史发展的连贯性。

（二）历史实证的外延

历史实证作为实证研究方法的种概念之一，是实证主义“家族”中的一员，这是按照实证对象的给定事实发生的时间先后顺序所作的分类。一般而言，它与依据其他实证对象所分类的规范实证、价值实证、社会实证，并不存在内涵的冲突。是故，对法律史进行实证分析，也可运用规范实证、价值实证、社会实证等实证方法。

（三）历史实证分析的意义

每种学科的方法论，都是该学科对本身进行的情况、思考方式、所利用的认识手段的反省。每个学科都会发展出一些思考方法，以及用

---

〔6〕 梁治平：《法律的文化解释》，载梁治平：《法律的文化解释》，生活·读书·新知三联书店1994年版，第12页。

〔7〕 徐涤宇：《原因理论研究》，中国政法大学出版社2005年版，第22页。

以确定其素材及确证其陈述的程序。[8] 历史实证正是对法律史研究和认识手段的反思,在其反思的过程之中,同时诠释了法律史以及作为法律史研究的方法论本身的意义。

如萨维尼所述,法学家必当具备的素养之一即为历史素养,以确凿把握每一时代与每一法律形式的特征。[9] 当下非常吊诡的却是,在部门法学诸领域,法律教义学与法律史之间仿佛两条平行线,只有寥若晨星的少数学者和更少的实务者能持续认识到历史与当下的重要关联。[10] 构建历史与当下的关联,是历史实证研究除求得历史原意以外另一重要的目的价值。也就是说,通过反思我们的法律制度从何而来,理解民法的规范认识与历史认识之间所实施的相互嫁接,以及基于历史而对未来展望,构建历史(历史性)与当下(当代性)的必要且真实的关联。[11] 但无论是探求所谓真实的历史,还是构建历史与当下的真实且必要的联系,历史实证研究都是我们研究法律史尤其是微观私法史方法论上的不二选择。

二、如何进行历史实证研究

我们主张运用历史实证方法展开法律史解释,并服务于法教义学上概念、规则、原则之意义的澄清:在力图清晰地给出理论上的"说明书"之外,更要下沉到具体的制度研究层面,在运用中体现我们对方法论的理解,具体化我们对方法论的理解,以努力提供相应的范例,呈现其分析力。

本部分首先采用历史实证的方法,针对"什么是合同"这一问题进行分析。与以往将近现代合同观念反置于古代法律制度中来构建一个合同观念的普遍发展史的研究进路不同,《合同概念的历史变迁及其

---

〔8〕 [德]卡尔·拉伦茨:《法学方法论》,陈爱娥译,商务印书馆2013年版,第119页。

〔9〕 参见[德]弗里德李希·卡尔·冯·萨维尼:《论立法与法学的当代使命》,许章润译,中国法制出版社2001年版,第37页。

〔10〕 参见徐涤宇为"罗马法与共同法文库"所作总序,该文库已由北京大学出版社出版近十本专著和译著。

〔11〕 参见顾祝轩:《民法概念史·总则》,法律出版社2014年版,第2页。

解释——以大陆法学为考察中心》一文摒弃了历史连续性和线性进步的错误预设,展现出一个关于合同概念、合同效力根源的非线性历史说明模式。笔者首先通过对罗马法上的契约类型的分析,揭示了罗马法以形式主义和类型法定为原则,构建了古典罗马法中的契约制度。进而,文章揭示出合同概念在历史上发生的两次根本性断裂:一是在中世纪,注释法学家以原因理论重构了合同概念,并被法国法所继受;二是在德国,则以法律行为理论重组合同的要素,使合同的含义再次发生断裂。最终,笔者着眼于中国现代以及将来的合同概念之发展,认为"经过如此洗礼后,在中国形成的可能是包容中国式契约和近现代欧美式契约的二元性契约概念"。

《单方允诺的效力根据》一文系与黄美玲教授合作,但采用了本书作者一以贯之的历史实证分析方法,对单方允诺的效力根据在历史上的产生与演变进行了描述。该文开篇即指出,近现代学者将历史上的单方允诺效力想象成来自合意,此为对法律史的浪漫书写。而笔者则以历史实证的态度揭示,罗马法上的单方允诺的效力事实上并非来自合意,而是宗教形式主义和类型强制的结果。在中世纪,教会法依赎罪戒律普遍地承认单方允诺的效力,但其强制力仅在教会法中被执行。自然法学派要求受诺人的"接受"作为允诺产生法律约束力的前提,契约范式自此形成,单方允诺被置于契约模式予以重构。相反地,普通法传统不关注意思表示的双方性结构,只要有充分的对价,一个允诺也可被强制执行。基于对单方允诺历史发展之实证考察,以及对建立在意思自治理论基础上的"契约原则"的反思,该文认为单方允诺制度应摆脱合意主义的约束,成为一种与合同并列的债之发生模式;在中国未来的民法典编纂中,应系统构建单方允诺制度,并将其作为与合同、不当得利和无因管理并列的一种独立债因。

在《无因性原则之考古》一文中,笔者认为"现在主义"解释方法对于物权无因性的认识,往往是将物权行为无因性理论体系形成以后所具有的功能或所体现的法政策目标反置于历史事实中,从而"非常现代地"认为物权行为理论设立初衷是要保护交易安全。有鉴于此,作者以历史实证主义态度回溯无因性原则的源起与演进。首先,在罗马法中,抽象行为方式形态各异,但其所依据的皆为对特定形式的使用;其抽象性原则在法律构成和法律效果方面虽与现代无因行为大致相近,但其抽象性主要和具有宗教意义的形式主义密切相关。其次,德国法上物权行为无因性理论,原本是法学家理论分析之逻辑贯彻的结果,亦即对罗马法上请求给付之诉进行解释的产物,并非我们所想象的基于功能或目的论等法政策的考虑而被创设。因此,该文认为,无论是赞成还是否定无因性理论,都应摒弃浪漫主义的法史观而去理解其本初的意义。

从法律规范之构成要素的角度看,事实婚的规范表达不外乎包括两个要素:首先是事实婚的事实要件构成问题,其次是实在法赋予其何种法律效果的问题。《历史视野下夹缠于非婚和婚姻之间的事实婚——兼论我国未来民法典对事实婚的应然构建》一文基于对历史上各种实在法文本的分析,指出自罗马法至近现代民法典,事实婚的事实要件本质上乃由当事人双方以夫妻身份相待并在社会上得到公认两个方面构成,此即罗马法上的所谓婚意(其外部表征即为"婚姻待遇"),在罗马法系国家的民法典中则被称为"夫妻身份的占有"。但在法律效果上,因法律文化或宗教的原因,各实在法赋予事实婚的法律效果大相径庭,从而形成了事实婚主义和要式婚主义两种立法例,后者复可分为法律婚和仪式婚,[12]事实婚之法律效果由此在不同历史时期和不同法律文化背景下夹缠于婚姻和非婚之间。通过此种历史实证分析的进路,文章反思并检讨了我国不同历史时期法律文本(含最高人民法院的司法解释)在事实婚之构成要件以及所赋予的法律效果方面的得失,进而试图为民法典婚姻家庭编如何认真对待事实婚问题,提供比较法上的改进意见。需要说明的是,该文并未呈现笔者在采用历史实证研究之进路分析同类问题时的那种强烈的批判性,其真实原因应该在于:在事实婚的研究方面,至少在笔者所了解的研究成果中,尚未出现

〔12〕 参见史尚宽:《亲属法论》,中国政法大学出版社2000年版,第95页。

历史实证研究者所批驳的那种"现在主义"研究进路。而且,在研究这一问题时,笔者仍然是从不同历史时期各种实在法规范出发,研究其所承载的不同立法者对事实婚所欲表达的法政策乃至法的价值,这显然体现了笔者所强调的历史实证分析四个层次的特质。是故,尽管该文也综合运用了规范实证乃至价值实证的研究方法,但它实质上仍可归入历史实证研究的范畴。

合同概念的历史变迁及其解释

——以大陆法系为考察中心

目　次

一、引言
二、罗马法上契约的概念
三、中世纪后原因理论对合同概念发展的影响
四、德国法上法律行为的概念对合同概念的超越
五、结语:合同的概念何去何从?

一、引言

现代学理一般认为,人们可以在罗马法中寻觅到合意主义的诸渊源,这些渊源孕育了作为债的双方当事人意愿的完全协商一致;合意不仅是民法法系和普通法系的传统,而且也是现代合同法的基础。[1] 据此,通过法学家的努力,似乎可以勾勒出一个合同观念的有机演进轨迹。这种建立在历史连续性之假设上的、有机的、普遍的历史发展观,其实是对合同制度史的一种唯心主义解释,[2] 是解释者自由意志理念

---

〔1〕 参见[意]鲁伊吉·拉布鲁纳:《单纯合意即形成债:论罗马债法中的合意主义——从历史的足迹到中国债法之引人注目的演进》,费安玲译,载杨振山等主编:《罗马法·中国法与民法法典化——物权和债权之研究》,中国政法大学出版社 2001 年版,第 360 页。

〔2〕 关于法律史的各种解释观,请参见[美]罗斯科·庞德:《法律史解释》,邓正来译,中国法制出版社 2002 年版。

在合同史中得到自我实现的法律浪漫史。

事实上,近现代合同观念是17世纪以后自然法学派思考的结果。在自然法论者看来,人的行为是其自由得以实现的形式,人的那种转化为意志的,对其自身、他人以及物的意图,只能通过行为才得以实现。〔3〕 1794年的《普鲁士邦法》为这种主流理论提供了实在法素材,而德国历史法学派的真正创始人古斯塔沃·胡果(Gustav Hugo)和海塞(Arnold Heise)则在理论型构上做出了奠基性的贡献。尤其是后者,在遵循"人—物—行为"之三分法框架的同时,第一个在行为理论框架内审视了"法律行为"的概念,并因此对该概念的形成起到了决定性的作用。〔4〕 此后,历史法学阵营中的罗马学派(Romanisten)论者继续了这一工作(详见后文)。但按照庞德的解释,他们从罗马法中获取的证据在很大程度上是一种从早期历史法学派论者根据康德有关权利观念的正义公式加以解释的那种罗马法中获取的证据,或是一种从第二阶段的历史法学派论者根据自由理念加以解释的那种罗马法中获取的论据。而特别重要的是,合同的观念实际上就是萨维尼的意志说,这种意志理论被反置于罗马法中,以求成为组织19世纪法律的一种工具。这种理论甚至在普通法国家都没有得到法律史上的考察和普通法方式的检验,就被全盘接受。〔5〕

这种将近现代合同观念反置于古代法律制度之中,从而构建一个合同观念的普遍发展史的研究理路,建立在一种关于历史连续性和线性进步的根本错误的理解之上,它导致了一种法律史研究中的偏颇立场,"使得历史对象和历史问题的样式取决于法律如今被看待和构想的方式。结果,现在被强加于过去……这样,过去便失去了它自己的深度,失去了它特定的想象方式,以及它排列主题、提出和解决问题的方

〔3〕 Véase Hans Hattenhauer, *Conceptos Funtamentales del Derecho Civil*, Traducción española de Gonzalo Hernández, Editorial Ariel, S. A., Barcelona, 1987, p. 65.

〔4〕 Véase Hans Hattenhauer, op. cit., ps. 64 - 65.

〔5〕 参见[美]罗斯科·庞德:《法律史解释》,邓正来译,中国法制出版社2002年版,第80页。

式"。[6] 这种"谱系的"历史,这种试图为当下各种法律制度找到一个"祖先"的历史,产生的是将文化自然化、同质化的意识形态作用。[7]

诚然,历史可以被用来证明。法律论说中的一些范畴、法律解决方式或原则,都属于"事务的本质"或者有关公平或法律理性的恒久范畴。[8] 但对于"什么是合同"这一问题,如果我们进行历史的实证分析,就会发现在语词的连续性表象之后,存在含义上的根本性断裂。于是,对合同在特定的历史和社会语境中的含义做出解释,成为笔者创作的最初动机。

在历史传承中去解释各种法律制度中合同概念的个殊性,应该有助于理解不同法律制度下合同的特有含义,也有助于理解不同合同观念在具体制度的设计和展开中所具有的作用。这一点也使本文具有了比较法的意义,因为比较法的研究虽然是一种创造性的、超越单纯地对资料的经验的理解的工作,但在其工作开始之前,必须先提出各国报告,这些报告应该是朴实无华的,也就是说不附加批判性的评价。[9] 笔者认为,我国的许多比较法研究工作正是缺乏这种基础性的研究,才导致许多结论的聚讼盈庭。

然而,虽然笔者只是试图对不同法律制度发展过程中合同概念的变迁进行客观描述和实证主义的解释,但基于以下两方面的理由,笔者也不否认,在合同观念上,本文将勾勒出一些主要的,却绝对是罗马法、中世纪和近现代欧陆传统发展中核心性的演进轨迹。

首先,直至17世纪,在罗马法和教会法是欧陆所有法律的主要渊源时,那里曾有过超国家的统一的法律和法学,这就是"在中世纪后期

---

〔6〕 参见[葡]叶士朋:《欧洲法学史导论》,吕平义、苏健译,中国政法大学出版社1998年版,第5页。

〔7〕 参见[葡]叶士朋:《欧洲法学史导论》,吕平义、苏健译,中国政法大学出版社1998年版,第4页。

〔8〕 参见[葡]叶士朋:《欧洲法学史导论》,吕平义、苏健译,中国政法大学出版社1998年版,第4页。

〔9〕 参见[德]K. 茨威格特、H. 克茨:《比较法总论》,潘汉典等译,贵州人民出版社1992年版,第74页。

以来以罗马法和教会法为渊源在欧洲大陆演变形成的罗马普通法(ius commune)”。[10] 尽管17世纪后欧洲法的统一性因最新法(ius novissimum)的出现、自然法法典编纂运动的开展、注释法学派的产生而日益衰退,导致以民族主义为基础的多样的实定法律秩序形成,各种法律制度在此过程中发展出了一些复杂精致的个殊化机制。曾几何时,一元化的法学也因此分裂为国家化的复数法学,[11] 但不可否认的是,许多同质性的因素还是以现代罗马法的形式沉淀在各国法律制度之中的。

其次,从比较法的角度看,把不同的法律秩序对问题的解决办法不加评论地相互对比,会因欠缺研究目的或命题而失去其比较的意义。事实上,各种不同的法律秩序的法律形式,只要具有类似的功能并执行类似的任务,就有可能进行有意义的比较,其中的功能就是所谓的“比较的第三项”(tertium comparationis)。因而,在比较的过程中应建立一个体系,该体系必须是松散的,从而能在一些宽广的大概念之下,把那些虽然是异质的,但在功能上是可以比较的制度都包括在其中。[12] 在本文中,笔者找到的“比较的第三项”是“合同的要素”。正如下文所展示的,不同法律制度对这一问题的回答,就构成不同的合同概念,该概念能包括在功能上可以比较的“形式”“原因”“约因”等法律形态。[13] 应说明的是,采用这一比较项后,甚至普通法系的合同概念也可进入本文的研究范围。然而,囿于篇幅,笔者只能另撰文章阐述这一问题。

---

〔10〕 参见[德]罗尔夫·科努特尔:《罗马普通法和罗马法对欧洲联盟法院的影响》,米健译,载《外国法译评》1998年第1期。“ius commue”一词也被译为“共同法”。

〔11〕 参见[日]大木雅夫:《比较法》,范愉译,法律出版社1999年版,第10~13页;[德]K.茨威格特、H.克茨:《比较法总论》,潘汉典等译,贵州人民出版社1992年版,第25页以下。

〔12〕 参见[德]K.茨威格特、H.克茨:《比较法总论》,潘汉典等译,贵州人民出版社1992年版,第75页以下。

〔13〕 德国比较法学家K.茨威格特和H.克茨则以“郑重性标志(seriositatsindizien;也被译为认真性标准)”的概念来说明这一比较项。请参见[德]K.茨威格特、H.克茨:《比较法总论》,潘汉典等译,贵州人民出版社1992年版,第78页;海因·克茨:《欧洲合同法》(上卷),周忠海等译,法律出版社2001年版,第四章。

二、罗马法上契约的概念

对罗马法上合同概念的形成进行考察,是一项颇为艰巨的任务,其原因主要是许多罗马法论者乃是站在现代罗马法这一理想体系的立场上来撰写罗马法史。据此,他们成功地发现,这一理想体系的分析概念之渊源实际上存在于古代法律制度之中,而且他们也成功地顺着历史线索探寻到现代法律制度沿革的始末。运用这一方法撰写出来的罗马法律史,其详尽程度也涉及现代法律制度中的每一细目,从而使我们很难将古罗马的真实法律制度同19世纪历史法学派为取代古罗马法而给我们描绘的那幅古罗马法的理想图景区别开来。〔14〕

以我国目前寥寥数本罗马私法史译著为例,其中被视为权威之作的应为意大利学者彼德罗·彭梵得所著的《罗马法教科书》。该书在"引言"部分即指出罗马法学现代体系的基本脉络同由胡果和海塞指定的方法相关联,而作者"不完全沿用了这个现代次序"。〔15〕 该书运用这种体系,在"总论"中按照法律行为这一现代法律概念的框架来定义所谓的适法行为(negozio giuridico),并在后文中以适法行为来定义契约。〔16〕 然而,罗斯科·庞德却一针见血地指出,"negotium"是19世纪法律体系中最为重要的概念,罗马人对它一无所知(尽管他们也使用这一术语)。〔17〕

对罗马法的这种论述可能造成对历史的误读,使人以为合同的概念在罗马法中一直存在,并且也极易使人按照现代合同观念来理解罗马法上的契约制度。事实上,罗马法上合同概念的发展经历了一个错

---

〔14〕 参见[美]罗斯科·庞德:《法律史解释》,邓正来译,中国法制出版社2002年版,第40页以下。

〔15〕 参见[意]彼德罗·彭梵得:《罗马法教科书》,黄风译,中国政法大学出版社1992年版,第25页。意大利法学家桑德罗·斯奇巴尼在该书的中译本前言中也热情洋溢地指出,该著作汲取了19世纪德国学说汇纂派的研究成果,其"观点体现着从'有机的'全局角度对罗马法律制度发展的研究"。

〔16〕 参见[意]彼德罗·彭梵得:《罗马法教科书》,黄风译,中国政法大学出版社1992年版,第57页以下。

〔17〕 参见[美]罗斯科·庞德:《法律史解释》,邓正来译,中国法制出版社2002年版,第81页。该术语在庞德的中译著作中被译为"法律交易""法律事务"。

综交织的过程。首先,一些在我看来更忠实于古罗马历史的著作认为,在罗马,合同是个逐渐出现的概念,早期法只不过有一种不加区分的债的概念。也就是说,某人欠他人一定的物或钱款,某人侵害了他人或损坏了他人的财产,某人完成了一项创设债的要式行为,某人向他人交付一笔后者无权拥有或不再有权拥有的钱款,都会产生债,但在早期罗马法中,所有这些相似的情况都只是表现为一种债,而不同的债形式(如私犯之债、契约之债等)并没有被总结出来。[18] 意大利学者朱塞佩·格罗索也指出,在债的最初形式问题上,无论是涉及"债务口约"(nexum)的形式,还是以"誓约"(sponsio)为根据的形式,债的产生均同那种后来发展为契约之债(obligatio ex contractu)的债形式交织在一起;只是到了第二个发展时期,从另一个角度发展起来的私犯(delictum)才被归结为债的渊源(即债因)。[19] 这从另一个侧面说明,早期罗马法并未认识到导致债产生的各种原因在性质上有何不同,从而提炼出作为债因(causae obligationum)的私犯、准私犯、契约、准契约等概念,这些概念只是在后来的发展中才被作为债因而与债的概念联系起来。可以说,以各种债因为标准来对债做出区分,主要是盖尤斯(他只是将债分为两大类:契约之债和私犯之债)和优士丁尼的《法学阶梯》(在前者的基础上增加准私犯之债和准契约之债的种类)总结的结果。[20]

其次,罗马法上合同的内涵和外延本身也经历了一个逐渐发展的过程。为使本文的脉络、结构相对清晰和流畅,我主要采用盖尤斯和优士丁尼在总结的基础上对罗马契约所作的分类,并在此框架下描述各种契约形态或与此相关的法律概念的历史发展。

---

〔18〕 参见[英]巴里·尼古拉斯:《罗马法概论》,黄风译,法律出版社2000年版,第170页。关于该著作对其介绍的罗马法所具有的原本性,其译者黄风先生就在"译后记"中表示:"作者不是在仅仅根据第二手或者第三手的材料转述罗马法,而是力图依据第一手的原始文献向读者展现罗马法的原本面貌"。

〔19〕 参见[意]朱塞佩·格罗索:《罗马法史》,黄风译,中国政法大学出版社1994年版,第116页。

〔20〕 参见[英]巴里·尼古拉斯:《罗马法概论》,黄风译,法律出版社2000年版,第168页以下。

(一)罗马法上契约的类型及其本质

盖尤斯在其《法学阶梯》中把契约的历史发展结构反映在对契约之债的四分法分类上:“债的缔结或者是通过实物(re),或者是通过话语(verbis),或者是通过文字(litteris),或者是通过合意(consensu)。”〔21〕优士丁尼在其《法学阶梯》中,除扩大实物债的范围外,继续遵循盖尤斯的分类,并且根据习惯,把契约分为实物契约、口头契约、文字契约和合意契约。〔22〕从性质上看,实物契约和合意契约属于非要式契约,而口头契约和文字契约属于要式契约,其中要式契约体现了罗马契约制度的本质特征。

1. 非要式契约

在早期罗马法中,除产生于私犯的债以外,设立其他形式的债必须采用要式行为。但是,早在古典时期以前,某些特定的原因即可在不采用典型的要式手续的情况下形成受到承认的债。这些例外形式被划分为两类,即以实物达成的债和采用合意达成的债,由此产生了现代的名称“实物契约”和“合意契约”。〔23〕

(1)实物契约

有学者认为,罗马契约的起源或许存在于两种债中,一种产生于要式行为,另一种则产生于非要式的给付或转让,后者即为实物(real)债,其效力仅限于返还某些已从债权人那里接受的特定物品或钱款。〔24〕

在优士丁尼的《法学阶梯》中,实物契约有四种:消费借贷(mutuum)、使用借贷(commodatum)、寄托(depositum)、质押(pignus)。它们的共同特点是:债不是产生于协议本身(尽管协议是重要的条件),而是产生于某物已被给付这一事实,其实质在于返还所接受的物,即“物被借

〔21〕 参见[古罗马]盖尤斯:《法学阶梯》,黄风译,中国政法大学出版社 1996 年版,第 226 页。

〔22〕 参见[古罗马]优士丁尼:《法学阶梯》,徐国栋译,中国政法大学出版社 1999 年版,第 343 页。

〔23〕 参见[意]彼德罗·彭梵得:《罗马法教科书》,黄风译,中国政法大学出版社 1992 年版,第 307 页。

〔24〕 参见[英]巴里·尼古拉斯:《罗马法概论》,黄风译,法律出版社 2000 年版,第 171 页。

出后,应当原物返还"(res credita, l' eandem rem recipere)。[25] 由此可见,在罗马法中,存在一种把与协议无关的事实状态称为"契约"的倾向。基于此,盖尤斯甚至把因错误给付而产生的金钱返还之债归入合同名下。[26] 而优士丁尼则纠正了这种做法:"这种债不被认为是基于契约的,因为以清偿的意图为给付的人,与其说是缔结一个交易,不如说是消灭一个交易。"[27] 他称这种债为"准契约之债"。所以说,罗马法中的所谓准契约,只是说它和被称为"实物契约"的、与协议无关的事实状态相类似。

(2)合意契约

合意契约是公元前1世纪建立起来的制度。合意契约也包括四种:买卖(emptio venditio)、租赁(locatio conductio)、[28] 合伙(societas)、委托(mandatum)。其共同特征是,都产生于单纯的合意(nudo consensu),不需要任何形式或任何的人的行为,也不必给付某物。[29]

合意契约的这种特征很容易使人把它和近现代民法中的合同概念联系起来。然而,罗马法并不单独提出合意这一概念并将其一般化、抽象化,它还针对每个具体的契约就事论事地讨论这一要件。就买卖而言,它要求当事人必须就所买卖的特定物和固定的买卖价格达成合意。如果合意不具备这些条件之一部或全部(如价金必须表现为货币),就不是买卖契约。这项条件竟然导致易物(permutatio)这种古老的交易

---

〔25〕 参见[英]巴里·尼古拉斯:《罗马法概论》,黄风译,法律出版社2000年版,第177页;[意]彼德罗·彭梵得:《罗马法教科书》,黄风译,中国政法大学出版社1992年版,第307页。

〔26〕 See W. W. Buckland and Arnold D. McNair, *Roman Law & Common Law: A Comparison in Outline*, Cambridge University Press, 1952, p. 196.

〔27〕 参见[古罗马]优士丁尼:《法学阶梯》,徐国栋译,中国政法大学出版社1999年版,第345页。优士丁尼也篡改了实物契约的概念,把它理解为因给付某物而成立的契约,即便不涉及返还义务。

〔28〕 租赁又包括物的租赁(locatio conductio rerum)、雇佣租赁(locatio conductio operarum)、承揽租赁(locatio conductio operis),它把范围很广的行为纳入了其框架之中。

〔29〕 参见[古罗马]优士丁尼:《法学阶梯》,徐国栋译,中国政法大学出版社1999年版,第379页。

因不属于买卖而被排除在典型契约的名单之外。[30] 因此,罗马法上的合意契约的数量(或曰类型)是封闭的(numerus clausus),其内容也有一定强制性,而不像在近现代民法中,我们可以说,无论其内容怎样,任何以追求法律效果为目的的合意都是合同。

然而,无论合意契约的类型如何封闭,由于在某些类型化交易中,当事人可以受无确定形式的协议的约束,所以对于使法律适应广袤帝国的贸易需要来说,此种契约的发展和成熟是最重要的因素之一。此外,合意契约对于单纯的待执行契约(任何一方都未履行其义务的契约)的发展也是重要的。[31]

(3)罗马法非要式契约的实质

在现代民法中,基于合同自由原则,当事人在不违反法律强制规定或公序良俗原则的范围内,可以订立任何内容的债权合同。即使在合同类型自由主义下由立法创设的典型合同(有名合同),其机能也不外乎:其一,以任意性规范阐释或补充当事人约定之模糊或不备;其二,以强行规定保护当事人的利益。[32] 然而,在罗马法中,非要式契约的数量是封闭的,即使在合意契约中,合意也不足以产生契约;要成为契约,就必须符合某种法定契约类型的条件。[33] 据此,有学者认为,罗马法的契约系采类型强制(Typenzwang)。[34] 从这种意义上说,罗马法上的非要式契约不过是形式主义的例外。

2. 要式契约

罗马市民法具有形式主义的特点,并且在可供选择的各种形式当中,它习惯于选用口头话语的方式。最早的要式契约在罗马社会是“债务口约”(nexum)。由于其严厉的、可怕的效力是贵族债权人和平

---

〔30〕 参见[英]巴里·尼古拉斯:《罗马法概论》,黄风译,法律出版社 2000 年版,第 176、184、185 页;[意]彼德罗·彭梵得:《罗马法教科书》,黄风译,中国政法大学出版社 1992 年版,第 373 页。关于易物不是买卖,萨宾派持有不同的观点,但普罗库勒派的主张占主导地位。

〔31〕 参见[英]巴里·尼古拉斯:《罗马法概论》,黄风译,法律出版社 2000 年版,第 172 页以下。

〔32〕 参见王泽鉴:《债法原理》(第 1 册),中国政法大学出版社 2001 年版,第 108 页以下。

〔33〕 参见[英]巴里·尼古拉斯:《罗马法概论》,黄风译,法律出版社 2000 年版,第 176 页。

〔34〕 参见王泽鉴:《债法原理》(第 1 册),中国政法大学出版社 2001 年版,第 108 页。

民债务人之间长期斗争的原因,也是造成历史动乱的原因,所以在公元前 326 年,《博埃得里亚法》解放了所有的债务奴隶,并宣布废除该制度。[35] 至于嫁资口约(dotis dictio)和誓言(promissio iurata)这两种口头契约,[36] 由于其意义有限,所以此处也可略去不谈。我们在这里仅讨论盖尤斯总结的要式口约和文字契约。

(1)要式口约(stipulatio)

要式口约在《十二表法》中就已存在,其最古老的形式是誓约(sponsio)。在古典法中,要式口约中的提问和回答应严格按照"誓约"的程式进行:"你答应给我一百元吗(Spondes mihi dare centum)?""我答应(Spondeo)"。要式口约是市民法的产物,仅适用于罗马市民;而且,提问和回答应当是完全吻合的,允诺的数额不能同所提问的数额不同,也不能增加在提问中未提出的简约或条件。事实上,和其他要式行为一样,要式口约的效力产生于其形式,而不是产生于该形式所体现的合意;合意既不是必要的,也不是充足的。[37]

就契约制度的发展而言,要式口约的重要性体现在这一功能上:与其说它是一种契约,不如说它是一种缔结契约的方式。因为任何一种协议,只要不是非法的、不道德的或不可能的,则即便它不属于任何法定契约类型,也可采取要式口约获得可执行的效力。例如,买卖中的价金应表现为货币,否则不产生买卖,但双方当事人可以采用两个要式口约,迂回地达成两个实质性的契约,尽管这两个契约并不属于任何法定类型的契约。当然,这种迂回达成的契约在效果上毕竟不同于买卖这一法定类型的合同,因为它通过严法诉讼(actio stricti iuris)强制执行,

---

〔35〕 参见[意]彼德罗·彭梵得:《罗马法教科书》,黄风译,中国政法大学出版社 1992 年版,第 353 页以下。

〔36〕 参见[意]彼德罗·彭梵得:《罗马法教科书》,黄风译,中国政法大学出版社 1992 年版,第 354 页。

〔37〕 参见[英]巴里·尼古拉斯:《罗马法概论》,黄风译,法律出版社 2000 年版,第 170 页以下;[意]彼德罗·彭梵得:《罗马法教科书》,黄风译,中国政法大学出版社 1992 年版,第 355 页以下。

而后者则通过诚信诉讼(actio bonae fidei)强制执行。[38]

既然任何一种合意在采用要式口约的形式后都可转化为契约,那么它对契约的类型强制就起到了一定的缓和作用。甚至,我们大可依此怀疑罗马契约制度中是否果真存在所谓的类型强制。至少,要式口约在优士丁尼时代的发展为此提供了证据。因为,如果说要式口约在程式上的严格性限制了其功能有效发挥的话,那么在万民法的影响下,其形式的严格性一直在减弱,以至于到了优士丁尼时代,其问答的形式已被简化,问答之间的吻合也不再被强调。最后,其形式特点逐渐单纯地表现为"达成要式口约的意图"(animus stipulandi),唯一保持不变的是在一定程序上要求当事人在场。[39] 所有这些,似乎为后世的合意即合同的观念打通了道路。

(2)文字契约

古典的文字契约是"债权誊账"(nomen transcripticium),它起源于在罗马家庭中对账目的管理。这种契约的功能仅限于更新或变更现有的债,其效力主要依赖于某种书面形式的需要,而不是有关文书所记录的事实的存在,因而属于要式契约。同一切与罗马社会的组织和特殊传统紧密关联的形式一样,"债权誊账"也在罗马—希腊时代消失了。

约据(singrafe)和亲笔字据(chirografi)在古典法中是异邦人的文字债。在后古典法中,人们不再提及约据,而早已作为要式口约的证明手段渗透进罗马法中的亲笔字据则生存下来。但在实践中,亲笔字据继续独立于任何要式口约而被加以利用。[40]

---

〔38〕 参见[英]巴里·尼古拉斯:《罗马法概论》,黄风译,法律出版社 2000 年版,第 173 页以下。除此之外,要式口约还有两个功能:能产生比较严格的派生义务;能借此明确某一法定契约的附加协议。

〔39〕 参见[意]彼德罗·彭梵得:《罗马法教科书》,黄风译,中国政法大学出版社 1992 年版,第 356 页以下;[英]巴里·尼古拉斯:《罗马法概论》,黄风译,法律出版社 2000 年版,第 204 页以下。后一著作甚至评论说,"在保留古典的特定契约制度时,优士丁尼犯了不合时宜的错误"(第 206 页)。作者言下之意显然是,要式口约制度的发展已使法定类型的契约制度失去其存在的意义。

〔40〕 参见[英]巴里·尼古拉斯:《罗马法概论》,黄风译,法律出版社 2000 年版,第 206 页以下;[意]彼德罗·彭梵得:《罗马法教科书》,黄风译,中国政法大学出版社 1992 年版,第 359 页以下。

总之,文字契约是罗马法契约形式主义的体现,但其作用相较要式口约而言,可以说无足轻重。

3. 无名契约

无名契约被归纳为四类:以物换物(do ut des),给付某物(债因)是为了对方给付另一物(标的);以物换做(du ut facias),给付某物(债因)是为了对方做某事(标的);以做换物(facio ut des),做某事(债因)是为了对方给付某物(标的);以做换做(facio ut facias),做某事(债因)是为了对方也为自己做某事(标的)。[41] 这类契约和合意契约完全不同,与实物契约却在债因和标的上表现出相似性,不过其区别仍是明显的:在实物契约中,标的表现为返还原标的物;在无名契约中,标的则表现为交换不同的给付。可见,这类契约不属于任何法定类型的契约。[42]

无名契约大致成形于古典时代日薄西山之时,其起源主要因为古典罗马法对契约种类采用列举的方法,这种列举留有很多空白并含有不确定性,它排除了一些常见的交易类型,虽然要式口约为此提供了一种规避这些难题的方法,但如果未采这种方法,市民法就只通过"请求给付之诉(condictio)"给予有限的救济。不过,这种诉讼仅适用于一方已予履行且以给付为履约形式的情形(一方已为给付而另一方未履行给付),它是根据准契约提出的请求,其目的是要求返还已为的给付,而不是履行协议。到了优士丁尼时代,终于发展出一种一般的诉讼:根据前书进行的诉讼(actio praescripits verbis)。这种诉讼适用于一方当事人已给付某物或做某事,而另一方却未履行给付的情形(只要它不属于任何法定的契约类型)。其发展似乎以和某些被承认的有名契约相类似但又很难确定究竟属于何种契约的形式为出发点。由此,一项基本原则得到发展:已经由一方执行的协议就是契约。这一原则明确

---

〔41〕 参见[意]桑德罗·斯契巴尼选编:《契约之债与准契约之债》,丁玫译,中国政法大学出版社1998年版,第291页。也可参见[意]彼德罗·彭梵得:《罗马法教科书》,黄风译,中国政法大学出版社1992年版,第384页。

〔42〕 参见[意]彼德罗·彭梵得:《罗马法教科书》,黄风译,中国政法大学出版社1992年版,第384页。

地出现在《学说汇纂》的文献中(D. 19,5),它构成对类型化契约(主要是实物契约)制度的突破。然而,优士丁尼法的编纂者们没有修改对契约的传统分类,所以它们没有表示其特点的称谓,除某些情况外,如易物、行纪(aestimatum),各个契约也没有得到通俗的名称,而是被以迂回的方式加以表述,由此产生了无名契约这种表述。[43]

需强调的是,无名契约构成对类型化契约制度的突破,仅意味着类型化契约数量的增加,它并未使罗马法的契约类型改由当事人自己创设,而不再受数量的限制。

(二)简约与合同的关系

乌尔比安说,“简约是两个或两个以上当事人就共同感兴趣的事务达成的合意”。[44] 单从这一特征看,它足以在观念上和现代合同概念混同。事实上,从《学说汇纂》在欧洲被发现之后,在荷兰和德国,“简约”也确实成为罗马法现代运用学派(usus modernus)创造现代合同概念的工具。[45] 然而,必须指出的是,罗马法上的简约绝对不属于合同的范畴,这主要从简约与合同这两个概念和债的关系上体现出来。

在罗马法上,只要构成的是契约,那么它就是可强制执行的(债),而契约的审查标准就是看它是否具备形式或是否符合类型化契约的法定要素。这意味着契约本身就是债:因为一旦构成为契约,同时也就成立了债。从语义分析的角度看,严格地说,契约(contractus)和合意无关,它几乎只是债(obligatio)的另一个名称,contractus 的拉丁语动词“contrahere”(缔结)正是在一种更为宽泛的意义上[承受、负欠(债务)、成立]与债联系在一起被使用的,这也可从罗马法把与合意无关的事实状态也称为契约或准契约的倾向中推知。但是,我们不能反过

〔43〕 参见[英]巴里·尼古拉斯:《罗马法概论》,黄风译,法律出版社 2000 年版,第 199 页以下;[意]彼德罗·彭梵得:《罗马法教科书》,黄风译,中国政法大学出版社 1992 年版,第 384 页以下。

〔44〕 参见[意]桑德罗·斯契巴尼选编:《契约之债与准契约之债》,丁玫译,中国政法大学出版社 1998 年版,第 279 页。

〔45〕 See Reinhard Zimmermann, *The Law of Obligations: Roman Foundations of the Civilian Tradition*, Oxford University Press, 1996, p. 566.

来说债就是契约,因为除了契约之外,还有成立(contrahere)债的其他方式(私犯、准私犯、准契约)。[46]

同时,需注意的是,真正意义上的债是市民法债(obligationes civiles),[47]契约产生的正是这种债。而所谓的"自然法债"(obligatio naturalis)是和自然法或万民法相对应的,它既不产生要求给付的权利,也不产生履行给付的义务,因而它们不拥有诉权,仅产生抗辩。也就是说,自然法债不能得到市民法的承认和保护,但在债务人自动清偿的情况下,债权人有权保留被给付物并且拒绝返还或对抗错债索回之诉(condictio indebiti)。[48]

自然法债的产生原因有多种,简约即为其中一种。由此,形成了一句对罗马法契约制度来说很重要的格言:"裸体简约不产生债,仅产生抗辩。"(Nuda pactio obligationem non parit sed parit exceptionem)(其中的债当然指的是市民法债——笔者注)。易言之,裸体简约不移转权利,也不产生市民法上完备的债,不存在以它为根据的诉讼,当事人只能以简约抗辩(exceptio pacti)来对抗诉权。[49]

由此可见,罗马法并不承认简约具有充分的债的效力,它只是要求裁判官在行使司法管辖权时有义务尊重简约。所以,在罗马法中,简约的作用只是以抗辩的形式排斥或减弱债的效力。[50] 正是在此种意义上,罗马法上的简约是指那些不具备市民法形式(如要式口约中的口头问答程式)的协议,这些协议也不属于那些无须形式即可产生市民法债的本义上的(法定类型的)契约。为了把它同受到市民法承认的协议(契约)区别开来,罗马人也称它为"无形式简约"(nudum pactum;

---

〔46〕 See W. W. Buckland and Arnold D. McNair, *Roman Law & Common Law: A Comparison in Outline*, p. 196.

〔47〕 在盖尤斯看来,债(obligatio)是完全属于市民法(ius civile)的概念。See W. W. Buckland and Arnold D. McNair, *Roman Law & Common Law: A Comparison in Outline*, supra note 26, p. 193. 因前文所述的要式契约、非要式契约以及无名契约而产生的债,都属于市民法债。

〔48〕 参见黄风编著:《罗马法词典》,法律出版社 2002 年版,第 190 页;[意]彼德罗·彭梵得:《罗马法教科书》,黄风译,中国政法大学出版社 1992 年版,第 299 页以下。

〔49〕 参见[英]巴里·尼古拉斯:《罗马法概论》,黄风译,法律出版社 2000 年版,第 202 页。

〔50〕 参见[意]彼德罗·彭梵得:《罗马法教科书》,黄风译,中国政法大学出版社 1992 年版,第 391 页以下。

也被直译为裸体简约)。[51] 如果罗马法承认简约产生市民法债,那么这将导致其契约制度的一次彻底革命,因为简约是不具有市民法形式的协议,也不属于法定类型的契约,它只是单纯的合意,承认其为债因将直接导致契约形式主义和类型法定主义的崩溃,这也将意味着单纯的合意就构成契约。

值得注意的是,对于某些简约,罗马法上的"裸体简约不产生债"的原则也有所放宽。首先,在诚信诉讼中,简约具有更大效力,因为法官必须根据诚信评估当事人的相互义务。这导致了某些可以据以提起诉讼的简约[被学者们称为附加简约(pacta adiecta)]的出现,不过,为了这些简约能被法官考虑,它们必须确实同(法定类型的)契约联系在一起,并且是包含其中而不是与其脱离的(in continenti, non ex intervallo)。这些简约通常被作为契约的组成部分看待。[52] 其次,在少数情况中,裁判官以及后来的皇帝,允许根据某些不属于类型化契约范畴的简约提起诉讼。在现代术语中,这些简约被称为"穿衣简约"(pacta vestita),主要分为"裁判官法简约"(pacta praetoria)和"合法简约"(pacta legitima)。[53]

不过,原则的放松并不意味着裸体简约可以产生债。尽管上述简约被裁判官赋予了诉权,但由于在罗马法上裁判官诉权不是一种债,所以,不管是在盖尤斯还是优士丁尼看来,导致单纯裁判官诉权产生的协议绝不属于契约的范畴。[54]

综上所述,罗马人眼里的契约并不真正是指协定,它专门被用来指债契约(契约仅仅构成为债因,而不引起其他性质的法律效力的产生)。真正和合意相似的术语是"简约"或"协议"(conventio,

---

〔51〕 参见[意]彼德罗·彭梵得:《罗马法教科书》,黄风译,中国政法大学出版社 1992 年版,第 302、391 页。

〔52〕 参见[意]彼德罗·彭梵得:《罗马法教科书》,黄风译,中国政法大学出版社 1992 年版,第 392 页;[英]巴里·尼古拉斯:《罗马法概论》,黄风译,法律出版社 2000 年版,第 202 页。

〔53〕 参见[英]巴里·尼古拉斯:《罗马法概论》,黄风译,法律出版社 2000 年版,第 202 页。

〔54〕 See W. W. Buckland and Arnold D. McNair, *Roman Law & Common Law: A Comparison in Outline*, p. 193.

conventum),它也适用于其他法律领域,如设立质权和抵押权的简约、让渡(traditio)、[55]债务解除协议、家庭法中的收养等,它绝对不产生债的效力。[56]

(三)历史语境中的几点解释

1. 罗马法上的契约和非契约

有学者认为,罗马合同法的结构是:一种形式、一个原则和数种(法定)契约。[57] 此种概括虽然有失精当,却也道出了罗马合同制度的精要。

所谓一种形式(有失精当,因为罗马契约法中的形式不止一种),强调的是罗马契约制度的形式主义。略去文字契约的渐趋式微不谈,要式口约确实明显地表现为协议的外部要件。正如前文所述,程式化问答的存在意味着,一方面,合意不是必要的,所以债务人不能抗辩说,其内心意思和所说因错误而不一致;另一方面,合意又不是充足的,因而在形式出现瑕疵时。例如,在早期的要式口约中,回答者说"我承诺"(promitto),而不是说"我答应"(spondeo),那么提问者就不能抗辩说:尽管程式不合,但已存在实质性的合意。

所谓"数种契约",是指除了要式契约这一一般化的缔约方式外,罗马法上的合同采类型强制主义。因此,在罗马法中,不具备形式的协议不是契约,除非它具备这种或那种法定契约的条件。

所谓一个原则,就是"裸体简约不产生债,仅产生抗辩"。这意味着不具备形式或不符合类型化契约之法定要件的协议,即使在特定情形下能根据裁判官法产生诉权,但在罗马法上仍然不属于契约的范畴。

综上所述,我们不难得知,古典罗马法上的契约要么是具备形式的协议,要么是符合某种法定契约之条件的协议,舍此即无契约。因此,罗马契约的要素可被总结为:(1)在各种特定的类型化合同中,其要素

[55] 该概念是萨维尼据以抽象出物权合同的万民法上的所有权取得方式,我国学界一般将其译为交付。

[56] 参见[意]彼德罗·彭梵得:《罗马法教科书》,黄风译,中国政法大学出版社 1992 年版,第 67、306 页。

[57] See Tony Weir, *Contracts in Roma and England*, Tulane Law Review, June, 1992, at 1638.

应被分别地认为是构成各类契约之基本特征的各种条件。不符合这种或那种条件,则即使协议是认真达成的,也不是契约。(2)在类型化契约之外,能被承认为契约的,只有那些采用了某种口头或书面形式的协议。所以,在罗马法上,确实存在一种使协议变成契约的一般模式,即形式的采用。但罗马法对形式的要求,不是借以实现诸如证据的确定性之类的法律目标的手段,而是构成契约的实质性要素,即采用某形式的协议为契约,否则,只有在符合某种法定契约的条件时,才构成契约。易言之,罗马契约制度中的形式是"效果性形式",而非"保护性形式"。〔58〕(3)尽管合意对于法定类型的契约具有重要意义,但它不是所有契约的一般构成要素。在要式契约中,"形式"不是附加于合意之上的要素,而是此种契约的单一构成要素;〔59〕即使是在各种合意契约中,合意的要件也是被具体地对待,抽象的、一般的合意概念尚未形成。

2. 类型化契约制度对近现代有名合同制度的影响

在古罗马,尽管类型化契约制度有其消极意义,但法律毕竟为各种具体的法定契约提供了相对具体的内容,为生活中最常见的行为提供了一套现成的"权利义务"内容,这对合同的解释和漏洞补充起到了积极的作用,而现代各国民法莫不从中受益。

3. 要式口约的衰退和简约的成长对后期罗马契约制度的影响

古典罗马法的契约类型强制建立在协议和契约相区别的基础上,即不属于法定类型的契约只是协议。但是,既然任何一种协议在采用要式口约的形式后都可以转化为契约,那么重要的区别就体现在协议和要式口约之间。于是,要式口约一旦摆脱其形式,这种区分也就不复存在,罗马法的特定契约制度将丧失其基础,因为任何协议都将成为契约。这种情况在优士丁尼时代变成了现实:要式口约完全失去了"一问一答"的典型口头形式,蜕变为在场者之间根据"达成要式口约的意

---

〔58〕 See Konard Zweigert and Hein Kötz, *An Introduction to Comparative Law*, trans. Tony Weir, Clarendon Press, Oxford, 1998, p. 366.

〔59〕 See W. W. Buckland and Arnold D. McNair, *Roman Law & Common Law: A Comparison in Outline*, p. 228.

图”缔结的单纯协议。[60]

另外,经裁判官和后期的皇帝的改造,一些简约在被“穿衣”后取得了诉权,为统一的、一般化的契约概念提供了可能的分析模式和法则。这样,在罗马—希腊时代,简约和要式口约相互接近,契约、协议和简约的实质区别开始淡漠,以至于这些不同概念之间的区别在优士丁尼法中几乎消失殆尽,并且在中期法中彻底消失。[61]

三、中世纪后原因理论对合同概念发展的影响

(一)中世纪以后法学家构建合同一般理论的努力

正如上文所述,在优士丁尼时代,由于要式口约的衰退演变以及简约制度的成长,古典罗马契约制度事实上已土崩瓦解。令人遗憾的是,优士丁尼法的编纂者既没有承认既存事实,也不愿意承担重建工作,其文献反映的仍然是古典罗马契约制度的风貌。[62] 这样,其法律文本除了细致地划分契约种类外,还包括大量涉及契约具体操作的分散规则,但这些文本并不包含对于这种划分或这些规则所依据理由的系统解释。最终,进行系统解释和重建的任务历史性地落在了中世纪法学家(主要是11世纪晚期和12世纪的注释法学家)的肩上。[63]

罗马法没有合同的一般理论,唯一具有弹性且能适用于任何目的的契约是要式口约。然而,以优士丁尼时代不再具有形式特点的要式口约作为构建合同一般概念的工具,似乎不是中世纪法学家的选择。其中的原因主要在于,要式口约不要求一个交换物(quid pro quo),[64]

---

〔60〕 参见[英]巴里·尼古拉斯:《罗马法概论》,黄风译,法律出版社2000年版,第204页;[意]彼德罗·彭梵得:《罗马法教科书》,黄风译,中国政法大学出版社1992年版,第395页。

〔61〕 参见[意]彼德罗·彭梵得:《罗马法教科书》,黄风译,中国政法大学出版社1992年版,第395页。

〔62〕 参见[英]巴里·尼古拉斯:《罗马法概论》,黄风译,法律出版社2000年版,第216页。

〔63〕 参见[美]哈罗德·J.伯尔曼:《法律与革命——西方法律传统的形成》,贺卫方等译,中国大百科全书出版社1993年版,第298页。

〔64〕 交换物是与不付代价的收益相对立的,它表达了一种关于协商成交——以此物与彼物相交换的思想。参见[美]A.L.科宾:《科宾论合同》(一卷版)(上册),王卫国等译,中国大百科全书出版社1997年版,第226页。

因此,严格来说,它是一种单务合同。[65] 这种性质决定了要式口约的某些局限性:其一,尽管要式口约在优士丁尼时代已丧失其形式特征,但其另一特点是,该行为中采取行动和提问的人均为债权人,丧失物或负债的人则表现为被动的允许态度,他只能表示赞同;[66] 而在双务合同中,双方当事人同时是允诺人和受诺人,其相互的允诺是当事人双方以相互交换的方式分别作出的。显然,要式口约不是一种真正的、典型的协议模式。其二,单务合同的法律效果是使允诺人成为唯一受可强制执行的合法义务约束的当事人,而受诺人是唯一由合同取得可强制实现之合法权利的人;双务合同的法律效果则是存在互为权利和义务的对待给付。据此,虽然双务合同可以转化为两个单独的要式口约,但其法律效果是不同的。由以上两点可见,就合同概念的形成和分析而言,双务合同更具典型性。[67]

于是,在重构合同概念的过程中,11 世纪晚期和 12 世纪的注释法学家们利用《学说汇纂》中的一些文字为真正的协议(或简约)找到了一个"交换物"——"原因"(causa)。[68] 这些文字说:如果存在原因,那么没有名称的契约也可产生债;[69] 不存在任何原因时,协议(conventio)不产生债。[70] 其作者本意是要区分罗马法上的有名契约和无名契约,即只要存在原因,那些不属于有名契约的契约类型(无名契约)也能产生债;相反,如果不存在原因,它们就只是产生抗辩,而不

〔65〕 See W. W. Buckland and Arnold D. McNair, *Roman Law & Common Law: A Comparison in Outline*, p. 221.

〔66〕 参见[意]朱塞佩·格罗索:《罗马法史》,黄风译,中国政法大学出版社 1994 年版,第 117 页。

〔67〕 在某些学者看来,单务合同甚至不是合同。参见[美] A. L. 科宾:《科宾论合同》(一卷版)(上册),王卫国等译,中国大百科全书出版社 1997 年版,第 41 页以下。

〔68〕 See W. W. Buckland and Arnold D. McNair, *Roman Law & Common Law: A Comparison in Outline*, p. 223. 也请参见[美]哈罗德·J. 伯尔曼:《法律与革命——西方法律传统的形成》,贺卫方等译,中国大百科全书出版社 1993 年版,第 298 页。

〔69〕 参见[意]桑德罗·斯契巴尼选编:《契约之债与准契约之债》,丁玫译,中国政法大学出版社 1998 年版,第 11 页。

〔70〕 See W. W. Buckland and Arnold D. McNair, *Roman Law & Common Law: A Comparison in Outline*, p. 223. 也请参见[美]哈罗德·J. 伯尔曼:《法律与革命——西方法律传统的形成》,贺卫方等译,中国大百科全书出版社 1993 年版,第 298 页。

产生诉权的裸体简约。[71] 显然,该法律文本并不是要通过原因使所有的裸体简约成为契约。然而,注释法学家却对此大胆创新,“他们拈出并转化成一项普遍原则的那个词是‘裸体的’;若要产生一项诉权,协议必须成为‘穿着衣服的’。‘原因’便被定义为‘衣服’的存在。阿库修斯将‘原因’定义为‘给一项协议穿衣服而提供某物或做某事’”。[72] 于是,古罗马的裁判官或后期的皇帝只是小心翼翼地给某些特别的简约“穿衣”,而到了注释法学家那里,却演变成可以以“原因”这一一般性的术语给所有的简约“穿衣”。此后,学说在契约和简约之间保持着对立性的命题:简约一般不是契约,不能产生诉权,但在穿上“原因”这一衣服后,就摇身变为可受诉权保护的契约。[73]

通过注释法学家的努力而获得的原因理论,使契约概念的发展摆脱了形式主义和类型强制主义的制约,为不被罗马法承认其效力的形形色色的协议如何可能成为作为债因的契约提供了统一的解释。[74] 然而,原因是一个难以驾驭的概念,该词具有各种不同的含义:根据、理由、目的、原因以及其他。注释法学家们区别了两种不同的原因,其中一种是他们援用亚里士多德的术语“终极原因”(causa finalis)来表示的订立契约的目的,另一种是以“驱动原因”(causa impulsiva)表示的促使当事人缔约的动机。在亚里士多德的《形而上学》和《伦理学》译本问世以及托马斯·阿奎那将亚里士多德哲学系统地应用于基督教神学之后,后注释法学家以亚里士多德的分配的正义和交换的正义概念为出发点,并运用其实体与事件的范畴以及关于终极原因、形式原因、实体原因和有效原因等权威定义,不仅对罗马契约法进行综合,而且初

---

〔71〕 See W. W. Buckland and Arnold D. McNair, *Roman Law & Common Law: A Comparison in Outline*, p. 229.

〔72〕 参见[美]哈罗德·J. 伯尔曼:《法律与革命——西方法律传统的形成》,贺卫方等译,中国大百科全书出版社 1993 年版,第 298 页。

〔73〕 参见[意]鲁伊吉·拉布鲁纳:《单纯合意即形成债:论罗马债法中的合意主义——从历史的足迹到中国债法之引人注目的演进》,费安玲译,载杨振山等主编:《罗马法·中国法与民法法典化——物权和债权之研究》,中国政法大学出版社 2001 年版,第 371 页。

〔74〕 See W. W. Buckland and Arnold D. McNair, *Roman Law & Common Law: A Comparison in Outline*, p. 227.

步构筑出今天可以称为契约的一般理论的学说。与此同时，该理论进一步受到教会法理论的修正：首先，承诺作为一个良心问题本身便具有约束力，而不管它们是否“穿了衣服”；其次，构成契约的基础并赋予其效力的“原因”，要根据使当事人可以正当地订立具体契约的、当事人预先所有的道德义务加以定义。[75] 其实，教会法学家所做的，不过是通过原因的道德化强调契约义务的道德性而已。

显然，14 世纪后形成的合同概念，就是通过原因理论，把道德意志（voluntas moralis）附加于当事人的意志（voluntas）之上，以便解释赋予合同以债的效力的理由，而单纯的合意并未被提升为合同的普遍范畴。事实上，合意被提升为债的普遍范畴是 17 世纪自然法学派的功绩。“在那时，‘单纯合意即形成债’（solus consensus inducit obligationem）成为了建立新的契约体系，并最终形成摆脱法定形式约束的统一契约概念的最大可能。”[76] 当时的法国法学家卢瓦塞尔（loysel）以一条著名的格言对合意主义（consensualisme）的基本思想做了表述：“擒牛捞其角，治人以其言：单纯的允诺或协议与罗马法的规定具有同样价值。”[77]

（二）近现代法国法系原因理论的发展

中世纪法律家们使原因原则成为其合同制度的基石；19 世纪以后，尽管单纯的合意主义已成为欧陆各国法律制度的原则，但原因原则仍然作为历史沉淀物进入了法国、意大利以及欧洲、拉美等其他一些国家的民法典中。而且，中世纪以来许多法学家廓清原因理论的努力，收效并不理想，该概念依然是近现代法律理论中最具争议、最难“破译”的一个问题，它为形而上的学究式探讨以及法律心理学提供了战

[75] 参见［美］哈罗德·J. 伯尔曼：《法律与革命——西方法律传统的形成》，贺卫方等译，中国大百科全书出版社 1993 年版，第 298 页以下。

[76] 参见［意］鲁伊吉·拉布鲁纳：《单纯合意即形成债：论罗马债法中的合意主义——从历史的足迹到中国债法之引人注目的演进》，费安玲译，载杨振山等主编：《罗马法·中国法与民法法典化——物权和债权之研究》，中国政法大学出版社 2001 年版，第 371 页。

[77] 转引自尹田编著：《法国现代合同法》，法律出版社 1995 年版，第 181 页。

场。[78]

在法国法系中,对原因理论的需求在整个 19 世纪被认为是理所当然。[79] 并且,原因的传统理论遵循中世纪法学家的思路,认为原因是指当事人订立合同的“理由”,该理由是一切合同当事人都具有的直接目的,其特点是具有客观性,通过对合同性质的分析即可揭示,因而被称为“近因”(实际上就是注释法学家所说的终极原因)。[80] 这种原因是指合同当事人所承担的债务的原因,而非合同的原因。因此,合同项下有多少债务就有多少个原因:单务合同只有一个原因,双务合同至少有两个原因。[81]

此种意义上的原因因其客观性而被类型化:(1)信用原因(causa credendi)或取得原因(causa acquirendi),即当事人之所以成立合同,是由于希望相对人提供对待给付。此种原因体现在双务合同中,合同双方的义务互为原因。(2)清偿原因(causa solvendi),即债务人之所以承担义务是为清偿对债权人的负债。有偿的单务合同中存在的就是此种原因。(3)赠与原因(causa donandi),即赠与人之所以向相对人承担义务,是因为有赠与意图(animus donandi)。此种原因表现在无偿合同中。[82]

传统理论中的原因显然具有抽象性和客观性,它不同于当事人通过订立合同想要达到的具体目的(动机)。就前者而言,对同一类型的合同来说,不问当事人是谁,也不管合同的具体内容如何,原因总是相

---

〔78〕 See W. W. Buckland and Arnold D. McNair, *Roman Law & Common Law: A Comparison in Outline*, p. 225.

〔79〕 See W. W. Buckland and Arnold D. McNair, *Roman Law & Common Law: A Comparison in Outline*, p. 228.

〔80〕 参见尹田编著:《法国现代合同法》,法律出版社 1995 年版,第 152 页以下。Véase también Felipe Osterling Parodi y Mario Castillo Freyre, *Tratado de Las Obligaciones*, (Biblioteca Para Leer el Código Civil, Vol. XVI, Primera Parte – Tomo I), Pontificia Universidad Católica del Perú, Fondo Editorial, 1994, p. 169.

〔81〕 参见沈达明、梁仁洁编著:《德意志法上的法律行为》,对外贸易教育出版社 1992 年版,第 59 页。

〔82〕 参见沈达明、梁仁洁编著:《德意志法上的法律行为》,对外贸易教育出版社 1992 年版,第 59 页;尹田编著:《法国现代合同法》,法律出版社 1995 年版,第 153 页。

同的;后者则因人而异,具有个别性、主观性的特点,因而被称为合同的“远因”(对应于注释法学家所说的“驱动原因”)。[83]

20世纪以后,以 Marcel Planiol 为代表的一些法学家,采用严格的理论分析方法,彻底否认了原因理论的正确性和必要性。[84] 尽管这种观点未被全盘接受,但它的确促使认真的法学家去重新思考原因理论。其中,著名法学家 Henri Capitant 在传统理论的基础上重构了一个单一的、严密的原因理论;[85] 以佛鲁尔为代表的现代论者则构建了不仅包括近因,同时也包括远因的“主观原因论”。[86]

现代学者对原因理论的认真梳理,虽然未能达成最终的一致意见,但在一些国家的立法和判例的改革方向中有所体现。例如,法国1947年至1948年由民法典改革委员会提交的草案就区分了标的(objet)、原因(cause)和动机(motif);[87] 阿根廷1954年的民法典草案也作了类似的区分。[88]

(三)以原因理论“破译”法国法上契约概念的尝试

注释法学家站在罗马契约制度的立场上重构契约概念,自然难以走出“债—契约”的构造模式,而其借以开展重构工作的原因理论,是此种特定想象模式中不可或缺的工具。尽管自中世纪以来,学者们对原因本身及其作用聚讼纷纭,但综合近现代学者的研究成果,却不难发现,除合意是合同首要构成要素这一不争的事实之外,原因概念的数重含义,也是“破译”法国法系合同概念的关键所在。

中世纪注释法学家所使用的“原因”一词,直接源于罗马法。但在

---

〔83〕 参见尹田编著:《法国现代合同法》,法律出版社1995年版,第152页;沈达明、梁仁洁编著:《德意志法上的法律行为》,对外贸易教育出版社1992年版,第59页以下。

〔84〕 详见尹田编著:《法国现代合同法》,法律出版社1995年版,第154页以下;沈达明、梁仁洁编著:《德意志法上的法律行为》,对外贸易教育出版社1992年版,第62页以下。

〔85〕 See W. W. Buckland and Arnold D. McNair, *Roman Law & Common Law: A Comparison in Outline*, pp. 228 – 229.

〔86〕 详见尹田编著:《法国现代合同法》,法律出版社1995年版,第158页以下。

〔87〕 See W. W. Buckland and Arnold D. McNair, *Roman Law & Common Law: A Comparison in Outline*, p. 235.

〔88〕 Véase Jorge Joaquín Llambías, *Tratado de Derecho Civil*, *Parte General*, *Tomo II*, Editorial Perrot, Buenos Aires, Decimoséptima Edición, 1997, ps. 307 – 308.

罗马法中,“原因”一词不仅在债法中使用,而且也在(现代意义上的)物权法中使用:“iusta causa”(正当原因)在万民法上的所有权取得方式 traditio 中就是作为一个要素存在的。但是,“原因”一词在被中世纪法学家用以构造契约一般理论时,只是和债法发生联系。[89]

在罗马法中,原因的第一种含义是根据或渊源,所谓的“债因”(causae obligationum)指的就是债的渊源或发生根据。在此种意义上,我们可以说,在契约之债中,契约本身就是(债的)原因,而在其他的债的形式中,私犯、准私犯、准契约也分别构成原因。原因在罗马法上的这种含义,一直被法国法系的立法例所沿用。[90] 因此,在这种立法例中,契约和其他的债之发生根据,均被纳入债法中进行规定;同时,合同不同于协议之处,就在于它是债权的发生原因。易言之,“合同”仅是指当事人旨在引起债的关系发生的合意行为,而“协议”是指当事人旨在产生包括债的关系在内的某种法律效果的合意行为。[91] 由此可见,法国法上合同的要素,除合意之外,还要求以债的关系发生作为其效果意思,这或许为该立法例未抽象出所谓的物权合同提供了另一种解释。

原因的第二种含义也就是前述法国法系传统理论上对其所做的定义,即所谓的“近因”或“终极原因”,也被称为“合法原因”。合法原因或终极原因要回答的问题是:“为什么赋予合同以债的效力?”[92] 中世纪到近现代的法学家对此问题的回答基本一致:各种合同中或存在信用原因,或存在赠与原因,或存在清偿原因,正是因为存在这些作为对价的原因,所以债务人必须履行其义务。所不同的是,中世纪法学家受教会法的影响,以道德教义来解释原因,从而把道德意志附加于当事人的意志之上,使当事人不仅有履约的法律义务,更有履约的道德义务;

---

〔89〕 See W. W. Buckland and Arnold D. McNair, *Roman Law & Common Law: A Comparison in Outline*, p. 229.

〔90〕 Véase Felipe Osterling Parodi y Mario Castillo Freyre, *op. cit.*, p. 178; See also W. W. Buckland and Arnold D. McNair, *Roman Law & Common Law: A Comparison in Outline*, p. 229.

〔91〕 参见尹田编著:《法国现代合同法》,法律出版社 1995 年版,第 4 页以下。

〔92〕 Véase Felipe Osterling Parodi y Mario Castillo Freyre, *op. cit.*, p. 179.

而近现代法学家并未赋予原因以道德含义,他们只是简单地把原因视为“附加于当事人意志之上的法律意志(voluntas legis)”,[93]从而说明了当事人为何有履约的法律义务。

不过,既然按照原因的传统理论,所有的合同中都存在“近因”,而且在各种类型的合同中,其原因都没有区别,那么,近因除了在理论上能回答“为什么赋予合同以债的效力”这一问题外,并不具有实践意义。

事实上,上述两种含义上的原因指的不是合同的原因,而是债的原因。[94] 由此可见,从罗马法到近现代法国法体系,均以债为出发点来构建合同制度。因此,一方面,合同概念必然和债发生联系;另一方面,它很难在合同本身与其效力(债)之间划清界限,导致合同概念和债的概念经常交织在一起:本来属于债的要素的东西(如形式、原因等),却同时也成为合同的要素。

原因的第三种含义和债无关,这就是上文提及的驱动原因。这种原因是当事人缔约的动机,它在每个具体的合同中都是各异的,是真正意义上的合同原因。《法国民法典》第1131条中的“错误原因”(fausse cause),即指此种原因。一般而言,订立合同的动机属于内心意思,只要没有被表示出来,任何人都不可能透视他人心理;但是,如果动机在缔约时被明示地表示出来,它就构成意思表示的一部分。因此,在法国法系中,缔约动机不是合同的一般构成要素,它只是在表示出来时才在个案中体现其重要性。[95]

四、德国法上法律行为的概念对合同概念的超越

17世纪至18世纪启蒙时期,德国学者成功地将自然法思想融入私法研究,形成了德国罗马法复兴中的理性法或自然法理论。此后,通

---

〔93〕 W. W. Buckland and Arnold D. McNair, *Roman Law & Common Law: A Comparison in Outline*, p. 224.

〔94〕 Véase Felipe Osterling Parodi y Mario Castillo Freyre, *op. cit.*, p. 181.

〔95〕 Véase Felipe Osterling Parodi y Mario Castillo Freyre, *op. cit.*, p. 182.

过自然法理论、理性法学以及此后的历史法学,德国法学家抽象出了超越古典合同理论的法律行为概念,从而导致合同概念的历史性断裂。这一理论的发展,本来是一个错综复杂的过程,要对此做出精确而细致的考证,确非易事,因此,本文只是以时间为线索大致描述其发展脉络。

众所周知,中世纪后期,随着文艺复兴、宗教改革运动、封建社会的解体和商品经济的发展,自然法成为思想启蒙和政治革命的理论武器。17 世纪的自然法学派认为,只有人才是自由的,也只有人才能将其意图和所欲转化为行为;同时,只有在某人基于理性以其意思开展活动时,才能称为行为,即只有由理性人的意志引导的活动,才是构建其人格和世界的行为。此后的自然法学进一步认为,人仅在能将其认识转化为愿望并将其愿望转化为行为时,才是自由的。自然法乐观地描绘了人依本性而在道德上具备的形象,并相信,在有疑问时,不应认定对自由的利用损及他人,即过错不得推定,应在行为中揭示过错。因此,行为是自由的表达,是可归责于某人的一项活动。由此,自由和责任走向了一致,责任在伦理上得以正当化:只有在某人将其自由置于活动之中时,其行为的后果(无论对其有利还是不利)才能归之于他。[96]

自然法的合同理论乃以上述行为理论为基础,但由于其所谓的行为实质上泛指人的一切有意识的活动,所以在 19 世纪之前,合同本身似乎和“行为”的概念并无直接联系,与其结亲的倒是另一个自胡果 · 格劳秀斯(Hugo Grotius)以来就具有深远影响的概念:允诺(promissio)(1811 年的《奥地利民法典》即以该术语定义合同)。至 18 世纪末期,允诺被“意思表示”(declaratio voluntatis)理论所取代,并由此推出意志乃行为的基础:人通过意愿这一单纯的事实,当可行为;而通过把意志本身转化为一项表示,该表示就是可归责的。因此,自然法把合同想象为意思表示的互换,并认为它是对和他人有关的个人自由的法律巩固。[97]

---

〔96〕 Véase Hans Hattenhauer, *op. cit.*, ps. 65 – 66.

〔97〕 Véase Hans Hattenhauer, *op. cit.*, ps. 66 – 68.

自然法学关于行为、意思表示的理论被 1794 年的《普鲁士邦法》全盘采用:其第 3 题的标题即为“关于行为以及由此产生的各种权利”,[98] 第 4 题和第 5 题的标题则分别为“意思表示”[99]“合同”。显然,从法律文本看,该法典通过对抽象的自然法教义的叙述,摆脱了中世纪以来原因理论对合同制度的影响,同时也超越了罗马法以来的“债一契约”立法模式,为 19 世纪的法律行为理论提供了实在法材料。

自然法的成就也被 18 世纪末 19 世纪初的德国理性法学和历史法学的学者广泛利用。作为理性法学和历史法学之承启者的胡果,在其 *Lehrbuch eines civilistischen Cursus* 一书中发展了和《普鲁士邦法》相同的基础概念体系,并首创“法律行为”一词,但他主要是用该概念来解释罗马法中的“适法行为”(negotium),其内涵泛指具有法律意义的一切合法行为。作为 19 世纪主流民法体系之奠基人的海塞,则第一个在行为理论的框架内提出了“法律行为”的概念。他在《民法体系的一般要素》一书的第六章“关于行为”中,首先论述了行为的一般理论,如“意思的确定”“意思表示”等,继而在第二节详细讨论了法律行为的一般意义、类型及要件。继海塞之后,萨维尼在《当代罗马法体系》第三卷中将法律行为理论进一步精致化。其门人普赫塔(Puchta)等人更是使用直接来自理性法学派的演绎方法、抽象方法,致力于把罗马法的内容系统化、概念化,从而发展了法律行为、意思表示、双务合同等重要的法律概念。[100]

---

〔98〕 相关条文如下(译自西班牙语):“第 1 条　欲使行为产生权利,须该行为是自由的。”“第 2 条只有自由的、外部的行为可以被法律承认。”“第 3 条　如果完全欠缺自由行为的能力,则不产生任何法律义务。”“第 15 条　不得推定某人意欲违反法律而实施行为。”“第 30 条　通过自由行为,可以取得、转让和消灭权利。”“第 31 条　上条规定,通过具有法律效力的意思表示而有效实现。”

〔99〕 相关条文如下(译自西班牙语):“第 1 条　意思表示,是对那些依表示人的意图应该或不应该发生之事的表露。”“第 2 条　欲使意思表示产生法律效果,表示人应对与其表示内容相符的标的享有处分权。”“第 3 条　表示人应具有认知和思考的行为能力。”“第 4 条　意思表示应该是自由的、正式的以及确定的或可靠的。”

〔100〕 Véase Hans Hattenhauer, *op. cit.*, p. 65. 也请参见董安生:《民事法律行为——合同、遗嘱和婚姻行为的一般规律》,中国人民大学出版社 1994 年版,第 30 页以下;沈达明、梁仁洁编著:《德意志法上的法律行为》,对外贸易教育出版社 1992 年版,第 10 页以下。

这一时期的法律行为理论其实已和罗马法上的相关理论发生根本性断裂。首先，罗马人所考虑的是强制执行允诺人行为中所包含的或所产生的诚信义务，而不是允诺人的意志；其次，罗马人是按照斯多葛的义务概念行事，而不是按照19世纪的意志理论行事。[101]

19世纪以后，德国学者虽依然忠实于自然法的意思表示理论，但该理论失去了和行为理论的直接联系，改变了其原初的意义。也就是说，意思表示原本是自然法之自由理论的阐述方案，但受德国刑法理论中"法律事实总和"（Tatbestand）这一术语的影响，它作为法律行为之事实总和中的要素，已蜕变为司法的技术性工具。因此，就合同而言，其一般构成要素就是要约和承诺这两个作为法律事实总和的意思表示，它们和所谓的法律效果，即某种法律关系的产生、变更或消灭，发生了分离。与此相适应，当事人的意志不再是至上的，法律行为（或合同）的效力不是源于具有伦理价值的意志，而是以"法律秩序"为基础，即国家的法律体系借助于（法律行为生效要件的）法律规定，把某项法律效果捆在意思表示这些事实总和之上。[102]

不可否认，法律行为理论是19世纪德国民法理论中最辉煌的成就。在此框架内，合同的概念也脱胎换骨：意思一致即构成契约，它完全脱离了债的范畴而被高度抽象为一种技术性工具。无怪乎英国学者梅特兰要发出"我从来没有想到会有如此多第一流（思想家）的大脑被用于对某种行为的立法研究上"的感叹了。

然而，在惊羡理性法学和历史法学派之成就的同时，我们也必须对其改造罗马法的工作保持警醒态度。尽管历史法学派中的罗马学派宣称要恢复罗马法的真正面貌，排除罗马法在中世纪和近代随着时间的进展所遭受的歪曲，使罗马法真正成为正在建立中的法学的基础和原材料，[103]但正如罗斯科·庞德所言，他们浪漫主义地从罗马法中获取

---

〔101〕 参见［美］罗斯科·庞德：《法律史解释》，邓正来译，中国法制出版社2002年版，第81页。

〔102〕 Véase Hans Hattenhauer, *op. cit.*, p.70. 也请参见沈达明、梁仁洁编著：《德意志法上的法律行为》，对外贸易教育出版社1992年版，第47页。

〔103〕 参见何勤华：《西方法学史》，中国政法大学出版社1996年版，第239页以下。

的证据,在很大程度上是一种从历史法学派论者根据自由理念加以解释的那种罗马法中获取的论据。例如,在德国,从胡果起就已开始了物权行为理论的研究,而在萨维尼那里,就发现了"所有法律制度中都可以产生契约",交付也构成一个契约,因为它包含当事人关于占有移转与所有权移转的意思表示一致。[104] 也许,萨维尼已意识到诸如此类的问题,所以才将其著作冠名为"现代罗马法体系"。否则,把古典罗马法中的交付视为"契约",古罗马人恐怕要莫名惊诧了。在这里,笔者并非要否定物权行为理论本身,而只是想提醒:罗马人自有其关于合同的特定想象方式,这是合同史研究应有的态度。事实上,合同的概念,在历史上至少发生过两次根本性的断裂:一次是出自中世纪注释法学家的手笔;另一次则是德国理性法学和历史法学的功绩。

五、结语:合同的概念何去何从?

进入 20 世纪以后,传统合同理论已面临重大危机。工业社会中集体交易的出现,各种社会力量的崛起及其意识的觉醒,意识形态和社会制度的多元化,对权力的商业需求与国家饥渴,导致传统合同理论的异化。在世界范围内,法的参与者通过"合同一般条款"、附合合同(或标准合同、格式合同)等理论的发展,动摇了个人意志的至上形成力;19 世纪梅因总结的"从身份到契约"之公式,在 20 世纪却经历了一个"从契约到身份""从个人意志的宣示到事实的社会状态"的反向运动。在社会主义国家,法律一般宣告,公民在社会主义自身条件、生产资料公有制以及计划经济所确定的范围内,有权缔结旨在满足其物质和文化需要的任何种类的合同。在德国,尼佩代(Nipperdey)对国家社会主义的现实做出回应,就日益增加的由国家确定其内容的合同,提出强制性合同(diktiertes Vertrag)的概念;豪普特(Haupt)全盘抛弃团体性合同中的意思表示理论,形成了事实契约(facktisches Vertrag)的理论。在

---

[104] 详见田士永:《物权行为理论研究》,中国政法大学出版社 2002 年出版,第 57 页以下。该著作引证的德国法学家邓恩伯格(Dernburg)等人径直认为,罗马人承认"交付是一项(物权上的)契约"。

美国,契约死亡之祭文在学界已收耸动视听之效,于是关系契约论大行其道。在日本,继续性交易(契约)、包含日本式契约观的契约法之二元性理论以及契约的再生学说,亦悄然兴起。在中国,广义综合契约论者也直陈己见。[105] 所有这一切,直接冲击的是近现代以意思表示为核心的自由主义合同概念。然而,正如本文所揭示的,在每一个特定的历史时期,每一个具体的法律制度对合同制度自有其特定的想象方式,我们大可不必惊呼契约的死亡和再生,这至多意味着某种新的合同概念之说明模式的诞生。历史上从来就没有一个绝对的一般合同概念,将来也几不可能锻造出一个统一的合同概念,这是文化和社会发展的多元性所决定的。

然而,以上结论并不是要为中国传统合同观念的排他性存在寻找理由。诚如季卫东先生所言:“中国没有经过普遍主义的现代法的洗礼。在中国,传统社会的血缘和地缘以及计划经济体制的行政网络与经济活动中的契约关系纠缠在一起,造成了严重的病理想象。为了解开特殊主义的关系死结,在现阶段特别强调契约关系的一次性结算和意思自由的做法是完全必要的。”[106] 因此,经过如此洗礼后,在中国形成的可能是包容中国式契约和近现代欧美式契约的二元性契约概念。

(原文载于《法学研究》2004 年第 2 期)

---

〔105〕 请综合参见 Hans Hattenhauer, *op. cit.*, ps. 73 – 76;[日]内田贵:《契约的再生》,胡宝海译,载梁慧星主编:《民商法论丛》(第 3、4、5 卷),法律出版社 1995 年、1996 年、1996 年版;[日]内田贵:《契约法的现代化——展望 21 世纪的契约与契约法》,胡宝海译,载《民商法论丛》(第 6 卷),法律出版社 1997 年版;[美]麦克尼尔:《新社会契约论》,雷喜宁等译,中国政法大学出版社 1994 年版;江山:《广义综合契约论——寻找丢失的秩序》,载《民商法论丛》(第 6 卷),法律出版社 1997 年版。

〔106〕 参见季卫东:《关系契约论的启示(代译序)》,载[美]麦克尼尔:《新社会契约论》,雷喜宁等译,中国政法大学出版社 1994 年版,第 8 页。

单方允诺的效力根据*

目 次

一、契约范式对单方允诺的禁锢
二、罗马法中单方允诺的效力根据
三、中世纪的单方允诺
四、近现代法中单方允诺的强制执行力
五、契约范式的突破与单方允诺的制度构造

一、契约范式对单方允诺的禁锢

单方法律行为是法律行为的重要组成部分。债法上以允诺人承担给付义务为内容的单方法律行为,通常被称为单方允诺。任何法律制度都不会强制执行所有的允诺,法律是否应该赋予单方允诺强制执行力或曰债的效力?如果答案是肯定的,那么,其被赋予强制执行力的正当性根据何在?

近现代民法理论对通过法律行为发生的债,强调以合意的契约为基石,甚至认为:"凡为单独行为之效果,单独行为固可成立之,但当事人亦概可以契约为之成立。反之,法律若未准许,则契约之效果,当事

---

* 本文系与中南财经政法大学法学院黄美玲教授合作,曾刊载于《中国社会科学》2013 年第 4 期。该文发表时有较大删减和改动,考虑到原文更契合本书关于历史实证的研究旨趣,故收录时恢复其原貌。

人即无从以单独行为促成之”;“债之关系因法律行为而发生者,原则上应基于契约,单独行为属例外,例外规定则应从严解释”。[1] 民事立法亦仅规定合同是债权债务关系最主要的发生根据,作为特殊债因而存在的单方允诺,其功能和效力根源非但未引起立法者与学者的注意,反而有被置于契约框架下予以重构的倾向,单方允诺的效力根据问题更趋复杂。例如,在瑞士和日本,立法上虽然将悬赏广告置于契约法的体系下,但学理和判例仍将其解释为单方行为;相反,过去采用单方行为说的我国台湾地区,在其“民法”修正中却回归契约原则,由此引发进步抑或退步的反思。[2]

即使是将悬赏广告视为单方行为的判例学说,也未能摆脱契约主义的解释框架。在这种思维模式下,凡单方行为(包括悬赏广告)的效果,本可通过契约而成立,之所以将悬赏广告定性为单方行为,是因为这样才能使不知有广告的行为人以及无行为能力人也享有报酬请求权。[3] 可见,这种解释模式只是从法律效果出发,工具主义地反推悬赏广告之单方行为属性更具妥当性,并未深究单方允诺的本质及其发生债之效力的真正根源。

如果说“范式”[4]就是一种公认的模型或模式,其提出是要“揭示出某些实际科学实践的公认范例——它们包括定律、理论、应用和仪器在一起——为特定的连贯的科学研究的传统提供模型”,那么,对意定之债效力根源的契约化解释模式当之无愧就是一种理论范式,因为它符合范式的两个基本特征:成就空前地吸引一批坚定的拥护者,使他们脱离允诺理论的其他竞争模式;这些成就又足以无限制地为重新组成的一批实践者留下有待解决的种种问题。例如,对于要约的约束力及其撤销问题众说纷纭,为保护受诺人的利益,在契约范式内产生了符合合同定义的默示允诺(implied promise)理论,但更多的学者创造性地

[1] 王泽鉴:《民法学说与判例研究》(2),中国政法大学出版社2003年版,第78页。

[2] 参见王泽鉴:《债法原理》,北京大学出版社2009年版,第202页。

[3] 参见王泽鉴:《债法原理》,北京大学出版社2009年版,第200页。

[4] 关于范式的定义及其基本特征,参见[美]托马斯·库恩:《科学革命的结构》,金吾伦、胡新和译,北京大学出版社2003年版,第9页。

借助信赖利益理论、缔约过失理论或诚信原则去弥补契约法的不足。

但契约范式对单方允诺制度的简单化裁剪，无异于削足适履，是对个人以单独意思表示实现自治的社会经济功能的一种漠视，不利于民法精神秉承的诚信原则效用的发挥，甚至会对社会信用、交易安全以及市场主体潜在的信赖利益造成损害。本文拟考察单方允诺效力根据的历史流变，尽可能勾勒出其谱系，并试图通过历史梳理探讨我国的立法模式，以期为现代合同理论的完善和单方允诺制度构建提供一种参考。

二、罗马法中单方允诺的效力根据

以罗马法作为论述的起点，是因为在单方允诺制度发展的历史长河中，无论是主张将其独立于契约单列为债因的观点，还是试图寻找其双方性证据以将之契约化的观点，都从罗马法的相关制度中寻找根据。在近现代欧陆各国的民事立法中，无论是承认还是拒斥单方允诺强制执行力的，罗马法相关制度均构成其重要的参照系。〔5〕

在罗马法中，单独一方的意思表示并不被认可具有法律效力，只有据荣誉或基于其他正当原因做出的允诺（pollicitatio ob honorem vel aliam iustam causam）与神誓（votum）作为例外情形被明确地规定在《学说汇纂》中。〔6〕除这两种严格意义上的单方允诺之外，提供线索的允诺（promissum indicii nomine）、〔7〕嫁资口约（dotis dictio）以及解放自由人通过宣誓做出的允诺（promissio iurata liberti），通常也被学者们作为有争议的单方允诺纳入考察范围。后两种单方性的允诺在优士丁尼法之前为要式行为，且适用范围狭窄固定，仅分别适用于与婚姻关

---

〔5〕 历史上两种对立态度就罗马法相关制度的交锋，将在下文中交代。综合的描述参见 Paolo Recano, *Profili storici della promessa unilaterale*, in *Rassegna di diritto civile*, 2006 (1); Reinhard Zimmermann, *The Law of Obligations: Roman Foundations of the Civilian Tradition*, Oxford: Oxford University Press, 1996, pp. 575 – 576。

〔6〕 参见 Digesto, D. 50. 12. , Napoli, 1859, p. 1053ss。

〔7〕 “pollicitatio”表征的单方允诺在古罗马有些情形中也被以“promissio”一词代替。这也是下文为何在对公众作出的允诺（pollicitatio）之外，还将只是初见雏形的提供线索的允诺（promissum）进行并列考察的原因所在。参见 Federica Bertoldi, *Le promesse unilaterali in diritto romano*, in *Promesses et actes unilatéraux*, a cura di Michel Boudot, Paolo Maria Vecchi e Didier Veillon, *LGDJ*, 2010, p. 12。

系相关联的嫁资和解放自由人在被解放时向其恩主做出的报酬性允诺。

(一)允诺的类型及其效力正当性依据

拉丁语中,"pollicitatio"来自"polliceor",后者由前缀 pol 与中心词 liceor 组成,pol 来自 por 和 port,起源于希腊语中的 πορτΊ, προτΊ, πρΊς,与 pro 相近,意思是赞成、同意、为了;liceor 是指拍卖中的出价,[8]就是自发地提供或允诺某事或某物。这一词语最早出现在普劳图斯的喜剧《商人》(*At illic pollicitust prior*)中,其字面意义是为帮助、恩惠或援助而自发做出的允诺。[9] 从语源上看,并不能从因慷慨或仁慈而做出的允诺中引申出强制性义务。

但是,意大利著名罗马法学家 Albertario 指出:古典时期的允诺其实专门指对公众的允诺,即仅指向城邦做出的金钱允诺或一项工程允诺,这种形态的允诺因皇帝敕令而特殊地具有约束力;而在后古典时期的优士丁尼法中,允诺由于过多地"添加"而变成一个非专门术语,并涵括双方允诺、简约或协议的意思,同时继续表示向城邦做出的允诺。[10] 一些学者不赞成这一观点,并进一步以碑文文献的记载作为反证进行驳斥,并得出结论:在法学范畴内,"允诺"这个术语的含义与其字面意思并无二致,即自发的许诺,而允诺的自发性意味着允诺之意思表示的单方性。[11]

其实,对于这一讨论,一则广为引证的经典片段(D. 50,12,3pr.)已予澄清:"简约是双方当事人的合意与协议,而允诺只涉及单方面的承诺。因此据荣誉做出的允诺被法律承认,可以如同债务一样被请求(履行);但是如果一项活动已经开始实施,尽管不是据荣誉做出的,也

〔8〕 See *Oxford Latin Dictionary*, Oxford: Clarendon Press, 1968, p. 1397.

〔9〕 Filippo Cancelli, *La voce "pollicitatio"*, in *Novissimo Digesto italiano*, XIII, Torino: Unione tipografico – editrice Torinese, 1966, p. 256ss.

〔10〕 Emilio Albertario, *La pollicitatio*, Milano: Società Editrice, 1929, p. 6ss.

〔11〕 Robert Villers, *Essai sur la "pollicitatio" à une "res publica"*, in *Revue historique de droit Français et étranger Ser.* 4, XVI, 1939, p. 12ss. 根据该学者对发掘的 66 块古罗马碑铭的实证研究,其中有一半包含词语"*polliceri – pollicitatio*",一半包含词语"*promittere – promissum*"。

被法律承认(其效力),允诺人必须履行。”

分析这一片段,可以得出以下两点结论:(1)简约区别于允诺,后者在古典时期仅仅是指单方面的要约、提供,并不具有合意、协议的意思;[12](2)允诺分为“据荣誉允诺”(pollicitatio ob honorem)和“非据荣誉允诺”(non ob honorem factae)。所谓“据荣誉允诺”,是指市民考虑到已经或即将向其授予的公职而对公众做出的实施一项工程或者给付一笔钱款的允诺,否则为非据荣誉允诺。该片段在明确区分两者的同时,只承认前者的约束力。不过,在建设一项工程的允诺中,如果已经开始施工,或者是在支付一笔钱款的允诺中,如果允诺人已经给付部分款项,那么非据荣誉允诺的可请求性得到承认。换言之,若非据荣誉允诺已经开始履行,则其约束力被承认,此即“活动开始”原则(opus coeptum)。[13] 另外,非据荣誉允诺在因灾害而做出时,其约束力亦被例外地承认,[14]这可能是鉴于此等允诺的特定正当性:它是在公众遭受自然灾害时向公众做出的允诺。[15]

尽管上述文本有清晰的阐释,但很多现代学者仍力图通过推定城邦的默示同意来证成此等允诺的双方性,并进而解释其效力。[16] Brini首先提出这一观点,并得到 Albertario 的极力支持。他们把对公众允诺重构成一种双方行为,认为此等允诺因为市民通过其机构做出的接受而产生约束力,而这种接受与同意代表着受诺人的意思表示,从而成立一种双方行为。不过,这一解释遭到一些学者[17]的反驳,他们认为,

---

〔12〕 Emilio Albertario, *La pollicitatio*, p. 7ss.

〔13〕 Valeria Carro, *Dalla pollicitatio all' art. 1987c. c: l' attualità del problema della formazione unilaterale del rapporto obbligatorio*, in *Studi in onore di Luigi Labruna*, Napoli, 2007, p. 810.

〔14〕 D. 50,12,7:“某人因城市所遭受的事故而向城市允诺做某事的,被奉为神的塞维鲁斯在其向狄奥发布的一项敕令中规定,即使他尚未开始实施,他也受其约束。” D. 50,12,4:“某人考虑到城市所遭受的火灾、地震或其他灾害而做出允诺的,允诺人受其约束。”

〔15〕 Pietro Bonfante, *Istituzioni di diritto romano*, p. 317.

〔16〕 Emilio Albertario, *La pollicitatio*, p. 27. 这一观点最初由 Brini 提出,参见 Giuseppe Brini, *La bilateralità della pollicitatio ad una res publica e dei vota nel diritto romano.* in *Memoria alla Classe di Scienze morali della R. Accademia delle Scienze dell' Istituto di Bologna*, Bologna: Tipografia Gamberini e Parmeggiani, 1908, p. 3ss。

〔17〕 参见 Gian Gualberto Archi, *La “pollicitatio” in diritto romano*, in *Rivista italiana per le scienze giuridiche*, 1933, Ⅷ, p. 563ss。

将城邦对允诺的建筑给予土地许可推定为城邦的默示接受毫无根据,单方允诺的双方性建构不过是部分学者以现代理论构建的"海市蜃楼"。[18] 因为双方性的结构无法解释这样的客观事实:允诺并不需要受诺人的接受。显然,现代学者论证允诺的双方性深受现代法上合意主义的影响,其目的无非是在契约主义的框架下,通过城邦的默示同意来证明允诺人受其允诺约束的正当性。

事实上,在古罗马,认可对公众允诺的效力与慷慨精神密切相关,[19] 罗马人并不浪漫地通过拟制城邦的同意来强制允诺人履行其允诺。这种允诺起初只是因其社会属性而获得承认,市民法并未使其发生债的强制约束力,违反它也仅产生道德、社会或政治上的惩罚。具体来说,最多是带来监察官在道德审判中的干涉,即所谓的"监察官记过"(nota censoria)。[20] 但随着社会经济的发展,以及所伴生的帝国中央集权的加强,考虑到其对象的公众性,这种允诺逐渐被个别城市习惯所吸收,最初以地方行政惯例的形式出现,至图拉真皇帝的敕令发布之时,其效力才得到法律的正式认可。[21]

(二)神誓的单方性及其宗教形式主义

罗马法中,另一个例外地具有约束力的单方允诺是神誓,即"为求神相助或赎罪消灾而向神做出的(给付)某物或(履行)某行为的允

〔18〕 参见 Guido Astuti, *I contratti obbligatori nella storia del diritto italiano*, Milano: Dott. A. Giuffrè, 1952, p. 83。

〔19〕 此种制度被很多学者归为赠与制度进行研究。参见 Gian Gualberto Archi, *La donazione, corso di diritto romano*, Milano: Dott. A. Giuffrè, 1960, p. 28ss。

〔20〕 据荣誉允诺的约束力第一次得到承认,源自图拉真皇帝的一项敕令,即 D. 50,12,14:"如果某人考虑到即将授予他的荣誉而允诺在某个城市建设一座公共建筑,根据被奉为神的图拉真的敕令,他及其继承人必须履行之。"

〔21〕 参见 Robert Villers, *Essai sur la "pollicitatio" à une "res publica"*, p. 17ss。即便是允诺的效力得到了法律的正式认可,当今的罗马法学者也还是更多地将对公众允诺制度归类于一项公法制度而非私法制度,由此阐明何以在市民法之债的分类中无从寻得此种制度的踪影。该观点系罗马第一大学资深罗马法学教授 Massimo Brutti 于 2011 年 6 月 3 ~ 10 日,在湖南大学举办的罗马法师资培训班中提出。

诺”。[22] 这一制度[23]在优士丁尼的法典编纂中，与前述对公众允诺安排在一起，被明确承认具有法律约束力：

D. 50,12,2 乌尔比安：《论断集》第1卷：(pr.) 如果某人针对某物做出宣誓，他受其誓言约束，但该义务仅及于宣誓人，而不及于该物。因为如果针对某物做出宣誓并交付该物，宣誓人得以解脱，而该物并不(因此)成为圣物。(1) 达到适婚年龄且为自权人的家子，受其家父誓言的约束，因为家父权下的家子或者奴隶，非经家父或主人同意，不得自己做出宣誓来约束自己。(2) 如果某人针对其财产的十分之一做出宣誓，在该十分之一财产从其他财产中分离出来之前，仍为其财产。如果该宣誓人在财产分离之前死亡，其继承人须以遗产对宣誓财产承担责任。众所周知，此等义务移转于继承人。

对于神誓的这种法律效力，有许多现代学者同样通过杜撰神誓的“双方性”而现代化地加以解释。[24] 他们认为，当某人做出宣誓后，在其请求得到实现时，就表明神满足了其要求，这意味着神对宣誓人允诺的同意。于是，神誓的双方性得以证成。但这种推定建立在神力满足愿望在先、允诺人履行允诺在后的假想之上。事实上，存在允诺者在神满足其愿望之前便已经履行允诺，或者在宣誓人指定了某一确定期限而神在这一期限经过之后才满足其请求的情形。在这些情况下，誓愿的约束力显然不取决于假设的神的同意，因为这种同意并不必然发生，也就是说，神未必全部或部分满足宣誓人的愿望。

事实上，神誓是一种源于神法的制度，是口头的、庄重的允诺，其强制性的效力源于神圣性的言辞宣告，而非允诺人和神之间的合意。这是因为，产生法律效力的私人行为，在最古老的时期均与一种严格的形

---

〔22〕 Vicenzo Arangio – Ruiz, *Istituzioni di diritto romano*14, Napoli: Casa Editrice Dott. Eugenio Jovene, 2006, p. 357.

〔23〕 事实上，古罗马法中的神誓制度分为个人神誓和公共神誓。参见 Károly Visky, *il Votum nel diritto romano private*, *Index*, 1971, Ⅱ, p. 315ss。考虑到主题的相关性，本文只对狭义的个人神誓进行论证。

〔24〕 参见 Emilio Albertario, La pollicitatio, p. 7ss。

式主义相符合。早期人们曾表现出一种对形式的特别追求,这与当时的法所含有的宗教成分有关。[25]

(三)提供线索之允诺

提供线索之允诺,是指就修复某一物体、就逃匿的奴隶提供线索,或者就指认小偷或是他役权人为事由提供报酬的允诺。[26]

关于这种允诺的法律文献记载寥寥无几,我们只能间接地从一些碑文和羊皮纸资料中获取相关信息。在古罗马,存在对下列人给付金钱作为报酬的惯例:一是发现和交还遗失物、奴隶和小偷的人;[27] 二是为逃匿奴隶提供详细线索者。[28] 其表征类似于现代法上的悬赏广告:"就为抓住小偷而提供线索所做出的报酬允诺,在法律上有效。"[29]

现代学说通常援引乌尔比安的《论萨宾》第 42 卷中的一个片段[30]来论证其法律效力,有学者甚至将该片段作为推定该种允诺具有"双方性"的论据,因为该片段明确提到就信息提供而获得报酬的"协议"。[31] 但这里所谓的协议涉及的是需要区分的另一种情况:对缴获逃匿奴隶的信息达成一致,由于存在合法的原因,所以构成的是一份非"裸体的"协议(简约),该具体事实依诉求前书之诉(actio

[25] 参见 Giuseppe Grosso, *Lezioni di storia del diritto romano*, quinta edizione riveduta ed ampliata, Torino:G. Giappichelli, 1965, p. 137。

[26] Federica Bertoldi, *Le promesse unilaterali in diritto romano*, p. 12.

[27] Ida Calabi Limentani, *Epigrafia latina*3, Milano:Cisalpino, 1974, p. 416.

[28] Federica Bertoldi, *Le promesse unilaterali in diritto romano*, p. 14.

[29] Paulus, *sententiarum* 2, 31, 25.

[30] D. 19, 5, 15:《论萨宾》第 42 卷:知悉逃匿奴隶藏身之处的人通知其主人,这并不使得他们获盗窃之罪;(反而)通常他们能够因此获得一笔报酬,如果他们揭发上述奴隶的藏身之处,因此而获得的报酬不被视为非法的;因此,获得报酬方不必担心请求给付之诉,因为它根据并非不合法的原因而获得报酬。如果没有给付,但是存在一个关于(提供)线索的简约,也就是说,只要提供线索并使该奴隶被俘获的话,将获得一定的报酬,那么我们来看看能否起诉。这并不是一个"裸体的"协议,如果是的话,简约就不产生诉权,但是这里包含了一个确定的交易,所以能够产生市民法诉讼,也就是依诉求前书之诉,除非有人认为在这种情况下存在欺诈。

[31] Giuseppe Brini, *La bilateralità della pollicitatio ad una res publica e dei vota nel diritto romano*, p. 28ss.

praescriptis verbis)获得保护。[32] 显然,该片段要处理的是业已达成的报酬协议(而非单方做出的允诺)如何保护的问题。因为在罗马法中,即使达成协议,但如果它不属于法定的契约类型或不具备形式的外衣,就被归为裸体简约而不受诉权的保护。但如果存在合法原因,它就能成为无名契约,已履行义务的一方可通过依诉求前书之诉获得保护。[33] 而就提供线索的允诺而言,并不存在一个已达成的"协议",不能将该片段作为这种允诺属于双方合意的证据,从而证明其效力基础来自合意。

(四)小结:"现代主义"的误区

不难发现,近代学者在对罗马法的研究中,忽视了单方允诺在各种具体案型中的单方性特质,武断地将其"契约化",并试图通过其"双方性"来达到其效力正当性的论证目的。但这种"契约主义"的现代思维模式难以成立,对历史源头的重新梳理,帮助我们揭示了错误的症结所在,并为现代法的重构提供了丰富经验。事实上,在罗马法中,无论是契约还是单方意思表示,必须要么具备严格的形式,要么属于被市民法承认的某一特定类型,才具有法律效力。与契约效力不同的是,单方允诺的效力通常不表现为以市民法上的债(obligatio civilis)为主要形态的强制约束力,而是在特殊情形下呈现个别化的特征:或者是出于一种自然法上的利益调整,并同时被要求因某种具体原因而产生,或者必须具备某种特定的外在形式,才具有宗教的、道德的或公法上的约束力,随后才发展到受私法上市民法诉讼的保护。

三、中世纪的单方允诺

(一)契约理论的突破与单方允诺理论的冷遇

罗马法上的契约之债,奉行着裸体简约不产生诉权(单纯的合意

---

〔32〕 Carlo Augusto Cannata, *Contratto e causa nel diritto romano*, in *Causa e contratto nella prospettiva storico - comparatistica a cura di Letizia Vacca*, Torino: G. Giappichelli, 1997, p. 50.

〔33〕 参见[美]巴里·尼古拉斯:《罗马法概论》,黄风译,法律出版社2000年版,第201页。

不被强制执行)的原则,而注释法学家及其后的评注法学家和经院法学家为使简约产生诉权,以便使单纯的合意也能产生强制执行力,认为需要给“裸体的”合意穿上形式的或其他的“外衣”;他们从罗马法中提炼并改造了“原因”这一概念,将有名契约和无名契约一并收入囊中,从而把只产生“履行所允诺之事物”自然之债的裸体简约装扮为“契约”,纳入可被执行的债因范畴。原因理论使契约概念的发展摆脱了形式主义和类型强制主义的制约,为不被罗马法承认的形形色色的协议作为债因的契约提供了解释,契约制度的大舞台由此拉开帷幕,合意主义在理论上获得关键性的法技术支持。[34]

就单方允诺而言,虽然罗马法的教义(单方允诺原则上不产生市民法上的债)在中世纪仍被奉为圭臬,但其理论发展却停滞不前。[35]直到11世纪晚期和12世纪,注释法学家仍然只是在重述该原则,并且雷同地仅承认向神和对公众做出的允诺。其中,向公众做出的允诺,须具有正当原因,其约束力方被承认。例如,“注释法学家非常谨慎地承认了‘为酬劳第一个登上某座城市城墙之人或者是在某项公共比赛中获胜者而做出的允诺’的约束力”。[36]

(二)单方允诺效力在教会法中的道德泛化

需要指出的是,原因理论仅仅是注释法学家为了使罗马法中的契约制度获得新生而寻求的一种技术性概念的突破。在借助该理论突破罗马法的契约制度之后,这一时代的通说进一步认为,债之约束力的产生以当事人双方的合意为前提,[37]亦即在缺少受诺人的接受时,允诺人单方面的意思表示并不产生债。申言之,允诺人承担债务的法律效果,必须暗含受诺人接受这一必要的前提,允诺因此在意思表示的结构上丧失了独立为债因的可能性。

---

〔34〕 参见徐涤宇:《原因理论研究:关于合同(法律行为)效力正当性的一种说明模式》,中国政法大学出版社2005年版,第75页及以下。

〔35〕 学者甚至一致认为该原则一直延续至20世纪中叶。参见Nicola Stolfi, *Diritto civile*, Ⅲ, Torino:Unione tipografico – editrice Torinese, 1932, p.117。

〔36〕 Enrico Besta, *Le obbligazioni nella storia del diritto italiano*, Padova:CEDAM, 1936, p.53.

〔37〕 参见Paolo Recano, *Profili storici della promessa unilaterale*, p.190。

然而,与罗马法一道支撑中世纪共同法的教会法,却承认了单方允诺作为独立债因的效力。一方面,受到古罗马法中严格形式主义的影响,教会法明确规定了以庄重形式做出的允诺的效力:“以宣誓的方式做出(的允诺),即使市民法拒绝承认,也具有债的效力。”[38] 另一方面,有大量文献明确指出,教会法根据其衡平原则,承认了简单允诺[39]的约束力,认为破坏非以庄重形式做出的允诺,同不遵守以要式口约形式缔结的协议一样,都是有罪过的。[40] 教会法进一步承认,只要允诺具有道德上的合法性,并且不侵犯第三人的权利,即使在世俗的市民法中不具有效力,其本身也产生一种债。[41]

显然,在基督教教义中,允诺的效力根源更侧重于道德神学层面,即不履行允诺就是违背良心,是一种罪过。教会法学家认为,良心是判断一个特定行为的标准,源自人类对自然法主要原则的先天认知。当个体违背他们的良心时,就违反了神法。[42] 但世俗法中“缺少受诺人的接受时,允诺人的意思表示并不产生债”的原则,却直接反映允诺的法律评判与道德评价之间存在一种明显的断裂:未被接受的允诺在世俗法上不产生伴有诉权进而可被强制的债,但基于宗教规范和道德原则,允诺人在良心上却应当履行其义务,自食其言属于背信行为,在道德立场上其约束力无法被否认。由此可见,对待允诺,市民与教士之间的最大差别是目的方面的观念差别。教会人士不考虑一个允诺在市民

---

〔38〕 Antonio Pertile, *Storia del diritto italiano*, Ⅳ, Bologna: Arnaldo forni editrore, 1966, p. 496.

〔39〕 简单允诺是指缺少庄重形式的允诺。这种表达涉及的是允诺的形式,不关乎允诺的结构。因此,有学者一针见血地指出:“教会法学家们并不关注允诺是单方还是双方的结构上的区别,对教会法而言,根本问题事实上是对裸体简约或简单允诺的保护问题,因此简单允诺与简约被一致化。”参见 Carlo Alberto Graziani, *Le promesse unilaterali*, nel *Trattato di Diritto privato*, diretto da Pietro Rescigno, 9, *Obbligazioni e contratti*, Ⅰ, Torino: UTET, 1984, p. 634ss。

〔40〕 参见 Pio Fedele, *Considerazioni sull' efficacia dei patti nudi nel diritto canonico*, in *Annali della R. Università di Macerata*, Volume Ⅺ, Tolentino: Stab. Tipografico F. Filelfo, 1937, p. 16ss。

〔41〕 Antonio Pertile, *Storia del diritto italiano*, p. 496.

〔42〕 Noman Doe, *Fundamental Authority in Late Medieval English Law*, Cambridge: Cambridge University Press, 1990, p. 133.

法上是否具有可诉性,而是关注违反允诺是不是有罪。[43] 也就是说,教会法学家更加关注何种行为是违背良心的,而非何种行为是具有法律约束力的。显然,遵守允诺之言在道德神学上乃以赎罪戒律的原则为出发点,[44]教会法从根本上关注的是允诺人的灵魂健康,允诺的履行乃以避免原罪为目的,而对受诺人财产利益的保护只是间接效果。[45] 这在本质上揭示了,对于允诺须被履行,教会法更多的是考虑以宗教思想抑制罪过的需要,而世俗法则更多地考虑对受诺人利益的保护。

教会教义对允诺之道德神学的认知,使一大批教会法学家竭尽全力去促成允诺之言必须履行这一道德价值的完全实现。起初,单方允诺的效力仅止步于教会法上的宗教制裁。在教皇英诺森三世改革之后,不履行允诺会受到福音告发(denunciatio evangelica)[46]制度的惩罚。逐渐地,他们甚至寻求对罗马法的超越和废止,试图通过法律规范的订立实现其教义的世俗化。例如,《格拉提安对教令的普通注释》接受了诉讼这样一个市民法的程序,因违反允诺而受损的债权人由此受到保护。[47] 同时,由于当时的大法官通常由神职人员担任,所以他们把良心原则带到审判活动中,对简单允诺予以救济。当然,对此做出最杰出贡献的莫过于 Viscount Stair,他将良心原则渗透到苏格兰债法体系中,并为其提供学理支持。他承认,单方允诺只要具备书面形式或经

---

〔43〕 Guido Astuti, *I principi fondamentali dei contratti nella storia del diritto italiano*, in *Annali storia del diritto*, Vol Ⅰ, 1957, p. 13ss.

〔44〕 See Reinhard Zimmermann, *The Law of Obligations: Roman Foundations of the Civilian Tradition*, Oxford: Oxford University Press, 1996, p. 542.

〔45〕 参见 Carlo Alberto Graziani, *Le promesse unilaterali*, nel *Trattato di Diritto privato*, diretto da Pietro Rescigno, 9, *Obbligazioni e contratti*, Ⅰ, p. 634; Francesco Calasso, *Il negozio giuridico*, Milano: Dott. A. Giuffrè, 1959, p. 264ss。

〔46〕 "福音告发"是中世纪后期教会法中发展出的一种特别类型的诉讼。这种制度最初纯粹用于忏悔,后来被用来救济不法行为,由此获得类似法律性质的效力。对其详细介绍,可参见冷霞:《中世纪教会法对英国衡平法的影响》,载《华东政法大学学报》2008 年第 3 期。

〔47〕 参见 Carlo Alberto Graziani, *Le promesse unilaterali*, p. 635。相反的观点请参见 Pio Fedele, *Considerazioni sull' efficacia dei patti nudi nel diritto canonico*, p. 15ss; Francesco Calasso, *Il negozio giuridico*, p. 275ss。近现代学者通过介绍该制度的具体程序揭示了"对受诺人财产利益的保护"是"间接且偶然"的效力,并不等同于市民法上的诉权所带来的直接效力,其强制力的基础也与前者有本质上的区别。参见 Pio Fedele, voce *Denuncia evangelica*, in *Enciclopedia del diritto*, Ⅻ, Milano, 1964, p. 150ss。

宣誓即发生债的效力，从而在世俗法中形成了既不受对价规则影响，也不受自然法合同理论阻碍的独特单方允诺制度。[48] 然而，尽管苏格兰法律中的单方允诺制度延续至今，但它并未被其他国家效仿。

（三）自然法合意主义的发轫

在教会法学家积极探寻道德与法律之间的纽带，追求允诺教义世俗化的同时，理性自然法开始登台。于是，个人意志理论得到进一步发展，很多学者开始致力于为“创设性意思表示是唯一的债因”这一教义正名。[49]

自然法学派关于允诺的许多观念奠基于后期经院法学家的思想上。在 Covarruvias、Soto 和 Molina 看来，既然所有允诺都是有约束力的，原则上承诺就是不必要的。为支持其观点，Molina 援引了罗马法上的（单方）允诺制度。他甚至认为，尽管订立有偿合同的允诺在另一方当事人接受前是没有约束力的，但那是有偿合同的特殊规则。因为有偿合同使双方互负义务，它们就要求有相互的同意。但 Lessius 不赞同这种观点，他认为，当所有允诺都有约束力时，允诺是允诺人义务的根源，但承诺是允诺人受其允诺约束的必要条件。唯有如此，才能解释允诺订立有偿合同的人在对方承诺前为什么可以撤销其允诺，以及罗马实证法如何在不导致非正义的情况下，亦可执行未被接受的（单方）允诺。因为实证法并不创造一个本不存在的义务，它只是禁止在承诺这一必要条件被满足前撤销允诺。[50]

至 17 世纪，在自然法学派的理论中，单方允诺效力须被认可的思想得以证成。其代表人物格老秀斯在其巨著《战争与和平法》中写道：

> 尽管上帝自己不可能受已经确立的法律规范的约束，但他如果不履行其允诺的话，他就会做出与其自身性质相冲突的行为。由此可见，履行允诺的义务起源于那种不可改变的正义的性质，他就是上帝的品

---

〔48〕 参见 Laura vagni, *La promessa in Scozia*, Milano：Dott. A. Giuffrè, 2008, p. 230ss。

〔49〕 参见 Pio Fedele, *Considerazioni sull'efficacia dei patti nudi nel diritto canonico*, p. 10ss。

〔50〕 See James Gordley, *The Philosophical Origins of Modern Contract Doctrine*, Oxford：Clarendon Press, 1991, p. 80.

性,并且是所有有着上帝之形、能够理性行事的人共同具有的品性。[51]

显而易见,格老秀斯把单方允诺作为合同学理的基础,认为允诺性誓言和简单允诺均具有约束性,这被赖因哈德·齐默耳曼誉为“学院派道德神学的一个遗产”。[52] 自然法学派对人的意志的尊重,是承认允诺在逻辑上必然具有约束力的根源。

但是,自然法学家进一步指出,这一时期对允诺之言的承认仅仅是出于宗教道德思想的影响;在市民法上,单方的意思表示并不产生债的强制力,而是需要受诺人就法律约束力的产生表示自己的意思,此即“意愿的结合”。此意愿的结合,被分解为允诺与接受两个组成部分:“如果没有接受意愿的话,我不能根据我个人的意愿而把我自己的财产权利转移给他人”,“我也不能根据我个人的意愿给予某人相对我的权利,直到(对方)通过接受允诺而表示其获得该权利的意愿”。[53] 为了避免在允诺的效力上对个人意志尊重的天平失衡,自然法学派将允诺的效力根据诉诸意思表示之结构上的对等。也就是说,允诺的接受被认为是必须的;[54]但如果允诺是无偿的,在这种情况下,只有双方主体中的一方负有义务,对方同意的必要性则有待商榷。而后来的大部分学说则极端地认为,在无偿允诺中,也应该推定受诺人的接受。

显然,从中世纪早期世俗法追寻罗马法神誓制度和个别化的单方允诺制度,到教会法依其赎罪戒律而泛化单方允诺之效力的努力,折射出单方允诺之道德或宗教的效力和法律效力并不是一回事。在道德或宗教层面,要求允诺者信守诺言乃其题中之义,但要在世俗法中贯彻这一教义,却未免苛刻。教会法试图将这两种效力混同,将其教会教义引入世俗法,但未获成功。自然法学派谨慎地将履行允诺的义务限定于道德宗教的范围,并“根据纯粹自然法”要求受诺人之“接受”系允诺产

---

〔51〕 [荷]格劳秀斯:《战争与和平法》,何勤华等译,上海人民出版社2005年版,第183页。

〔52〕 [德]赖因哈德·齐默尔曼:《罗马法、当代法与欧洲法:现今的民法传统》,常鹏翱译,北京大学出版社2009年版,第147页。

〔53〕 Paolo Recano, *Profili storici della promessa unilateral*, p. 196.

〔54〕 参见 Paolo Recano, *Profili storici della promessa unilateral*, p. 196。

生法律约束力的前提,这尽管可能有失偏颇,但确实为单方允诺制度的发展和更新提供了一个新的维度。自此,随着契约范式的形成,单方允诺不再是迥异于契约的一种债因,而被纳入合意主义的框架。

四、近现代法中单方允诺的强制执行力

(一)欧陆民法典中单方允诺之效力与契约原则的关系

及至近现代,受自然法学派契约理论的影响,大陆法系的主流理论逐渐认识到,是意志支撑着个人在法律上的自决。按照这一理论,允诺人依其"意志"做出的声明是有约束力的。因为个体的自由意志以及与之相伴随的自由选择,被认为是人具有道德伦理主体性的基本依据。而一个具有道德伦理主体性的人,必须能够主宰自己的行为。作为自主性的表现,他必须能够根据自己的意思,处分自己的物以及能够根据自己的意思来转移权利。[55]

意思自治意味着每个人有为或不为自己创设权利义务的自由。一般而言,某人在其权利范围内为单方处分的决定,如抛弃所有物,只要不涉及他人利益,当然是符合意思自治原则的。但一项债务关系至少包括两个当事人,如果它可以被单方设定或者变更,那么另一方当事人在没有参与的情况下,其利益就会被触及。而另一方当事人将被置于他决的境地,而不能实行自决。即便是在为他人设定权利的情形,虽然通常情况下可期待该他人的同意,但毕竟不能排除其视之为"嗟来之食"而拒绝的可能性。因此,德国法依循严格的契约原则,认为只有合同才符合意思自治原则,任何一方当事人原则上不能单独作出决定,而侵犯对方当事人的自决。[56] 由此,《德国民法典》第311条规定:"根据法律行为成立债的关系以及变更债的内容的,双方当事人的合同是必要的,但法律另有规定的除外。"[57]

---

〔55〕 薛军:《法律行为理论在欧洲私法史上的产生及术语表达问题研究》,载《环球法律评论》2007年第1期。

〔56〕 [德]梅迪库斯:《德国债法总论》,杜景林、卢谌译,法律出版社2004年版,第54~55页;黄立:《民法债编总论》,中国政法大学出版社2002年版,第28页。

〔57〕 参见《德国民法典》,陈卫佐译注,法律出版社2006年版,第109页。

总之,在西方国家从宗教神权社会向世俗社会的现代性转型中,否定了神誓作为单方允诺发生强制执行力的神性基础,而在道德义务和法律义务分化的法律实证主义思潮下,德性上的信誉义务和民法上的债被截然区隔。允诺之言即使未被他人接受亦须履行的教义,被认为是道德情操在法律范围内的畸形发展。单方允诺在以意思自治原则为主导的近代大陆法系民法典中,被视为契约原则的一个异数。易言之,近现代各国民法典普遍将契约视为产生意定之债的根本依据,而单方允诺作为债因被强制执行,必须有法律的明确规定,如《德国民法典》第311条、《意大利民法典》第1987条、《葡萄牙民法典》第457条等;就被承认者而言,一般仅限于悬赏广告(如《德国民法典》第657条以下)或对公众的允诺(《意大利民法典》第1989条以下、《葡萄牙民法典》第459条以下)。[58] 依此类规定,作为契约原则的例外,悬赏广告中的法律行为仅存在于单方意思表示之中,而实施的被悬赏的行为,则构成事实行为。因此,无行为能力人或者对此项报酬不知者同样享有被允诺的报酬请求权。[59]

这些例外地被承认约束力的单方允诺,其标志性特征就是允诺乃向不特定的人做出。[60] 因为在契约原则的要求下,对特定人所为的、以给付(或赏金)为内容的允诺,本质上仍是一种要约,只能在对方承诺时,方可因合同的有效成立而产生债的效力,这种合同被称为"仅要约人承担义务的合同"。

在近现代欧陆民法中,由于契约原则在意定之债中的全面支配地位,更为极端的立法和司法实践,是全面否定单方法律行为的效力。法国民法之父波蒂埃明确区分合同与(单方)允诺,认为后者不过是尚未被受诺人接受的允诺,"根据纯粹自然法"([A]ux termes du pur droit

---

〔58〕 参见 Jean Carbonnier, *Droit civil*, *Les Obligations*, 21ᵉ edition refondue, Paris: Presses Universitaires de France, 1998, p. 55。

〔59〕 [德]梅迪库斯:《德国债法总论》,杜景林、卢谌译,法律出版社2004年版,第55页。

〔60〕 参见 Jean Carbonnier, *Droit civil*, *Les Obligations*, p. 55。

naturel),它不产生所谓的债。[61] 据此,《法国民法典》所承认的债因,并不包括单方允诺。在面对某人是否因其单方意思(只要具备一定的外在形式)而成为他人的债务人这一问题时,法国的判例首先探究的是,在有效时间内是否存在一个承诺(至少是默示的)。具体而言,在某人通过单方意思表示而意图成为预先与其没有某种法律关系的人(这个人甚至可能是尚不确定的)的债务人时,如果可能的债权人信任该意思表示产生的信息,那么这种法律上的信赖自然不应落空;但这是以他已知悉该意思表示为前提的,如果他知道并因此行动,也就很容易推定他默示地接受了,这样,合同之债也就产生了。[62] 然而,对于其法典中未被明确规定的奖赏允诺,该解释却颇为牵强。完成允诺人指定行为的人对奖赏允诺可能一无所知,因此其完成的行为不可能被推定为默示的接受。对此,尽管有学者提出新的关于单方行为的一般理论,认为当事人可通过单方意思表示为自己设定义务从而使他人受益,且在该意思表示被接受之前,民法上的债就已产生。但在实践中,较之依靠单方法律行为产生债的效力处理这一问题,人们更倾向于寻求一种不破坏合意主义的解决方法。行为人在不知奖赏允诺的情况下实施被奖赏行为的,虽不能被推定为默示的承诺,但他因对他人事务的无因管理而应获得奖赏。[63]

法国迂回地通过无因管理制度解释单方允诺为何发生债的效力,虽然也是维护契约原则在意定之债中的支配地位,但毕竟忽视了允诺人的意思在债之效力形成过程中的决定力。与此形成对照的是,对悬赏广告原本采单方行为说的我国台湾地区的“民法”,却通过对第164条的修正改采契约说,以全面贯彻契约原则,但由此也在法教义学上产生一个长长的问题清单。[64] 对此,王泽鉴教授指出,其核心问题是应

---

〔61〕 See Reinhard Zimmermann, *The Law of Obligations*: *Roman Foundations of the Civilian Tradition*, Oxford: Oxford University Press, 1996, pp. 575 – 576.

〔62〕 参见 Jean Carbonnier, *Droit civil*, *Les Obligations*, p. 55。

〔63〕 参见 Jean Carbonnier, *Droit civil*, *Les Obligations*, p. 47。

〔64〕 关于具体的各项问题,参见黄立:《民法债编总论》,中国政法大学出版社 2002 年版,第 118 页以下;王泽鉴:《债法原理》,北京大学出版社 2009 年版,第 200 页以下。

该坚持契约原则，还是顾及悬赏广告的特色及当事人的利益而将其设为契约原则的例外（采单方行为说）。[65] 《瑞士债法典》第 8 条虽将悬赏广告列入“合同之债”一节中，但通说却将其解为单方行为，[66] 反可说明契约原则即便是在被严苛遵守的国度亦有缓和趋势，相形之下，法国和我国台湾地区的学理和实践有故步自封之嫌。

（二）英美法中单方允诺何以被强制执行

如果我们把大陆法系中关于单方允诺的结构性、体系性问题转化为问题性思考，[67] 就会发现在迥然相异的外观下，对单方允诺的强制执行力这一问题，英美法中的对价已执行（executed consideration）的合同（单方契约，unilateral contract）在功能上具有等值性。而大陆法系学者在研究这一问题时，普遍被合同概念所支配。事实上，在英美法上，虽然合同有法律上能被强制执行协议的含义，其重心被放在合同当事人双方的意思表示上，但这种定义排除了一些合同类型，这些合同依一方当事人的单方行为成立，不需要他方当事人的同意，甚至不需要他方提供对价或曰约因。[68] 在其典型类型——单方契约中，实际上只有允诺人做出了允诺，因而只有他在法律上受到约束；而受诺人并未做出任何允诺，故无任何行为之义务，行为义务听凭受诺人己意，其纵已开始行为，亦可半途而废。在受诺人完成允诺人所要求的事项时，也仅仅存在一个可执行的允诺，即允诺人的允诺。[69]

由此可见，英美合同法并不关注意思表示的双方性结构（合意），它更强调已做出的允诺能否在法律上被强制执行，即便这些允诺并无

---

〔65〕 参见王泽鉴：《债法原理》，北京大学出版社 2009 年版，第 198 页。

〔66〕 参见王泽鉴：《债法原理》，北京大学出版社 2009 年版，第 199 页。

〔67〕 即如果在大陆法系中有通过某种法律制度处理一种法律需求的做法，那么在英美法中是通过何种方式满足这一需求的。参见［日］大木雅夫：《比较法》，范愉译，法律出版社 1999 年版，第 88 页。

〔68〕 参见［美］A. L. 科宾：《科宾论合同》（一卷版）（上册），王卫国、徐国栋、夏登峻译，中国大百科全书出版社 1997 年版，第 9～10 页。

〔69〕 参见 Claude D. Rohwer and Gordon D. Schaber, *Contracts*（影印版），法律出版社 1999 年版，第 39 页；杨桢：《英美契约法论》，北京大学出版社 1997 年版，第 113 页。

受诺人的同意。[70] 而允诺人的允诺要构成一个能够强制执行的合同，须有充分的对价已作为它的交换物而被付出，或者存在同意接收含有这种允诺的文件的表示。[71] 在单方契约，仅受诺人完成允诺人所要求的事项，即足以构成支持"允诺人之允诺"的已执行的对价。[72] 详言之，所要求事项的完成，对受诺人即属受有法律上的损害，而此损害亦为允诺人所预见并欲以之作为其允诺之交换者，纵欠缺义务的相互性，亦无碍于契约的有效成立。[73]

英美法的这一态度，可以从其合同法的历史发展轨迹中寻得答案。中世纪的英国法并未形成合同的概念。和罗马法一样，早期的普通法法院奉行的原则是，允诺仅在例外情况下才具有强制执行的效力。但是，同一时期的其他法院对因违反允诺的诉讼表现出更为积极的态度：教会法院根据教会法认为经宣誓的允诺有强制执行力，甚至认为未经宣誓的允诺也是神圣的，因而可以被强制执行；在衡平法上，大法官认为，如果一人因他人未履行允诺而蒙受损害，他应获得救济。随着普通法法院在争夺管辖权的斗争中取得胜利，他们不得不在诉讼形式的框架下试图发展出强制执行允诺的一般依据。[74] 在此过程中，普通法主要关注的是允诺责任，它成长于为违反允诺提供救济的允诺之诉，而允诺和违反允诺在本质上是单方性的概念。[75] 经过几个世纪的努力，特别是通过 15 世纪和 16 世纪的一系列判例，普通法法院终于将允诺之

---

〔70〕 但在英美法系，也有学者认为，单方合同是一种法律上的谬误；在一个要约未得到承诺之前，其合同是单方的和不可能强制执行的。参见[美]A. L. 科宾：《科宾论合同》(一卷版)(上册)，王卫国、徐国栋、夏登峻译，中国大百科全书出版社 1997 年版，第 42～43 页。

〔71〕 参见[美]A. L. 科宾：《科宾论合同》(一卷版)(上册)，王卫国、徐国栋、夏登峻译，中国大百科全书出版社 1997 年版，第 42～43 页。

〔72〕 这种对价区别于过去的对价(past consideration)。例如，甲拯救溺水的乙，乙嗣后允诺给甲以报酬，甲就不能以其行为作为乙做出允诺的约因，因为该行为已成为过去，它并未给予允诺人以利益，在对其允诺做出报答方面也未引起受诺人的损害。参见[英]A. G. 盖斯特：《英国合同法与案例》，张文镇等译，中国大百科全书出版社 1998 年版，第 87 页。

〔73〕 参见杨桢：《英美契约法论》，北京大学出版社 1997 年版，第 113 页。

〔74〕 参见[美]E. 艾伦・范斯沃思：《美国合同法》，葛云松、丁春艳译，中国政法大学出版社 2004 年版，第 12～13 页。

〔75〕 See Reinhard Zimmermann, *The Law of Obligations: Roman Foundations of the Civilian Tradition*, Oxford: Oxford University Press, 1996, p. 572.

诉发展成为强制执行允诺的一般基础,而对价也开始被作为一个技术概念来使用,表示支持一个允诺之诉所必须具备的条件,由此,它成为一个允诺是否可被强制执行的判断标准。〔76〕 有趣的是,其中对价之判断准则经后世法学家通过判决先例,又是由单方契约推演及于双方契约而予适用的。因为在单方契约,仅一方当事人为允诺人,另一方当事人则为受诺人,其对价之判断较为容易:仅需判断受诺人"履行"所要求的事项,是否造成其本身损害或允诺人收益即可。〔77〕

当然,在英美合同法的现代发展中,单方性的允诺已基本被双方性的契约概念(要约加承诺)取代,〔78〕这是大陆法系合意主义之契约原则在英美法中的体现。〔79〕 由此,单方契约的成立在现代英美法上也以要约和承诺为必要。但这一理论在实践中面临大量难以解决的问题,涉及单方允诺的许多案件以允诺禁反言(promissory estoppel)作为判决的基础,而不是去发现是否存在单方契约。〔80〕 由此可见,英美法不过度关注意思表示的双方性结构,它相较于大陆法系更为务实和开放。

五、契约范式的突破与单方允诺的制度构造

(一)突破契约范式构建单方允诺制度的法理基础

在社会利益日趋复杂的现代社会,建立在合意主义基础上的"契约原则"已使债法体系呈现内部不足的特征,于是对契约外制度的需要日益迫切。对此,意大利、葡萄牙以及我国澳门特区的民法典已作出积极回应,承认单方允诺的债之效力,并将其作为与合同、不当得利和无因管理并列的一种独立债因。

---

〔76〕 参见[美]E. 艾伦・范斯沃思:《美国合同法》,葛云松、丁春艳译,中国政法大学出版社 2004 年版,第 14 ~ 19 页。

〔77〕 参见杨桢:《英美契约法论》,北京大学出版社 1997 年版,第 110 页。

〔78〕 See Reinhard Zimmermann, *The Law of Obligations: Roman Foundations of the Civilian Tradition*, Oxford: Oxford University Press, 1996, p. 572.

〔79〕 要约和承诺的规则直至 18 世纪末才出现在普通法的判决中,其理论受到大陆法系自然法学说的影响。See James Gordley, *The Philosophical Origins of Modern Contract Doctrine*, Oxford: Clarendon Press, 1991, pp. 134 – 135, 139.

〔80〕 参见 Richard Craswell and Alan Schwartz, *Foundations of Contract Law*(影印本),法律出版社 2005 年版,第 271 页。

废契约说而承认单方允诺为独立的债因,不仅仅是要满足于法律行为多样化的需求,更为重要的是,它在契约模式之外,为意定之债提供另一种产生模式。这一方面是因为通过对单方允诺构成要件的提炼和抽象化,它不仅可以涵盖悬赏广告、奖一罚十的承诺等已经出现的具体类型,而且足以应对市场经济催生的新的具体表现形态;另一方面是因为单方允诺之债和契约之债同以给付为内容,不同性质、不同内容的给付义务既可通过契约而产生,同样也可能通过单方允诺产生,如在金钱给付之外,单方允诺的给付义务也可以是无偿的家政服务、房屋的无偿居住等。所以,欲通过法律行为承担单方给付义务,以实现其特定目的者,完全可以采用单方允诺的方式。

当然,将单方允诺和合同并列为意定之债的发生根据,不是要否定债务关系的产生原则上以合同为必要,其目的只是强调单方允诺作为债因发生约束力有其自身的正当性,它不需要依靠契约范式求得妥适的解释。信守允诺之伦理义务不能泛化为民法上可强制执行的债,法律必须为那些能将道德义务转化为法律义务的单方允诺提供正当性理由,以使它们区别于单纯的具有伦理义务的允诺。单方允诺制度设计的现代出路,就是要挣脱合意主义的桎梏,解释并说明为什么以及在什么条件下法律必须使其发生债的效力或强制执行力。

一般来说,欲承认哪些允诺可产生债的强制执行效力,其正当化理由或判断标准通常包括对价、形式和原因等所谓的“郑重性标志”(indicia of earnestness)。[81] 苏格兰债法秉承教会法上的良知原则,仅要求单方允诺具备书面形式即可发生债的效力,未免泛化单方允诺的道德效力。英美法曾致力于通过对价理论解释单方允诺的效力,认为只有对价已被执行,才能使立约人的单方允诺可被强制执行,对价在这里承担证据之考量、警示上考量和政策上考量等三大功能,[82] 有效地

---

〔81〕 See Konrad Zweigert and Hein Kötz, *An Introduction to Comparative Law*, Third Revised Edition translated from the German by Tony Weir, Oxford:Clarendon Press, 1998, p. 44.

〔82〕 关于这三大功能的详细阐述,请参见杨桢:《英美契约法论》,北京大学出版社 1997 年版,第 91 页。

界定了哪些单方允诺应被强制执行。现今,允诺禁反言原则又开始担此重任。大陆法系国家的单方允诺,延续其理论传统而将核心放在形式和原因上,并据此设计具体的制度。

首先,在允诺乃向特定的受诺人做出时,应遵循契约原则,即债的产生原则上以合意为必要,因为表意人单方的意思不能对他人利益进行调整,除非这种调整为相对人接受。[83] 能被法律承认产生债之效力的,应该是通过公开的广告或启事,对不特定的公众或者特定群体做出的单方允诺。[84] 因为此时并无具体的相对人存在,允诺人未对任何具体的人的利益进行调整,他仅仅为自己单方地设定了给付义务;更为重要的是,其采用的形式足以让人相信允诺人是经过深思熟虑的,而对于郑重其事的交易行为,法律上采取不加干涉政策,以确保其确定性。[85] 基于同一理由,这种允诺也只能依相同或等同方式予以撤回(如《德国民法典》第658条)。

其次,那些被承认产生债之效力的单方允诺,应包含使其效力正当化的原因,这是允诺人之所以为允诺的理由:亦即他允诺一项给付的原因,是他期待指定行为的完成或指定状态的实现。易言之,指定行为的完成或指定状态的实现,成为允诺人履行给付义务的"交换物"(quid pro quo)。由此,在具体制度的设计上,此等允诺必须是针对特定行为的完成或指定状态的实现。相应地,允诺人之债务乃以指定行为的完成或指定状态的实现为停止条件。这就意味着,在指定行为完成或指定状态实现前,尚无相对人存在,债务自未发生,[86] 而允诺人在条件成就前亦可随时撤回其允诺,以重获自由。如此设计,亦可说明单方允诺

---

〔83〕 这种单方允诺虽然也称为要约,但与一般契约中的要约不同。为使其对允诺人也具有一定约束力,它从受约人知道时起应该具有不可撤回的效力,而受约人可以在事务的性质或惯例要求的期间内拒绝该要约,否则契约成立。具体立法例可参见《意大利民法典》第1333条。

〔84〕 例如,向建筑师征集建筑设计方案、付费节目的观众等。但这也给"公开通知"的界定带来困难,如针对成员数量很少的小型团体(如大学的院系、会所的会员)所做出的通知,能否满足"公开通知"的要求? 因为这些通知的所有受众都是可以确定的(可以指出姓名的)个体。See Staudinger/Bergmann, Kommentar zum BGB, Band Ⅱ §§657 – 704, Berlin: Sellier, 2006, Rn 53.

〔85〕 参见杨桢:《英美契约法论》,北京大学出版社1997年版,第91页。

〔86〕 参见黄立:《民法债编总论》,中国政法大学出版社2002年版,第120页。

之债中并不存在他决的问题,因为债的发生只是意味着完成指定行为的人取得给付请求权,至于他是否行使该请求权,则听凭其个人或法定代理人的意志而非允诺人的意志。

总之,在现代社会,尽管不同的法律体系对单方允诺约束力的正当性论证模式迥然相异,进而在为其设计一个强制执行的基础时或紧或松,但契约范式再也不能对单方允诺形成全面的覆盖,单方允诺自有其法律上强制执行的正当性理由。

(二)我国民法典应如何构建单方允诺制度

我国《民法通则》第 84 条关于债的定义,仅规定合同和其他法定的债因,未明确提及单方允诺问题,但司法实践中采用了契约说。《最高人民法院公报》1995 年第 2 期刊登的李珉诉朱晋华、李绍华悬赏广告酬金纠纷案,明确从要约和承诺的规则解释债之关系的形成。2007 年 10 月 1 日开始施行的《物权法》第 112 条第 2 款就遗失物悬赏问题,明确规定权利人领取遗失物时应按承诺履行义务,在《物权法》中规定了一种债法上的义务。作为立法者将该条概括为关于拾金不昧的规定,认为其他国家虽然规定返还遗失物者有获得报酬的权利(系一种特殊的法定之债),但"路不拾遗、拾金不昧是崇高的道德风尚,立法要有价值取向,弘扬中华传统美德",故《物权法》未采纳拾得人有权主张报酬的意见。[87] 当然,拾金不昧只是对拾得人的一种道德要求,而在权利人一方,其若做出悬赏允诺,则在法律上强制执行其承诺并不违背拾金不昧的道德准则。以此观之,该条关于悬赏的规定,在立法宗旨上体现的是一种关于拾金不昧的道德平衡,单纯从其规定无法探知立法者究采单方行为说抑或契约说。2009 年 5 月开始施行的最高人民法院《关于适用〈中华人民共和国合同法〉若干问题的解释(二)》第 3 条规定的悬赏广告虽未明确提到要约和承诺,但该司法解释既然明确指向合同法的正确适用,不宜解释为采单方行为说。

与此相反,我国学者起草的三部民法典建议草案无一例外地将单

---

〔87〕 参见胡康生主编:《中华人民共和国物权法释义》,法律出版社 2007 年版,第 247 ~ 249 页。

方允诺或悬赏广告独立为契约之外的意定之债的债因。[88] 虽然这三部草案不是立法文本，但它们代表着学者们的共识，不能忽视其可能对未来民法典产生的影响。然而，遗憾的是，这些草案建议或未述及单方允诺独立为债因的理由（徐氏草案），或只将理由归为根据民法原理并参考其他成文法的立法经验（梁氏草案）；[89] 只有王氏草案在比较契约说和单方行为说的利弊后，得出单方行为说更有利于维护当事人利益和交易安全这一结论。[90]

前文已揭示，这种未能摆脱契约范式的解释模式，难以有效解释其独立为债因的正当性。因为如果仅仅是出于维护当事人利益和交易安全的目的，那么我们将无休止地陷入实用主义或工具主义的争论之中：以单方行为说为工具自可实现该目的，但契约说的立法和司法实践在实用的层面上同样可以通过承诺的拟制和契约规则的变通来实现，[91] 我国台湾地区的相关规定和现代英美法的改弦易辙即为实例。尤其是，契约说从他决的角度质疑单方行为说在法理上的正当性，而在面对其不能自圆其说的某些规则（如相对人不知广告之存在而无法推定其默示的承诺以及相对人无行为能力等问题）时，契约范式的追随者则宁可采无因管理说（如法国），因为该说恰恰可以作为维护契约原则并同时在实务上解决契约说之难题的工具。

单方允诺独立于契约而被赋予强制执行力，不应是为了弥补契约说的不足，被迫放弃契约教义而改采单方行为说，而是要在法理层面上证成其效力正当性。也就是说，单方允诺独立为债因，虽可弥补契约说

〔88〕 参见中国民法典立法研究课题组（负责人梁慧星）：《中国民法典草案建议稿附理由：债权总则编》，法律出版社 2006 年版，第 21 章第 4 节；王利明主编：《中国民法典草案建议稿及说明》，中国法制出版社 2004 年版，第 6 编第 2 章第 4 节；徐国栋主编：《绿色民法典草案》，社会科学文献出版社 2004 年版，第 2 编第 8 分编第 4 题第 1、2 章（分别简称为梁氏草案、王氏草案、徐氏草案）。

〔89〕 参见梁氏草案，第 12 页、第 38 页。

〔90〕 参见王氏草案，第 449～450 页。

〔91〕 例如，王氏草案在第 450 页的说明中提及，采契约说将会产生能否适用同时履行抗辩的难题。但契约说完全可以反驳说，相对人完成指定行为并不足以构成承诺，只有在其交付完成指定行为的成果后才构成承诺，因为广告人的要约应被解释为包括交付成果这一目的意思。这样，也就不存在同时履行抗辩的问题了。

无法顾及单方允诺中当事人利益调整的弊端,但其制度正当性的真正理由并不在此,契约化的分析路径根本就是南辕北辙、缘木求鱼。只有夯实单方允诺效力正当性的基础,才能保证未来的立法方向不会因实用主义引致的各种争执而摇摆不定。

在确认单方允诺效力之正当性基础后,我们仍将面临一个重要的立法问题:如何设立一般依据,以有效地判断哪些单方允诺应被强制执行。形式和原因的要求固然应成为制度设计的基础,但其中的难点,仍然在于如何处理单方允诺与契约原则之间的关系。基于前文对单方允诺制度之学说和法律实践的历史考察,以及现代法上单方允诺独立为债因的实质理由,笔者认为,能独立为债因的单方允诺,应以对公众的允诺为限,而对特定人所为的单方允诺,原则上应被置于契约规则的框架之下。但是,后者亦有例外。例如,《德国民法典》就把对财团法人的捐助行为和遗赠这些对特定人所为的单方允诺,规定为契约原则的例外。〔92〕

具体到中国的民法典编纂中,单方允诺制度的构建将是一个系统工程,立法者应以上述一般依据作为立法准则,通过体系的安排妥当地规定单方允诺制度。首先,在债法总则规定债的发生根据时,应将契约和单方允诺并列作为债因,并在法典体系上紧随契约章节而将单方允诺独立为一章。这样的结构设计与《意大利民法典》相似,既可突出单方允诺的独立债因地位,也可避免前述三个学者建议稿将单方允诺混杂于不当得利、无因管理等法定债因之中的弊端。〔93〕

其次,为正确处理契约原则和单方允诺的关系,宜在单方允诺一章设立如下原则性的规定:"以单方允诺成立债务关系的,仅限于对公众

---

〔92〕 参见黄茂荣:《债法总论》(第1册),中国政法大学出版社2003年版,第240页。

〔93〕 从目前我国民法典编撰的实际情况看,立法者并无设置债法总则的考虑,而债法总则的功能,事实上部分由民法总则"民事权利"一章,部分由合同编来承担和实现。在制定民法总则的过程中,单方允诺一度和合同、侵权行为、不当得利、无因管理一起,在草案中被并列为债权发生的根据。但在最终通过的《民法总则》中,仅其中"单方允诺"的表述被毫无征兆地删除(见《民法总则》第118条)。于是,关于单方允诺之法律属性及其伴生的制度构造问题,又再次在法政策的定位上被搁置。

的允诺,但法律另有规定的除外”。这一规定实质上是对现行《德国民法典》第 311 条(原第 305 条)所定契约原则的修正,它一方面可使对公众的允诺摆脱契约原则的枷锁,另一方面仍将其他单方允诺置于契约原则之下。当然,为有效贯彻修正后的契约原则,立法者应设定“公众”或“公开通知”的判断标准,并借鉴其他国家的立法经验,在相应的篇章明确规定那些例外产生债之效力的单方允诺(如对财团法人的捐助行为、遗赠等)。

再次,对于那些受契约原则约束的单方允诺,立法者也应关注其特殊性,考虑是否在有关契约的规定中为其作出特别规定。例如,单方允诺在契约规则下往往被视为要约,允诺人的目的是仅为自己设定给付义务,那么,可否借鉴《意大利民法典》第 1333 条关于推定承诺的规定,对我国现行《合同法》关于要约和承诺的规定进行适当修正,以兼顾允诺人和相对人的利益,有待斟酌。

最后,由于对公众的允诺发生债的效力,不像契约那样需要相对人的意思参与,所以在设计具体条文时,立法者应平衡允诺人和相对人的利益。在允诺人一方,一方面应以指定行为的完成或指定状态的实现作为其债务发生的条件,另一方面也应赋予其条件成就前撤回允诺的权利,以尊重其改变主意的自由,因为这种自由是“那些非全知全能者之间的自由交流”必不可少的,在允诺之债尚未发生时,应赋予其“改正过去蠢行的机会”。[94] 在相对人一方,则应明确其对指定行为的完成仅为事实行为,且允诺人给付义务具有单方性,以最终保障其对权利行使的自决。

(原文载于《中国社会科学》2013 年第 4 期)

〔94〕 参见[美]E. 艾伦·范斯沃思:《美国合同法》,葛云松、丁春艳译,中国政法大学出版社 2004 年版,第 11~12 页。

无因性原则之考古

目　次

一、引言:为何对无因性(抽象性)原则进行考古
二、罗马法上的无因性原则
三、德国法上物权行为无因性理论的真正根源
四、无因(或抽象)债务的思想和无因性体系的完成
五、结论

一、引言:为何对无因性(抽象性)原则进行考古

在我国,关于无因性理论,主要由争议最多的物权行为理论引发。学者一般认为,物权行为无因性,是德国民法创立物权行为概念,尔后又进一步肯定物权行为独立性后的必然逻辑结论。[1]

在更深层次的意义上,所有关于无因性原则的学术争论,似乎使该问题上升为一个法律上意识形态较量的问题:第一,按照许多学者的理解,抽象原则乃以物权行为和债权行为相分离为逻辑前提,然而,是否

---

〔1〕 参见陈华彬:《物权法原理》,国家行政学院出版社 1998 年版,第 117 页;马俊驹、余延满:《民法原论》,法律出版社 1998 年版,第 373 页;谢在全:《民法物权论》(上册),中国政法大学出版社 1999 年版,第 71 页;田士永:《物权行为理论研究》,中国政法大学出版社 2002 年版,第 334 ~ 335 页。

承认物权行为的独立性,又关乎私法自治这一法律上意识形态的贯彻;[2]第二,在物权行为独立于债权行为的前提下,立法是承认抽象性原则还是否认该原则,已非技术概念层面上的抽象思维问题,它更多的是基于一种法政策目标上的考量:是保护作为交易秩序之化身的第三人的利益重要,还是维护原所有权人的利益(所谓静的安全)更为重要?而无因性原则以及与之配套的不当得利制度、有因性原则以及所谓的善意保护制度的选择,不过是这一法政策考量结果的实现工具。

无论是正方还是反方,其实都是基于某种法律上的意识形态,以一种目的论或功能论的态度来颂扬或反驳物权行为及其抽象性理论的。在正方看来,物权行为理论的创立,是为了保护交易安全,是出于"合理解决问题之意图"(die Intention der sachgerechten Lösung),并且,所有权移转行为之所以从原因行为中抽象出来,其目的也是不危害交易安全。[3] 而反方则基于维护静的安全之信念,认为原所有权人的利益更值得保护,而物权行为及其无因性理论恰恰违背这一目的。而且,他们确信,善意取得制度的存在,一方面实现了维护原所有权人之利益的目的,另一方面也具有保护善意第三人的功能。因此,物权行为及其无因性理论失去了其目的上的或功能上的存在理由。

然而,仅仅指出两者目的论或功能论之实质而不对其做出评价,似乎欠缺一种鲜明的立场。因此,明确表示自己的立场,或者至少提供一种分析问题的路径,有其必要。在我看来,对于物权行为及其无因性理

---

〔2〕 田士永先生认为,私法自治乃民法基本原则,"法律行为制度中私法自治的实现机制在于,法律通过肯认意思表示发生法律效果,实现民事主体自主参与,而该自主参与以行为人自己责任为前提与保障。物权行为作为法律行为,同样体现了私法自治的要求:之所以发生物权法法律效果,是因为行为人有此效果意思,而该效果意思乃行为人进行法律行为所欲实现的法律效果,尊重行为人意思,要求依行为人意思表示发生物权变动效果。因此,正是私法自治,使得物权变动依行为人效果意思发生,从而使得物权行为独立于债权行为而存在。所以,物权行为乃私法自治原则的体现"。参见田士永:《物权行为理论研究》,中国政法大学出版社2002年版,第328页。在德国,学者也认为,萨维尼之所以提出物权行为理论,其意旨原初并非在于强调交易安全的保护,而是其关于意思表示决定法律效果的主张在物权法领域的继续。显然,这些学者都主张,承认物权行为及其独立性,乃意思自治这一近现代流行的法律意识形态所要求的。

〔3〕 [德]霍尔斯特·海因里希·雅科布斯:《十九世纪德国民法科学与立法》,王娜译,法律出版社2003年版,第192~193页。

论，首先应该以一种历史实证主义的态度去了解该理论的发生和转型，而不能以唯心主义的立场，浪漫地从功能主义的角度去理解其本初的意义。况且，在德国法系的民法理论中，无因性原则并非仅仅表现在物权行为中。事实上，它涉及更广泛的给与行为概念，从而形成所谓的无因给与行为体系，该体系大致包括处分行为和无因债权行为。而对于这种无因性体系的形成过程，我们不能违背历史真实性，一概以现在主义[4]的解释方法，将该体系形成后所具有的功能或所体现的法政策目标反置于历史事实中。有鉴于此，我们首先应该回溯无因性原则的历史类型，以及物权行为无因性理论的真正起源及其递嬗演变。

二、罗马法上的无因性原则

在罗马古老的市民法中，抽象（无因）行为的方式主要表现在要式买卖（mancipatio）、拟诉弃权（in iure cessio）这些作为具有转移所有权的行为中，也表现在作为债权性合同的要式口约（stipulatio）中。它们形态各异，也具有不同的起源。但是，在每一个情形中，它们都是依据特定的仪式的使用，如语言的，或者语言与手势一起的。最高程度的抽象表现在拟诉弃权中。在这一程式中，当事人双方只能执行法律事先规定好的程式，以及指出该行为所指向的对象，而不能以任何的方式来影响到该行为的效力。而在要式买卖中，表现出较大的特殊性，因为它可以由转让人加上要式买卖约款。但是，这个情况的存在，并不能够改变通过这种方式所实现的所有权移转的抽象性。从另一个方面来说，在拟诉弃权和要式买卖中，它们作为一种法定的行为，不允许加入特殊的期限或者条件。[5]

---

〔4〕 在传统的历史学研究中，存在一种被福柯称为“现在主义”（presentism）的分析方法，其表现形式有二：一是“根据现在写过去的历史”，二是历史决定论。前者把现在的概念、模式、制度、利益或感觉强加给过去，然后宣称发现这些较早时期的概念、制度等具有现在的意义；后者则在过去的某一点发现现在的核心，然后揭示从该点到现在的发展必然性。参见智河：《福柯系谱学述评》，载杨雁斌、薛晓源编选：《重写现代性——当代西方学术话语》，社会科学文献出版社 2001 年版，第 84 ~ 85 页。

〔5〕 Cf. Mario Talamanca, *Istituzioni di Diritto Romano*, Dott. A. Giuffrè Editore, Milano, 1990, p. 215. 本文所用意大利文资料由北京大学法学院薛军教授提供翻译，在此谨致谢意。

要式口约的情况则有所不同,它在《十二表法》中就已存在,其最古老的形式是誓约(sponsio)。在古典法中,要式口约中的提问和回答应严格按照“誓约”的程式进行:“你答应给我一百元吗(Spondes mihi dare centum)?”“我答应(Spondeo)”。要式口约是市民法的产物,仅适用于罗马市民;而且,提问和回答应当是完全吻合的,允诺的数额不能同所提问的数额不同,也不能增加在提问中未提出的简约或条件。因此,和其他要式行为一样,要式口约的效力产生于其形式,而不是产生于该形式所体现的合意;合意既不是必要的,也不是充足的。[6] 由此决定,要式口约属于抽象(无因)行为的范畴。换言之,在要式口约中,既然允诺人基于何种原因(如是赠与还是买卖)做出允诺无须被提及,人们只能猜测其为何允诺给付一百元,该原因无法从要式口约本身得到反映,那么,要式口约的效力仅仅系于形式的吻合,而是否存在原因上的瑕疵则在所不问。[7]

可以说,要式性折射出早期罗马人对形式的一种特别追求:“只有那些伴有仪式的允诺才被认可;如果举行了仪式,允诺就应被执行,即使允诺是通过胁迫或欺诈而做出的。”[8] 由此可见,罗马法上的抽象行为的效力根源,正是源于形式本身。意大利法学家朱塞佩·格罗索对

---

〔6〕 参见[英]巴里·尼古拉斯:《罗马法概论》,黄风译,法律出版社2000年版,第170~171页;[意]彼德罗·彭梵得:《罗马法教科书》,黄风译,中国政法大学出版社1992年版,第355~356页。

〔7〕 V. HENRI CAPITANT, *De la cause des obligations* (*Contrats*, *Engagements unilatéraux*, *legs*), LIBRAIRIE DALLOZ, Paris, Deuxième édition, 1924, n°59. 但也有学者认为,由于要式口约仅仅强调专门的术语(sponsio)以及问和答之间形式上的吻合,对其他言词并不作要求,所以导致要式口约成为有弹性的工具,并可能使之成为要因行为。例如,当事人在使用套语时,可以将原因包括在内:“你答应以嫁资原因给我一百元吗?(Centum mihi dotis causa spondes?)”“我答应(Spondeo)”;或者“你答应以赠与原因给我一百元吗?(Centum mihi donationis causa spondes?)”“我答应(Spondeo)”。这样,要式口约的效力就和嫁资或赠与的效力联系在一起。此外,学者还援引D. 24,3,66,4论证要式口约有可能是要因行为。See Reinhard Zimmermann, *The Law of Obligations*: *Roman Foundations of the Civilian Tradition*, Oxford University Press, 1996, pp. 91–92. 对此,笔者认为,即使是包括原因在内的要式口约也属于抽象行为,因为要式口约适用严法诉讼,裁判官审理纠纷时纯以问答的内容为准,不问有无正当原因和是否公平[参见周枏:《罗马法原论》(下册),商务印书馆1994年版,第668页],所以,要式口约中的原因仅仅构成对事由的陈述,不足以影响其效力。

〔8〕 Theodore W. Dwight, *Introduction*, in *Ancient Law* (Henry Sumner Maine), China Social Science Publishing House & Chengcheng Books LTD., Beijing, 1999, p. LⅦ.

此的解释是,"这同当时的法所含有的宗教成份有关"。[9] 详言之,原始民族的形式主义有着浓厚的宗教神秘色彩,人们的行为之所以前后一致,其法律后果之所以是可预见和确定的,其基础在于司法占卜和被祈求的神明力量的神秘性,允诺得到遵守即在于神明的力量。因此,如何以及为何宣誓并不重要,神秘形式的单纯执行就足以导致法律义务的产生。[10] 这样,形式使契约乃至其他近现代意义上的法律行为仅具有抽象(无因)行为的意义,其原因是无足轻重的。[11] 由此,专司占卜之职的祭司们取得了特权地位,他们曾经垄断对法的解释:"人们从这些祭司那里了解为进行诉讼或实施某些活动而需遵循的程式。原始民族的形式主义有着其深刻的存在理由,它把形式纳入法的内在逻辑之中,这种形式主义要求一种调整工作,特别注重(祭司们——此为笔者根据上下文的联系所加)为实施法律行为和进行诉讼提供必要的意见。"[12] 这样,古罗马人因迷信神明而普遍接受了祭司们通过占卜所教授的宗教形式,对缔结契约也不厌其烦,只求可靠和踏实。[13]

罗马法上的抽象性原则,显然和近现代德国法上的所谓抽象性有本质区别,其抽象性问题主要和具有宗教意义的形式主义密切相关。而近现代抽象性原则,按照法儒耶林的说法,则关乎自由之理念、个人意思自主理念,该理念乃自由主义之全部私法的基础。[14]

---

〔9〕 参见[意]朱塞佩·格罗索:《罗马法史》,黄风译,中国政法大学出版社 1994 年版,第 116 页。在此处,笔者根据文章的布局仅仅提到要式契约。事实上,在罗马,转让要式物的典型形式——要式买卖(mancipatio),以及另一种转移所有权的要式方式——拟诉弃权(in iure cessio),尽管不属于契约的范畴,但其效力的根源也应该得到同样的解释。

〔10〕 Hans Hattenhauer, *Conceptos Funtamentales del Derecho Civil*, Traducción española de Ganzalo Hernández, Editorial Ariel S. A., Barcelona, 1987, p. 64.

〔11〕 周枏先生认为,罗马古代的严法行为拘泥于形式,而不问当事人的意思如何,只要形式完备,即可生效,故所有法律行为均为不要因行为;在产生了诚信行为以后,才有要因行为。参见周枏:《罗马法原论》(下册),商务印书馆 1994 年版,第 584~585 页。先生的论断有其道理,但其关于法律行为的表述,在罗马法中是不存在。对此,先生虽有交代,但仍可能导致误读。此外,先生在其著作第 585 页还定义了原因并划定了其适用范围(仅适用于财产行为而不发生于身份行为),这显然都是借自后世的法学理论,对此我们不可不察。

〔12〕 [意]朱塞佩·格罗索:《罗马法史》,黄风译,中国政法大学出版社 1994 年版,第 101 页。

〔13〕 周枏:《罗马法原论》(下册),商务印书馆 1994 年版,第 664 页。

〔14〕 陈自强:《无因债权契约论》,中国政法大学出版社 2002 年版,第 160 页。

三、德国法上物权行为无因性理论的真正根源

尽管一些学者并不认为物权合同的理论为萨维尼首创,[15]但就物权合同之概念的明确提出以及该理论的最终完成应归功于萨维尼这一点而言,学界并无争议。因此,此处的分析仍以萨维尼的有关理论为主要对象。

(一)物权合同理论的创设是自由意志理论和法技术构成的结论

自胡果至萨维尼关于物权合同的研究工作,都是建立在对罗马法材料的利用这一基础上。而在罗马法中,所有权继受取得方式主要包括交付(traditio)、要式买卖(mancipatio)和拟诉弃权(in iure cessio)。其中,要式买卖和拟诉弃权均为市民法的所有权取得方式,前者是专门针对要式物(主要包括意大利土地、奴隶、大牲畜等)的一种较为原始的、象征性的售卖,优士丁尼时代的法律废止了要式物和非要式物(或略式物)的区别,[16]由此也废除了要式买卖;后者则为一种转让要式物和非要式物的共同方式,但由于它是在执法官面前进行的转让,而诉诸执法官总有诸多不便,故古典法时期该方式很少被用来转让要式物所有权,优士丁尼则干脆把它从古典渊源中清除。[17] 至于交付,[18]在前古典法和古典法中,它是仅适用于略式物的万民法上的所有权取得方式,在后古典法中,由于要式买卖和拟诉弃权消失,故交付成为所有权移转的唯一方式。[19] 此或为后世物权行为理论主要借助交付概念之分析而形成的原因。有鉴于此,本文的分析也围绕交付问题而展开。

---

〔15〕 [德]霍尔斯特·海因里希·雅科布斯:《十九世纪德国民法科学与立法》,王娜译,法律出版社 2003 年版,第 174 页。

〔16〕 关于要式物和非要式物(或略式物)的区别及其意义,请参见[意]彼德罗·彭梵得:《罗马法教科书》,黄风译,中国政法大学出版社 1992 年版,第 190 页以下。

〔17〕 参见[意]彼德罗·彭梵得:《罗马法教科书》,黄风译,中国政法大学出版社 1992 年版,第 212 页以下;田士永:《物权行为理论研究》,中国政法大学出版社 2002 年版,第 35 页以下。

〔18〕 尽管在罗马前古典和古典法时期,"交付"一词已成为非要式移转行为的专用术语,但该词经常在两种意义上使用:其一,作为事实行为(Realakt)的占有取得;其二,作为法律行为的所有权转让。在以该概念抽象物权合同理论时,它主要是在第二种意义上使用的。参见田士永:《物权行为理论研究》,中国政法大学出版社 2002 年版,第 40 ~ 41 页。

〔19〕 参见田士永:《物权行为理论研究》,中国政法大学出版社 2002 年版,第 40 页。

在《合同概念的历史变迁及其解释——以大陆法系为考察中心》一文里，笔者已经论证，罗马法上的交付作为一项简约，并不产生债的效力，因此，在罗马的"债—契约"模式下，它不属于合同的范畴。那么，自胡果至萨维尼，交付又如何完成其从"非契约"到"物权契约"的性质转变呢？在笔者看来，这主要应归功于近代德国学理在法律意识形态上对康德自由意志理论的普遍信仰以及在法技术上对物权和债权的区分。

在德国，自胡果开始，就已对《法学阶梯》中的"物法"提出意见。胡果在其1789年出版的《法学阶梯》中，就"将不涉及家庭关系和继承关系的物上权利与债权完全分开"。此后，胡果又在另一片文章中论述道：由于物法与债法分离，所以在所有权取得方式中不包含债的关系，尤其不包含买卖。[20] 萨维尼在胡果的研究基础上，通过对罗马法上的交付问题进行解释，得出了"交付本身是一项真正的契约"这一结论。其立论的基础在于其对法律关系的理解：

> 自当今占优势立场观之，作为人与人之间关系的任何一项法律关系，均由法律规则确定。通过法律规则所进行的确定，属于依赖于个人意思的领域，该领域内，个人意思独立于他人意思而居支配地位。[21]

显然，萨维尼在这里受康德的自由意志理论的影响，才把法律关系的本质界定为"个人意志独立支配的领域"。遵循这一思路，他又把权利作为人的意志的作用，亦即所谓的"支配"（Herrschaft），并将支配的标的分为三种：自己、他人、自然。物权属于对自然这一标的的支配，债权属于对他人的支配，对人的支配乃对人的特定行为的支配。[22] 萨维尼关于法律关系和权利的理论，集中体现了近代主观法（权利）的观

---

〔20〕［德］霍尔斯特·海因里希·雅科布斯：《十九世纪德国民法科学与立法》，王娜译，法律出版社2003年版，第178、184页。

〔21〕转引自田士永：《物权行为理论研究》，中国政法大学出版社2002年版，第87页。

〔22〕参见田士永：《物权行为理论研究》，中国政法大学出版社2002年版，第89页。

念：主观法权是一种志愿的权利，或为迫令他人尊重他的意思的权力。〔23〕

萨维尼关于物权和债权的区分，使其意思表示理论在法技术上也具有区分的可能：意思表示的效果意思可以指向债法而形成债法行为（债权行为），也可以指向物法而形成物法行为（物权行为），〔24〕而交付"包含着双方当事人对物的占有和所有权转移的意思表示，行为人据之确定彼此间法律关系"，"它具备契约概念的全部特征"，因而"是一项真正的契约"。〔25〕由此，萨维尼把意思表示理论延伸到物权法的领域，从而使意思自治原则真正贯彻整个私法领域。

（二）抽象性原则是否基于保护交易安全之法政策上的目的而被创设

罗马法原始文献中涉及交付的正当原因问题，但其中存在关于抽象说和要因说的矛盾，它们被后世法学家不断解释，逐渐形成要因说和抽象性两种意见。有学者指出，萨维尼之前的学说，尤其是名义加形式取得说，多坚持要因说。自萨维尼后，抽象说日渐成熟并最终被《德国民法典》采纳。〔26〕抽象性原则的此种发展轨迹，本身已可证明其并非源自一种目的论的解释，而是学者通过罗马法素材的分析总结出来的理论抽象。正如德国学者所指出的，萨维尼继续胡果的研究而提炼出物权合同理论，并非为了贯彻交易安全之保护的目的，对物权行为及其抽象性理论之目的论或功能论的解释其实是在后期潘德克吞法学中才出现的。〔27〕对此，我们可以从被普遍认为是抽象原则之创始人的萨维尼的相关理论着手进行分析。

学者认为，萨维尼首创物权行为抽象理论并使之逐渐完善，经历了

〔23〕参见［法］莱昂·狄骥：《〈拿破仑法典〉以来私法德普遍变迁》，徐砥平译，中国政法大学出版社2003年版，第9页。

〔24〕参见田士永：《物权行为理论研究》，中国政法大学出版社2002年版，第106页。

〔25〕参见田士永：《物权行为理论研究》，中国政法大学出版社2002年版，第59～60页。

〔26〕参见田士永：《物权行为理论研究》，中国政法大学出版社2002年版，第74页。

〔27〕参见［德］霍尔斯特·海因里希·雅科布斯：《十九世纪德国民法科学与立法》，王娜译，法律出版社2003年版，第192～193页。

一个过程。在1824年至1825年的讲座中,他承认要因说,但已开始对要因说提出质疑。[28] 此后,他从对错误的分析入手,分析了交付与其原因的关系,明确提出交付的效力不受动机瑕疵的影响,交付动机瑕疵可以通过请求给付之诉(condictio)予以解决。[29]

然而,萨维尼关于动机错误的理论,和现代法上的抽象原则似乎关联不大。因为,对于萨维尼而言,其关于错误的理论中的原因,不应该是指"原由"(Ursache),而是指"动机"(Motiv),而动机并非意思不可或缺的前提。因此,基于意思自由的理念,动机错误,即所谓"真正的错误"(der ächte Irrthum),不能排除意思的效力。[30] 有鉴于此,萨维尼在谈到"唯一拯救交易不受无限制的不确定性和随意性危害的方法"时,并不是为了"从根本上奠定交付(traditio)的抽象性",他此处指的是,在"日常的法律行为,特别是合同、债权合同以及本质上也是合同的交付"中,"错误一般不重要"。[31] 显然,萨维尼关于错误的理论并不仅仅适用于交付这一移转所有权行为的情形,我们不能由此得出萨维尼提炼出物权行为抽象性的结论。

实际上,对于交付和作为原因行为的债权契约或其他法律关系,萨维尼曾强调其相互依存的关系:

> 交付本身是一项真正的契约,并非债法上的契约,而是物权法上的契约。交付虽然与债法契约(如买卖、互易及其他)相区别,但却可能以其为基础,并且主要是以先前设定的义务为基础。[32]

该论述表明,萨维尼不是从欠缺基础行为或基础关系这一病态的或非常态的角度来论证交付也是一项契约的,所以,正如学者所言:

---

〔28〕 参见田士永:《物权行为理论研究》,中国政法大学出版社2002年版,第85~87页。

〔29〕 参见田士永:《物权行为理论研究》,中国政法大学出版社2002年版,第90页

〔30〕 参见[德]霍尔斯特·海因里希·雅科布斯:《十九世纪德国民法科学与立法》,王娜译,法律出版社2003年版,第192、197页。

〔31〕 参见[德]霍尔斯特·海因里希·雅科布斯:《十九世纪德国民法科学与立法》,王娜译,法律出版社2003年版,第193页。在所引著作中,"traditio"被译为略式转让,为使本文行文统一,笔者把它改为"交付"。

〔32〕 转引自田士永:《物权行为理论研究》,中国政法大学出版社2002年版,第61页。

物权合同理论的创设,并非为了解决在所有权转让中,虽然进行了交付,但所有权转让的法律基础不存在或无效的情形。创设物权合同并不是为了解决这种缺少法律基础的所有权转让,将所有权转让从其法律基础中抽象出来,不是为了使该行为在尽管没有法律基础的情况下也仍然有效。[33]

由此进一步证明,物权合同的创设,不过是物权和债权之区分的要求,是自由意志理论在物权法领域的继续,它不是为了逻辑地推导出抽象性而被创设,因此,承认物权行为理论,并不必然意味着要承认其抽象性。

那么,萨维尼究竟是如何推出抽象性原则的呢?对此,德国学者雅科布斯认为,各种请求给付之诉(condictiones)尤其是其中的基于非债清偿的请求给付之诉(condictio indebiti)的存在,是物权行为之抽象性的主要理由。[34] 在罗马法上,基于非债清偿的请求给付之诉,可在因错误而实行了不当清偿的情况下被提起。优士丁尼法认为,提起此诉应具备两个条件:第一,清偿错误,即清偿人基于错误的认识实行清偿;第二,领受错误,即领受人不正当地接受了他人的给付。[35] 该制度在物权合同理论被创设后获得更为重要的意义:在基于某合同产生债务后,其履行经常是基于清偿原因(solvendi causa),也就是为了消灭已经

---

〔33〕 [德]霍尔斯特·海因里希·雅科布斯:《十九世纪德国民法科学与立法》,王娜译,法律出版社2003年版,第189页。

〔34〕 参见[德]霍尔斯特·海因里希·雅科布斯:《十九世纪德国民法科学与立法》,王娜译,法律出版社2003年版,第195页。在所引著作中,译者使用了"不当得利返还请求权"的表述,由于该译作中未附原文,所以笔者只能猜测其原文为拉丁文"condictio"或德文"Kondiktion"(请求给付之诉),因为译者在翻译该书第198页的一段拉丁文时,也是将其中的"condictione indebiti"翻译为"缺乏法律基础而给付的不当得利",而"condictio indebiti"只是"condictiones"(condictio的复数形式)的一种。各种请求给付之诉是德国不当得利制度的罗马法渊源。笔者在这里之所以不用"不当得利请求权"的表述,是因为尽管萨维尼已经开始从罗马法的各种请求给付之诉中总结一般的不当得利制度,但其工作尚未最终完成,其借助的材料仍然是典型的罗马法上的各种请求给付之诉,使用"不当得利请求权"一词容易使人误以为一般的不当得利制度在当时已被抽象出来。请综合参见 Reinhard Zimmermann, *The Law of Obligations: Roman Foundations of the Civilian Tradition*, Oxford: Oxford University Press, 1996, Chapter 26。

〔35〕 参见黄风编著:《罗马法词典》,法律出版社2002年版,第66页。

存在的债务,因此,在发生交付后,所有权移转的效力已经发生,此后,如果该债务根本不存在,则应根据基于非债清偿的请求给付之诉进行返还。[36] 由此可见,基于非债清偿的请求给付之诉的逻辑基础是:缺乏法律基础的所有权转让亦为有效。也就是说,不承认所有权转让的抽象性,基于不当得利的请求给付之诉就没有适用余地,[37] 用中世纪法学家阿库修斯的话来表述就是:

如果说基于误想(原因)所有权不被移转,那么,这会和一切基于非债清偿的请求给付之诉的名义相矛盾:在某物的所有权基于误想原因也被移转时,(基于非债清偿的请求给付之诉的)名义才有其空间。*si dicas ex putative non transferri dominium, totus titulus de condictione indebiti repugnaret: qui titulus habet locum quando transfertur dominium alicuius rei ex putativa causa.*[38](括号中内容为笔者根据上下文添加)

阿库修斯针对 D. 41,1,31 pr 中的合法原因(iusta causa)做出的此段注释,就是用来解决罗马法中交付之要因性和非债清偿之债间存在的两难处境的。因为,一方面,D. 41,1,31 pr 说,"单纯的交付决不移转所有权,除非先前存在出售或某种合法原因,而交付乃因此而发生"。[39] 该文本说明交付和拟诉弃权、要式买卖不同,它具有要因性,即需要合法原因的存在。但另一方面,根据《学说汇纂》的有关文本,如 D. 12,6,1pr. -1、D. 12,6,26,3、D. 12,6,65,9、D. 50,17,53,基于非债清偿的请求给付之诉,显然是以即使欠缺原因所有权也因交付发生移转为前提的。在现代法学方法论上,这种情况被称为"不可化解的规范矛盾"。其结果是,该矛盾所牵涉的法规范会互相把对方废止,从

---

〔36〕 See Reinhard Zimmermann, *The Law of Obligations: Roman Foundations of the Civilian Tradition*, Oxford: Oxford University Press, 1996, pp. 866 - 867.

〔37〕 参见[德]霍尔斯特·海因里希·雅科布斯:《十九世纪德国民法科学与立法》,王娜译,法律出版社2003年版,第198页。

〔38〕 转引自 Reinhard Zimmermann, *The Law of Obligations: Roman Foundations of the Civilian Tradition*, Oxford: Oxford University Press, 1996, p. 867。

〔39〕 原文为:Numquam nuda traditio transfert dominium, sed ita, si venditio aut aliqua iusta causa praecesserit, propter quam traditio sequeretur。

而形成一个“碰撞漏洞”，它只能依法律补充的一般原则来填补。[40] 显然，阿库修斯为了使请求给付之诉有其适用空间，否定了交付的要因性。萨维尼事实上受到此种理论的影响。[41]

由此可见，抽象性理论不过是早期历史法学派学者对罗马法上请求给付之诉进行整理的结论，而非物权行为理论的逻辑结论，更不是基于所谓的交易安全之保护这一法政策上的目的。

四、无因(或抽象)债务的思想和无因性体系的完成

(一)罗马法上的要式口约在中世纪欧洲的命运

罗马法上要式口约的抽象性，虽然在观念上和近现代德国法上的所谓抽象性有本质区别，但其法律构成和效果与现代无因行为大致相近。根据德国学者弗卢梅的研究，要式口约即为现代意义上的无因行为，债权债务的发生，不考虑其法律上的原因；即使原因不存在，提问者也享有由要式口约所生的诉权，但因要式口约欠缺法律上原因，故裁判官赋予被告诈欺抗辩(exceptio doli)，以对抗原告要式口约之诉。[42]

罗马法上的要式口约虽然和近现代德国法上的无因债权行为性质相近，但欧洲中世纪及近代法律，并未继受要式口约。其原因主要有二：第一，从罗马帝国晚期卡拉卡拉(Caracalla)皇帝时期开始，出现了所谓的“未付款抗辩”(exceptio non numeratae pecuniae)，导致要式口约的抽象性丧失，[43] 即某人如果曾与他人达成要式口约承诺返还从后者处借到的钱款，但商定的借款后来并未实际给付，则该人可针对有关的还款请求提出此种抗辩，责成请求人证明自己已实际给付借款，在不能提供此证明的情况下，请求还款者败诉。[44] 第二，中世纪注释法学

〔40〕 参见黄茂荣：《法学方法与现代民法》，中国政法大学出版社 2001 年版，第 312 页。

〔41〕 See Reinhard Zimmermann, *The Law of Obligations: Roman Foundations of the Civilian Tradition*, Oxford: Oxford University Press, 1996, p. 867, note 200.

〔42〕 参见陈自强：《无因债权契约论》，中国政法大学出版社 2002 年版，第 156 页。

〔43〕 参见芮沐：《民法法律行为理论之全部》(民总债合编)，中国政法大学出版社 2003 年版，第 235 页。

〔44〕 参见黄风编著：《罗马法词典》，法律出版社 2002 年版，第 107 页。

派以原因为简约“穿衣”，突破了罗马法上的契约形式主义和类型固定主义，并在坚持“债—契约”的模式下，使所有的简约都具有了债的效力（突破了罗马法上的“裸体简约不产生诉权”的原则）。正是因其对原因的强调，所以，债权契约须有法律上的原因。[45] 在这种历史背景下，具有无因债权契约性质的要式口约也随之衰亡，而继受罗马法的德国普通法，几乎无不否认无因债权合同的效力。[46]

（二）19世纪前半叶欧洲的学理和实务

在直至19世纪前半叶的欧洲，合同一般只产生债的效力，并且，人们普遍认为除当事人意思表示一致之外，合同须有其原因，且该原因应直接从合同中得知，或在诉讼中证明之，其目的在于确保债务的真实性。[47]

在法国，于其民法典制定之前，未表明负债原因及目的的证书不生效力。然而，完全否认此种债权证书的效力又不符合实际需要，故法国法院早在16世纪末，对提出此种证书的债权人赋予一定的有利法律效果，《法国民法典》第1132条承其旨而规定：“协议的法律效力不因原因未被明示而稍减。”[48] 但在法国，通说认为该条并非无因债权之规定，它仅发生举证责任转换的效果，以便债权人易于行使权利。不过，有的学者把这种情形称为程序上的抽象（astrazione processuale），以区别于实体上的抽象（astrazione sostanziale）。在所谓的程序上的抽象中，利用抽象行为的当事人的相对方可以诉诸原因的缺乏或者有缺陷，也就是说，对于抽象之下的一种利益安排，抽象的法律效果只表现在举证责任的转换中。据此，主张利益安排上存在瑕疵的人应该举证。相反，在实体的抽象中，当事人双方不能诉诸这样的缺乏或缺陷来阻却其法律效力的发生，这就是我们通常所理解的抽象性。[49]

---

〔45〕 详见徐涤宇：《合同概念的历史变迁及其解释》，载《法学研究》2004年第2期。

〔46〕 参见陈自强：《无因债权契约论》，中国政法大学出版社2002年版，第157页。

〔47〕 参见陈自强：《无因债权契约论》，中国政法大学出版社2002年版，第158页。

〔48〕 参见陈自强：《无因债权契约论》，中国政法大学出版社2002年版，第158页。

〔49〕 Cf. Mario Talamanca, *Istituzioni di Diritto Romano*, Dott. A. Giuffrè Editore, Milano, 1990, p. 215.

在德国普通法时代，债权证书（Schuldschein；cautio）也仅被作为证据方法，表明负债原因的证书（cautio discreta）若经证明债务未发生或已消灭，债务人可请求返还；债权证书若未表明债务负担的原因（cautio indiscreta），则因无法证明债务的存在，故不发生效力。但德国法院在19世纪40年代承认交互计算或结算（Abrechnung）所作成的债权证书具有诉求性后，无因债务约束效力的否认开始受到挑战。1850年以后，法院几乎都承认结算为个别的法律行为，可以成为独立的负债原因，无待回归原有的债权，但仍未一般性地承认无因债权，法院认为相对于原有债务，结算仅为新的负债原因（causa debendi）。[50]

（三）抽象债务或无因债务之概念的形成

昆策（Kuntze）在其1884年出版的《票据法》一书中，对抽象债务（abstrakte Obligatis）及相关概念的形成做了如下描述：

以前的理论几乎不知道这个概念（抽象债务），Gneist、Liebe、Unger等粗略地给它下了一个定义，以后这个概念就被票据和证券持有人所利用。当时的人们认为，记账式支付（expensilatio）和要式口约（stipulatio）在一定范围（商法）内，只要证明了表明义务负担之意思的形式，就应作为抽象债务而承认之；但超出此范围即成为问题，因为它并不符合现代的交易方式。这是上述学者的意见。但是，最近又表现出一种新的趋向，即赋予所有类型的债务证书以抽象债务的效力。至于个人意思（Privatwille），则不管是把它做成证书，还是仅仅以口头来表达，都可赋予它以负担抽象债务的地位，以作为一般性原则处理。[51]

正如昆策所述，债权的无因构成，其最直接的起源开始于1848年德国制定票据条例的前后，它构成了票据及其他商业证券的理论基础。应新经济的要求，这一问题又被再次提出，而对此理论影响最大的，非巴尔（Bähr）莫属。巴尔的学说受到了众多的批判，但其基本思想为以

---

〔50〕 参见陈自强：《无因债权契约论》，中国政法大学出版社2002年版，第158～159页。

〔51〕 原島重義「「無因性」概念の一考察、サヴィニー、ベール理論的系譜の側面から」1957年3月、九州大学記念論文集（460頁～461頁）。本文日文资料由中南财经政法大学外国语学院付黎旭先生提供翻译，在此谨致谢意。

后的大多数学说所支持，并被纳入了德国民法中债务约定等规定中。即使在今天，这种理论还在发挥作用。[52]

（四）巴尔的学说及其影响

巴尔在其1855年出版的《以承认为债务负担原因》的专论之序言中，首先说明了其理论的来源：

> 萨维尼的作品在这一点上的几个理论构成，不如我预期的那样清楚。但 Liebe 和 Gneist 由于制定要式口约（Stipulatio）之规范方面的工作，使他们在对具有该精神的对象的把握和解释上汇集了丰富资料，这是非常优秀的。而 Exleben 则对各种无原因的请求给付之诉（Die Condictiones sine causa）作了极其彻底的研究。另外，温特夏德的“前提的理论”（Lehre von der Voraussetzung）对这方面的工作也是极其有益的。[53]

巴尔的陈述表明其理论和物权行为无因性理论一脉相承，其中各种无原因的请求给付之诉也应该是其无因债务理论的逻辑基础，而罗马法上的要式口约之概念，则为其分析工具。但巴尔为何对无因性概念之开拓者萨维尼的工作并不满意呢？其原因之一，应在于萨维尼仅针对交付（traditio）提出了无因性理论，其理论具有一定局限性，对巴尔分析抽象债务无所助益。虽然巴尔的理论也是从阐述萨维尼关于交付引起的所有权移转这种无因性理论开始的，但他选择了经当时学者整理的要式口约之概念，并将它和交付并列起来，作为自己研究的对象和出发点，从而把无因性概念贯彻到整个债权行为中，[54]这是萨维尼所未开展过的工作。

巴尔对以往学者忽略要式口约的抽象性的做法进行了批判，他强

---

〔52〕 原島重義「「無因性」概念の一考察、サヴィニー、ベール理論的系譜の側面から」1957年3月、九州大学記念論文集（461頁）；陈自强：《无因债权契约论》，中国政法大学出版社2002年版，第160页。

〔53〕 原島重義「「無因性」概念の一考察、サヴィニー、ベール理論的系譜の側面から」1957年3月、九州大学記念論文集（461頁）。

〔54〕 原島重義「「無因性」概念の一考察、サヴィニー、ベール理論的系譜の側面から」1957年3月、九州大学記念論文集（470頁）。

调重视要式口约之无因性的研究合乎时代要求,能使要式口约更为有用。巴尔认为要式口约中演绎的本质性要素,就是“承认”(Anerkennung)。这种承认并非一种单纯的证据问题,而是实体法上成立债权的要件。也就是说,在他看来,无因债权(债务)契约的共同要素,就是对债权债务关系之存在与否的“承认”。此“承认”同实质的法律上的原因相脱离,因而它是使实体法上的债权得以成立的要件。基于这一分析,巴尔指出,决算契约、承认之表示、债务证书、交互计算、商人债务证券及票据等之所以都有无因性的适用,皆在于有“承认契约”(Anerkennungvertrag)之存在。可见,“承认”这一行为本身,便形成一个契约,它是关于承认债务关系之存在的契约,被称为债务承认和债务约束。[55]

要之,巴尔对未表明原因的债权契约不具有诉求性的传统见解提出质疑,并非像《法国民法典》那样通过诉讼法的手段,而是借助于实体法上的无因债权契约。由此,他将债权契约区别为实质的(要因的)与形式的(无因的)两种。前者的特征在于,发生债务的契约与其原因(causa)不可分,单纯的给付约束(einfache Versprechen)无法独立存在,它与原因结合而构成意思行为(契约)。而给付约束和原因依存的结合关系,其法律基础在于当事人推测的意思(vermutliche Willen)。而无因债权契约的共同要素,为对债之关系的存在与否的承认,此承认和实质的法律上的原因脱离。此契约无须表明其原因而独立发生诉权,并且排除被告基础关系所生的抗辩,因此,无因债权契约的目的在于诉讼上债权的确保。[56] 这其实是巴尔对自己提出的“作为自己研究和出发点的要式口约作为确保债权的一种方法起到什么样的作用”这一问题的回答,在他看来,这种作用和交付(所有权的让渡)的作用有点类似。[57]

---

〔55〕 原島重義「「無因性」概念の一考察、サヴィニー、ベール理論的系譜の側面から」1957 年 3 月、九州大学記念論文集(471 頁)。

〔56〕 参见陈自强:《无因债权契约论》,中国政法大学出版社 2002 年版,第 159 页。

〔57〕 原島重義「「無因性」概念の一考察、サヴィニー、ベール理論的系譜の側面から」1957 年 3 月、九州大学記念論文集(470 頁)。

和萨维尼一样,巴尔也从请求给付之诉(condictio)的角度来把握物权行为和债权行为无因性理论的正当性。他认为,交付和要式口约都是抽象化过程的一种结果,其中的意思即使从表面上来说是完整的,但在缺乏原因时,其内部却是不完整的。也就是说,它意味着"虽然有转让人的有效的意思,但却违背转让人本来的意思"。由于这一缘故,就有必要赋予其与被转让的财产有关的对人权(persönliches Recht),而实现这种权利的诉就是请求给付之诉(condictio)。[58]

巴尔的学说提出后,立时支配学界讨论和立法的方向及内容。当时上级法院多半倾向于承认抽象债务的效力,而德国统一以前各邦的立法,也大多明文承认无因债权契约。在学界,该理论更是一石激起千层浪。耶林在其《罗马法的精神》一书中,给予其积极评价,认为将原因的要素排除,具有原告易于举证、切断被告之抗辩的实益,此外,无因债权得到一般性的承认后,将使债权如同所有权、票据一样,可以自由流通。而反对者则认为,只有要因行为才具有拘束力,无因契约的承认将诱使不法。此壁垒分明的意见,促使德国 1869 年第八次和 1870 年第九次法学家年会均以无因债权作为讨论的主题,而其结果则为巴尔理论的空前胜利。[59]

巴尔的无因债务思想,也为《德国民法典》第一草案所采。其立法理由写道:债务承认和债务约束,均为无因债务,并在法律上具有和一般债务相同的效力。1893 年《德国民法典》第二次委员会中虽有委员提议删除第一草案第 638 条关于无因债务的规定,但多数委员以实际生活有其需要为由而否决了此项建议。此第二草案后成为正式的民法典,而作为无因债务的债务约束和债务承认,则被规定于第二编第七章第二十节,即第 780 条和第 781 条。[60]

---

〔58〕 原島重義「「無因性」概念の一考察、サヴィニー、ベール理論的系譜の側面から」1957 年 3 月、九州大学記念論文集(470 頁 ~ 471 頁)。

〔59〕 参见陈自强:《无因债权契约论》,中国政法大学出版社 2002 年版,第 160 ~ 161 页。

〔60〕 参见陈自强:《无因债权契约论》,中国政法大学出版社 2002 年版,第 161 页以下。

（五）无因行为体系的确立[61]

《德国民法典》一般性地承认无因债权契约的适法性后，一方面使其他特别法规定的无因债权行为有其归属中心，另一方面促成法律行为理论中由抽象程度不一的无因行为的外在体系（das äuβere System）几臻完备，并进一步使其内在体系（das innere System）在无因性原则的基础上呈现开放的特性。

该体系在学者自法律行为概念中区分给与行为和非给与行为后，又主要表现在给与行为中，从而形成所谓的无因给与行为体系，该体系大致包括处分行为和无因债权行为。而在非给与行为中，由于其行为作成之时，当事人所欲实现的经济上或社会上的意义即已达成，无须探求法律上的原因，故无所谓要因或无因的问题。其特殊者，仅为代理权及其他法律权能之授予行为。

无因性原则将权利归属的行为或法律地位的授予行为从其基础行为中分离出来，前者的效力不受后者存续的影响，故相当程度上具有确保法安定性和明确性、保护交易安全的功能。唯在无因给与行为，虽然常态下其原因并不缺失，但由于其效力不受基础行为的影响，故在出现原因行为无效或被撤销而导致其原因不复存在时，就难以说明给与效果的正当性。在此种非常态的场合，不当得利制度即成为无因给与行为共通的实定法基础。也就是说，基于无因给与行为的给与，无论其标的为物权、债权抑或其他财产权，若欠缺法律上的原因，则发生无法律上原因的财产损益变动关系，给付人可依不当得利的规定，向受领给付之人请求返还其所受领的利益，以尽可能回复到给与行为之前的财产状态。

五、结论

第一，无因性原则在历史类型中虽然具有相同或相近的法技术构

---

[61] 本部分主要参考陈自强：《无因债权契约论》，中国政法大学出版社 2002 年版，第 166 页以下。

成和法律效果,但在不同的法律意识形态下,其被贯彻的法政策目标迥异。罗马法上的无因性原则乃为其具有宗教意义的形式主义服务,而现代德国法才以保护交易安全作为其首要的法政策目标。

第二,德国法上的物权行为及其抽象性理论具有历史法学派的精神气质。具体而言,历史法学派的学者在创设该理论时,乃以自由意志理念为最高原则,通过公式化的法技术构成方法,把此种原则贯彻到私法的各个领域,形成一个逻辑的、可计算的概念体系,从而借这种体系求得形式伦理上的妥当性。尽管物权行为理论只不过是意志理论在物权法中的延续,最终体现的是一种私法自治的价值观念,但该理论乃借助于逻辑的建构而完成,甚至于其创设过程表现为一种纯粹的逻辑操作,即通过物权和债权之法技术的区分而在法律构成上把法律行为区分为物权行为和债权行为。所以,从形式上看,物权行为理论表现的是一种伦理中立的立场。至于抽象性原则,更是理论分析之抽象思维的结果,在最初的意义上,它根本不是基于诸如政治的、道德的或经济的考虑而从功能论或目的论的角度被创设,而是对请求给付之诉进行解释的产物。因此,从历史实证的角度说,抽象性原则在被创设之时也具有伦理中立的特征,它只是被萨维尼之后的学理和德国立法演化为法律上意识形态之争。

第三,无因债务理论和物权行为无因性理论一脉相承,各种无原因的请求给付之诉亦为无因债务理论的逻辑基础,而罗马法上的要式口约之概念,则为其分析工具。无因债权行为被实定法承认后,使无因性体系趋于完备。自此而后,无因性原则确定地具有了保障法安定性和明确性、保护交易安全的功能;并且,在德国法系,不仅处分行为,而且关于无因债务,均有不当得利的适用,不当得利制度由此成为无因性原则的补充。

第四,尽管德国法上无因性原则的产生,更多的是基于一种理论推演的结论,而非某种功能论或目的论解释的结果,但正如苏永钦先生所言,由抽象的概念体系维持其体制中立的民法并非全然价值中立,它自有其意识形态。[62] 因此,基于某种法政策的考虑,从法律更应保护动的安全还是静的安全这一角度来赞成或反对无因性原则,从而在价值层面上增强其说服力,并无不妥。问题在于,用以驳斥或支持无因性原则的历史材料应该符合历史的真实性。

在我国,存在这样一种理论,认为承认无因性原则,即意味着原因行为即使无效或被撤销,买受人仍取得所有权,而出卖人仅能依不当得利的规定请求返还,其地位由所有人而沦为债权人,不能享受法律对物权的特殊保护,从而造成不公平的结果。[63] 并且,该理论从历史背景入手,认为基于保护交易安全之目的而构建无因性理论,恰值德国处于不知善意取得为何物的普通法时期。此种观点其实是目的论解释的结论,其立论的前提就是静的安全更值得保护,对此本文不拟探讨。唯须强调的是,从历史的角度来看,尽管不当得利制度在现代德国法中具有补充无因性原则的功能,但它原本不是作为无因性原则的补充而被创设的;恰恰相反,不当得利制度的存在才是无因性原则产生的主要理由。因此,以不当得利制度在功能上不能完全补足无因性原则的缺陷为由而诟病该原则,[64] 从历史的角度看,不过是学者主观臆测的产物。而以这种主观臆测的结论来反推善意取得制度如果存在将不会出现无因性理论,或者认为无因性原则只是善意取得制度不存在的情况下的权宜之计,就可以说是无视历史事实了。

(原文载于《法律科学》2005 年第 3 期)

〔62〕 苏永钦:《走入新世纪的私法自治》,中国政法大学出版社 2002 年版,第 5 页。

〔63〕 参见陈华彬:《物权法原理》,国家行政学院出版社 1998 年版,第 130 页。

〔64〕 不当得利制度不能补足无因性原则的缺陷这一观点本身也遭到学者的反驳。参见孙宪忠:《再谈物权行为理论》,载《中国社会科学》2001 年第 5 期。

历史视野下夹缠于非婚和婚姻之间的事实婚

——兼论我国未来民法典对事实婚的应然构建

目　次

一、罗马法上的婚姻形态与非婚同居
二、从姘合到事实婚和非婚共同生活:罗马法传统中的"婚意"
三、我国事实婚法律规制之制度变迁
四、结语:事实婚和非婚共同生活在未来民法典中的应然构建

生民之初,男女之性的结合实基于人类繁衍的自然法则,此种两性关系的表现,与其称为社会现象,毋宁称为自然现象,尚不得以婚姻论之。至人类社会发达之后,两性结合渐有规范,遂有婚姻之谓。故社会学家有云:"婚姻乃经过某种仪式之男女结合,为社会所许可者,此种制度必以社会之许可为其特征。"[1]要之,两性结合从一种自然现象质变为所谓婚姻之社会现象,本为制度规范之结果:只有那些遵循习俗的、宗教的、道德的或法律的社会规范而形成的男女结合,才是婚姻。

当然,由于各个时代的社会、经济等各种情况不同,婚姻制度所规范和认可的婚姻形态也经历了各种不同的变迁。然而,尽管存在不同的行为方式和习惯,致使婚姻与一个民族的习俗和文明程度有着紧密

[1] 参见陈顾远:《中国婚姻史》,商务印书馆1937年版,1998年影印版,第1页。

的联系，并在不同的时期表现出其独有的特征，但在不同的时代和不同的民族或国家，婚姻还是有其共同特征或在某些方面存在联系的。这些联系表现在，婚姻表面涉及的是当事人个人身份关系的变更，但其真正攸关的是人伦秩序的维系、家庭制度的健全、子女的正常成长等公共利益。

以事实婚而论，尽管其在现代法上处于合法婚姻和同居之夹缝间，但在历史上，以其作为规范所许可的基本婚姻形态，并据此构建家庭人伦秩序，却是一种客观的事实存在。因此，研究历史上尤其是罗马法上的婚姻和非婚同居问题，并使之与现代社会中的事实夫妻关系相比较，对于区分事实婚和非婚同居这两种情形，以制定合理的规则对前者进行规制，进而提高相关子女的地位，是有启发意义的。

一、罗马法上的婚姻形态与非婚同居

婚姻在罗马法中曾是家庭法的构成因素之一，并且也是家父权和亲属关系的主要发生依据。在市民法婚姻中，罗马法认为正当婚姻（iustae nuptiae）是家庭和社会的基础，着手颁行了一些已初具形态的规范，并对和其成立的必要条件相关的事项以及致使其消灭的一些事由作出了规定。

在罗马法的概念中，并非任何男女之间的结合都被界定为婚姻，而只有那些具备了一定主观条件和客观条件并随之产生婚姻法律效力的男女之间的结合，才被认为是正当婚姻。首先，在罗马婚姻中存在一个主观的要素和一个客观的要素。前者就是婚意（affectio maritalis），是一个主观的和内在的要素，它通过新郎新娘自己的表白或其家属和朋友的表白加以证明，但最重要的是其外部表示——“婚姻待遇”（honor matrimonii），即在所有形式方面均以夫妻身份相互对待，以使配偶双方在社会上被看作夫妻，它使妇女获得丈夫的社会地位和妻子的身份。后者则由同居体现出来，但同居不能只作物质意义上的理解，而应当更好地从伦理意义上进行理解。因为即使在夫妻不共同居住于同一地点的情形，也存在同居，并且即使夫缺席，但只要妻居住于夫家，同样存在同居。[2] 其次,为使婚姻有效,罗马法也要求具备一些特定的要件,括通婚权、自然能力(年龄)、家父的同意、无婚姻障碍。

在正当婚姻的边缘,罗马法也承认一些由教育、文化和信仰的分化现象所引起的男女结合。这些结合尽管次于本义上的婚姻或合法婚姻,但它们也在人身关系和财产关系方面产生类似于婚姻的法律效果。总的来说,罗马法上的这些非婚同居包括万民法婚姻或称无通婚权的婚姻、姘合(concubinatus)以及奴隶间的结合(contubernium)。

(一)无通婚权的婚姻

通婚权是罗马法中的一个独特概念。在罗马法中,为使男女结合具有正当婚姻的性质,要求夫妻双方享有通婚权或法定资格以缔结婚姻。在最初时候,只有罗马市民才享有这些权利,而异邦人、拉丁人和奴隶则排除在正当婚姻之外。即使在罗马市民与其他阶层的居民之间也不存在通婚权,因为其他阶层的居民没有被授予通婚权。

显然,对罗马人而言,市民资格有着其特殊的重要性,因为市民和异邦人之间或两个异邦人之间实现的结合,由于其中一方或两方没有通婚权而不构成为正当婚姻。[3] 但在市民法面前,无通婚权的婚姻因构成事实上的身份状态而被视为合法的结合。同时,市民法婚姻的成立要件除通婚权外也适用于万民法婚姻。此外,在无通婚权婚姻中,夫妻应负忠诚义务,并能通过错误原因的证明(erroris causae probatio)而将其婚姻转化为合法婚姻,事后生育的子女也处于其家父权之下。[4]

关于无通婚权婚姻的制度并无多大重要意义,它最终在公元212年因《卡拉卡拉谕令》赋予所有帝国居民以市民资格而逐渐消失,而只有在例外的情形当某人因受处罚丧失市民资格时,才产生此种婚姻。

---

〔2〕 Nelly Louzan de Solimano, *Mrtrimonio y Convivencias No Matrimoniales*, en *El Derecho Romano y los Derechos Indigenas: Sintesis de America Latina*, Universidad Veracruzana, Mexico, 1994, p. 244.

〔3〕 两个异邦人之间的婚姻在其作为市民的国家可以具有完全的效力,但这里仅指在罗马的情形。

〔4〕 Martha Patricia Irigoyen Troconis, *Concubinato y Contubernio en PS* 2. 20 *y* 21 – *A*, en *El Derecho Romano y los Derechos Indigenos: Sintesis de America Latina*, p. 258.

(二)姘合

在罗马社会中,除婚姻外还允许另一种形式的永久同居:姘合。它是一种无婚意的、同地位低下女子(自由人或奴隶)的同居,但它免受一切惩罚而不能视同奸淫。

为使正当婚姻之外的关系构成姘合,一些条件是必须满足的。这些条件分别是:(1)当事人双方应为自由同意;(2)任何一方不能和正当婚姻中的第三人结合,否则可能构成通奸;(3)双方不能因婚姻所禁止的亲属关系而存在联系;(4)只能与适婚女子、成熟女子、卖淫的女子或已声明其姘合意图的未成熟女子发生姘合;(5)不能和一个以上的人姘合,因为一夫多妻会受到严厉的处罚。显而易见,所有这些要件赋予姘合以婚姻的特征,据此,在经典法学家看来,两者的要件仅在婚意上表现出不同。[5]

姘合制度在帝国早期表现出较清晰的轮廓,但这种结合不是非法的,仍为社会所接受,它只是未得到法律的承认。[6] 在信仰基督教的皇帝统治时期,姘合登上了法律制度的台阶,但并不是受到它的肯定。这些皇帝竭力采用过渡性措施鼓励父母们结婚并对子女实行准正。只有优士丁尼表现出赞成的态度,并把姘合上升为"低级婚姻"。当时,一个触及姘合实质的内在变化是:社会地位由于不再成为婚姻的障碍,因而也不再成为姘合的障碍。[7] 于是,自那时起,姘合丧失了其原来的构造而被定型为同无论何种地位的妇女无婚意的稳定同居。只是人们开始把姘合视为不正当的结合,并倾向于将它改变为一种受正常婚姻规范约束的特殊婚姻。[8]

(三)奴隶间的结合

在罗马社会,奴隶没有通婚权,但奴隶在自然法上享有人格,他们能成立自然性质的家庭关系。因此,奴隶之间不存在婚姻,其结合完全

---

〔5〕 Martha Patricia Irigoyen Troconis, *op. cit.*, p. 259.

〔6〕 参见[英]巴里·尼古拉斯:《罗马法概论》,黄风译,法律出版社2004年版,第90页。

〔7〕 参见[意]彼德罗·彭梵得:《罗马法教科书》,黄风译,中国政法大学出版社1992年版,第154~155页。

〔8〕 参见[英]巴里·尼古拉斯:《罗马法概论》,黄风译,法律出版社2004年版,第90页。

不受市民法的调整,表示这种自然关系的稳定结合叫作"奴隶间的结合"。[9]

实际上,奴隶之间的结合在本质上与自由人之间的婚姻并无差别,因为两者都具有稳定的特征、存在事实上的关系并通常要遵守一夫一妻制。奴隶之间的结合缺乏的是市民法的认可,它由自然法调整。但自帝国开始时起,奴隶的血亲关系(servilis cognatio)在罗马得到允许,所以他们之间的关系在婚姻障碍和合法继承的问题上,就那些获得自由的奴隶而言在法律上已被承认。考虑奴隶的血亲关系被承认,罗马(市民)法在特定场合也禁止分离此等奴隶的家庭。[10]

二、从姘合到事实婚和非婚共同生活:罗马法传统中的"婚意"

除市民法婚姻中的所谓正当婚姻外,罗马法中的三种非婚同居情形,是当时教育、文化和信仰分化之现象的结果。此外,也存在和身份制度相联系的社会、经济原因,尤其是存在促使在罗马日益严重的形势发展的道德原因。

就三种非婚同居的形态而言,它们事实上反映一个存在歧视和不平等的社会,反映一个承认人有着不同社会地位的制度,在这种制度下,人的不同的社会地位影响着其整体资格。

相反,近现代法律不看重人的社会地位,它承认凡超过法定年龄、能够理解婚姻行为并愿意缔结婚姻关系的人,都具有缔结婚姻的资格。在一个不再构筑人与人之间的身份不同、社会和法律地位不同的社会中,人的社会地位的不同不再对婚姻构成妨碍。因此,在近现代社会中,具有人格不平等性质的非婚同居现象已丧失其存在的基础。

从法技术层面看,对罗马法中的姘合进行剖析,我认为对识别现代社会中的非婚同居和事实婚是有帮助的。正如前述,姘合是从早期的一种无婚意的、同地位低下的女子的同居,发展到后来的同无论何种地

---

〔9〕 参见[意]彼德罗·彭梵得:《罗马法教科书》,黄风译,中国政法大学出版社1992年版,第32~33页。

〔10〕 Nelly Louzan de Solimano, *op. cit.*, p. 256.

位的妇女无婚意的稳定同居。在这两种不同时期的定义中,婚意的缺乏一直是其构成要件。因此,由于缺乏婚意的外部表示——婚姻待遇,也就是说,由于姘合者在各方面未以夫妻相互对待,以使双方在社会上被看作夫妻,从而使姘合不易同夫妻关系相混淆。[11]

和这种定义相比较,近现代的一些民法典对事实婚的有关规定也体现了罗马法上"婚姻待遇"的内涵。例如,《智利民法典》第 310 条就明确规定:"假定的配偶在家庭和社会关系中以夫妻名义相待的,为婚姻状况公开占有的主要构成方式;妻的身份为夫的亲友及其住所邻居所一般接受者,亦同。"《法国民法典》第 196 条也规定,婚姻的形式要件虽有欠缺,但当事人之间如保持"身份的占有",且已提出在身份官员面前举行结婚仪式的情况下,则夫妻各方不得再行请求婚姻无效。[12] 此所谓身份的占有,即指以夫妻身份相互对待且公然同居。由此可见,近现代社会中的事实婚姻是以当事人双方以夫妻身份相待并在社会上得到公认为其构成要素的,如果欠缺这一要素,所成立的就只能是单纯的同居。

当然,笔者以罗马法上的姘合与近现代社会的同居做比较,并不是说它们是相同的概念。前者是罗马社会的特定历史条件决定的,其主要原因是在罗马社会一直存在限制不同社会地位的人结婚的规定,而姘合正是在此种婚姻受到禁止时对它的一种"补偿"。[13] 所以,"如果说姘合在法律上是一种只是受到容忍的事实制度的话,那么在世俗法以外,从伦理和感情的角度看,它在社会习惯中同暂时的淫逸结合截然不同。从这种纯社会的意义上讲,甚至可以说,它在当时是一种冲越门第的婚姻"。[14] 相反,近现代社会中的非婚同居,往往是与淫逸相联系

---

〔11〕 参见[意]彼德罗·彭梵得:《罗马法教科书》,黄风译,中国政法大学出版社 1992 年版,第 154 页。

〔12〕 参见罗结珍译:《法国民法典》,中国法制出版社 1999 年版,第 70 页。

〔13〕 Martha Patricia Irigoyen TRocorus, *op. cit.*, p. 259. 在该文中,作者引以为据的,是 PS2. 20. 2 的规定:Concubinam ex ea provincia, in qua quis aliquid administrat habere potest(译文为:任何人得在其执行职务的行省拥有一个姘妇)。

〔14〕 参见[意]彼德罗·彭梵得:《罗马法教科书》,黄风译,中国政法大学出版社 1992 年版,第 154 页。

的一种不稳定的事实状态:在一些国家,即使它在法律上可能不遭受惩罚,但至少也在道德伦理方面受到唾弃。

如果我们通过以上论述,将近现代社会的事实婚姻定义为当事人在家庭和社会关系中互以夫妻身份相待但因欠缺法定的结婚形式而不为法律承认的事实上的关系,那么就会发现它和罗马婚姻之间存在有趣的联系。

近现代立法一般都规定,新郎新娘应以庄严的形式,面对接受他们的相互声明并能证婚的当局,互相表示同意,否则婚姻无效。甚至,一些民法典规定,在核实没有结婚障碍之后,才能举行相互表示同意结婚的仪式。相反,在罗马法中,婚姻的缔结不需要任何法定形式,虽然伴随这种重大事件会有因时间和习俗而异的各种各样的庆贺和仪式。〔15〕这种缺乏法定形式的情形与罗马婚姻的实质是相符合的。罗马法认为从新婚夫妇的行动中就可以看出他们的意愿,婚意的构成也就证实了婚姻的存在。而且,罗马法上的婚意不只是起始性的,而且应当是持续的、连续的。〔16〕 因此,如果缺乏婚意,那么就根本不存在婚姻;或者在婚意停止时,婚姻也就消灭。由此可见,罗马婚姻是和现代婚姻有区别的,它是一种具有法律后果的事实关系,后者则是具有社会后果的法律关系。也就是说,在罗马法上根本不存在婚姻的有效性和无效性的问题,而只有婚姻是否存在的问题。〔17〕 易言之,这种关系几乎不影响夫妻双方的法律地位,是否存在罗马法上的正当婚姻,主要决定的是子女的地位,而非婚姻本身的法律后果问题。〔18〕

按照这种观点,如果排除罗马法上根据人的身份和地位区分正当婚姻(市民法婚姻)和非婚同居这一因素,那么可以这么认为,现代意

---

〔15〕 参见[意]彼德罗·彭梵得:《罗马法教科书》,黄风译,中国政法大学出版社1992年版,第142页。

〔16〕 参见[意]彼德罗·彭梵得:《罗马法教科书》,黄风译,中国政法大学出版社1992年版,第142页。

〔17〕 参见[意]切萨雷·米拉贝里:《婚姻》,载杨振山主编:《罗马法·中国法与民法法典化》,中国政法大学出版社1995年版,第477页。

〔18〕 参见[英]巴里·尼古拉斯:《罗马法概论》,黄风译,法律出版社2004年版,第86~87、89页。

义上的事实婚姻,由于是基于当事人在家庭和社会关系中互以夫妻身份相待而形成的事实关系,因而在罗马法上恰恰被认为是婚姻本身,它根本就不存在有效或无效的问题。甚至可以说,罗马法所采取的是事实婚主义。[19]

显而易见,事实婚这一问题是随着婚姻本身发生的变化而产生的。在近现代法中,婚姻是由合意产生并由法律承认其效力的一种法律关系。为使男女结合在社会上被承认为正当的婚姻并获得法律上的效力,许多国家的法律除要求具备各项实质性的要件之外,尚要求履行某种形式,其目的是通过举行宗教的或习俗的仪式使婚姻得到上帝的祝福并把婚姻的成立公之于众。后来,婚姻脱离宗教,成了私法上的契约,已不再与宗教不可分,由于社会交往范围的扩大,完备的登记或申报制度较之仪式更能发挥公告的作用。于是,在一些国家采取仪式婚主义之外,更多的国家采取了形式婚主义。而对于未履行仪式或具有形式瑕疵但存在婚意的事实婚,这些国家一般采取审慎的态度:或断然否定其效力,或有条件地承认其效力。[20]

从20世纪60年代起,随着婚姻家庭观念的深刻变化,特别是性自主权的萌芽和发展,自决的性行为不再受到法律的消极否定或刑事制裁,非婚共同生活成为合法正当的行为。于是,非婚共同生活作为一种新的家庭生活形式,开始挑战以婚姻为纽带的传统家庭生活形态。在德国,很多伴侣不再结婚,或者只是为了生育才结婚,导致其结婚率从1980年的约50万人急剧降至2007年的约37万人;而在2005年,有约20%的德国人选择非婚共同生活。[21] 在北欧斯堪的纳维亚国家,非婚同居相当普遍,社会对这种结合的接纳程度以及法律对他们的保护程

---

〔19〕 英国法学家巴里·尼古拉斯评价说,“对于我们来说,婚姻是一种状态,它的设立和终结严格地由法律调整,它不仅在当事人之间造成大量的权利与义务,而且还在一定程度上影响着有关当事人与其他人之间的关系”,“罗马的婚姻却在很大程度上是一种社会事实,法律对它的设立与终结不大干预”。参见[英]巴里·尼古拉斯:《罗马法概论》,法律出版社2004年版,第86页。

〔20〕 详见吴天月、徐涤宇:《论身份的占有——在事实和法律之间》,载《法商研究》2000年第6期。

〔21〕 参见[德]迪特尔·施瓦布:《德国家庭法》,王葆时译,法律出版社2010年版,第26~27页。

度也很高，其法律上的待遇基本等同于婚姻。在欧洲其他国家，非婚共同生活也日益被社会广泛接受，立法者对长期非婚同居者设立了程度不一的法律保护制度。[22]

一般来说，非婚共同生活的当事人没有结婚的意图（或曰无婚意），它和包括事实婚在内的所有婚姻形态有着本质的区别。因此，在德国学者看来，非婚共同生活关系不能直接适用有关婚姻的法律规定，法律只应为非婚共同生活者提供最低限度的保护，而非建立一套“类似婚姻的制度”，其具体的制度构建趋势是：非婚同居者育有子女的，子女和父母之间有双向的权利义务关系，并且，这种权利义务关系会对其伴侣关系本身产生影响（如因出生而发生的母和父的扶养请求权）。[23]

在赓续罗马法传统的大陆法系国家，其法律观念尤其区别于北欧斯堪的纳维亚国家将非婚同居基本等同于婚姻的立法态度。反映在立法和判例上，这些国家均严格区分有婚意（所谓的婚姻待遇）的事实婚和无婚意的非婚同居，并将其划入不同的立法框架。对于前者，他们一般将其纳入民法的规范对象，承认夫妻身份的持续、公开占有系婚姻存在的证明手段之一，并由此修补婚姻形式上的瑕疵（如欠缺婚姻证书）。此种例证不胜枚举，如《智利民法典》第 310 条至第 313 条（其中第 311 条已被废除），1984 年《秘鲁共和国新民法典》第 269 条第 2 款、第 272 条和第 273 条，2003 年《巴西新民法典》第 1547 条，《意大利民法典》第 240 条，《法国民法典》第 196 条。[24] 对于无婚意的非婚同居，这些国家并不将其类同于婚姻，而是通过特别立法提供程度不一的特殊法律保护。例如，法国议会于 1999 年 10 月通过一项特别立法创设

---

〔22〕 参见罗冠男：《从罗马法的姘居制度看欧洲“事实家庭”的规制——从与中国比较的角度》，载《政法论坛》2015 年第 5 期。

〔23〕 参见［德］迪特尔·施瓦布：《德国家庭法》，王葆时译，法律出版社 2010 年版，第 27、471 ~ 472 页。

〔24〕 请综合参见《智利共和国民法典》，徐涤宇译，北京大学出版社 2014 年版；《秘鲁共和国新民法典》，徐涤宇译，北京大学出版社 2016 年版；《巴西新民法典》，齐云译，中国法制出版社 2009 年版；《意大利民法典》，费安玲等译，中国政法大学出版社 2004 年版。

了“共同生活民事协议”(pacte civil de solidarité)制度,并经由该法对民法典进行修订,在法国法上承认了与婚姻并列的一种民事结合形式。依其规定,共同生活民事协议乃指两个异性或同性的成年自然人为组织共同生活而缔结的协议,通过这种协议成立的民事结合关系介于婚姻和单纯的同居之间。〔25〕 再如,在对非婚共同生活相对保守的意大利,也是通过特别立法和判例,逐步对异性的和同性的无婚意之事实家庭予以一定程度的承认和保护。〔26〕

三、我国事实婚法律规制之制度变迁

婚姻制度从古罗马时期发展到近现代,已发生实质性的变化。在婚姻成立方面,也由事实婚主义发展到仪式婚主义或登记婚主义。而在我国,传统的婚姻既与法律婚主义无缘,也不属于事实婚主义,它是附属于“礼”的一种男女结合。男女具有永续的意志甚至同居的事实,并不足以使婚姻成立。只有逐一并综合考察主婚、媒人、聘礼、回礼、婚书、成婚仪式和披露宴等社会的事实和现象,“礼婚”才认定正规的婚姻成立与否。质言之,只有按照这些礼的要求迎娶的女子才是妻,不遵循礼的要求被领回家的为妾,除此之外的肉体关系都被认定为通奸,既要受到社会的谴责,也要受到法律的处罚。〔27〕

礼婚制绵延二千余载,降至民国时期,则为仪式婚所取代。按其《民法》第 982 条之规定,婚姻成立采习俗的仪式主义,即以有公开的仪式及二人以上之证明即为已足,而仪式如何(旧俗、新式、宗教仪式

〔25〕 参见邵廷娟:《法国民事互助契约制度》,载《环球法律评论》2007 年第 3 期。需指出的是,国内对此种协议的译法五花八门,如民事互助契约、紧密关系民事协议、同居关系契约、连带民事契约等,笔者根据法文和该协议的本质含义将其译为“共同生活民事协议”。

〔26〕 参见罗冠男:《从罗马法的姘居制度看欧洲“事实家庭”的规制——从与中国比较的角度》,载《政法论坛》2015 年第 5 期。

〔27〕 参见[日]滋贺秀三:《中国家族法原理》,张建国、李力译,法律出版社 2003 年版,第 376 ~ 377 页。滋贺先生之所以认定中国传统的婚姻和法律婚主义无缘,主要是因为:第一,婚姻之成立要件只是被消极地推定,或通过某些判例被积极地证实,而要求申报等立法未被发现(第 376 页);第二,婚姻属于“礼”的规范范畴。但如果我们认为传统中国的“礼”“法”区分是模糊的,而且婚姻要素中“礼”的要求事实上在诸如唐律、明律中也得到规定(见滋贺著作第 379 页以下),那么,我们也可以认定中国传统的婚姻属于法律婚主义。

还是习俗仪式)，则非所问。于是，未依民法举行仪式者，虽有婚意而同居，仍为事实婚，并不发生婚姻的效力。[28] 显然，其采用者乃仪式婚之法律婚主义。

中华人民共和国成立之后，沿袭根据地时期即已实行的结婚登记制度。其规范之目的，除彰显结婚登记之公示作用外，还有利于保障结婚自由，防止包办、买卖婚姻和其他干涉婚姻自由的行为；有利于保障一夫一妻制，防止重婚；有利于保障男女双方和子女后代的健康，防止早婚、近亲结婚以及依法禁止的疾病婚。[29] 亦即，我国的婚姻制度在婚姻的成立方面采取的是登记主义。为此，我国原内务部和之后的民政部曾先后颁行三个婚姻登记办法，后来又于 1994 年 2 月 1 日颁行了《婚姻登记管理条例》。按照这些规定，男女双方自愿结婚必须办理登记。但是，由于民间尤其是农村地区对礼婚观以及婚姻习俗的潜默遵循，未进行婚姻登记的事实婚并未成为一种历史现象。相反，随着婚姻家庭观念的变迁，有婚意的事实婚和无婚意的非婚共同生活夹缠在一起，日益流行为法律婚之外的一种"时髦"事实结合形态。[30]

对于事实婚，在 2001 年的新《婚姻法》出台之前，我国法律规制大致经历了三个不同的发展阶段。(1)自共和国成立初期至 1989 年 11 月 21 日以前，在此期间承认符合结婚条件的事实婚。(2)从 1989 年 11 月 21 日至 1994 年 2 月 1 日，仍然有条件地承认事实婚，但条件比过去严格。按照最高人民法院的司法解释，1986 年 3 月 15 日《婚姻登记办法》施行以前，未办登记手续而以夫妻名义同居，群众也认为是夫妻关系的，一方向法院起诉离婚，如起诉时双方均符合结婚同居，可认定为事实婚姻，如起诉时一方或双方不符合结婚条件，应认定为非法同居关系；该办法施行以后未办登记手续即以夫妻名义同居，群众也认为是夫妻关系的，一方向法院起诉离婚，如同居时双方均符合结婚条件，可

---

〔28〕 参见史尚宽:《亲属法论》，中国政法大学出版社 2000 年版，第 96、177 页以下。

〔29〕 参见杨大文主编:《亲属法》，法律出版社 1997 年版，第 96 ~ 97 页。

〔30〕 关于我国事实家庭的一些社会调查数据，可参见罗冠男:《从罗马法的姘居制度看欧洲"事实家庭"的规制——从与中国比较的角度》，载《政法论坛》2015 年第 5 期。

认定为事实婚姻，如同居时一方或双方不符合结婚条件，应认定为非法同居。(3)1994年2月1日《婚姻登记管理条例》颁行后，未办结婚登记即以夫妻名义同居的，按非法同居对待。

从采取和维护登记婚之必要性的角度来看，这些规定似乎是合理的，但就以下两个方面而言，其中不乏可以商榷之处。

首先，这些规定混淆了事实婚姻和非法同居这两个不同的概念。例如，按照第二个时期的司法解释，我们只能推出这样的结论：未办结婚登记即以夫妻名义同居并得到社会承认的事实夫妻关系，在符合相应的结婚条件时才可以被认定为事实婚姻而具有有效婚姻的效果，否则可能被认定为非法同居。然而，在笔者看来，如同合同的成立和其有效性是两个截然不同的问题一样，婚姻的成立和有效性也是有区别的。[31] 也就是说，婚姻因当事人有结婚的合意（此种合意或在有关机关面前积极表示，或依以夫妻名义共同生活的事实消极表示）而成立，而其成立后是否被法律承认而获得效力，则要看它是否符合结婚的实质条件和形式条件：事实婚姻正是因为欠缺形式要件而不被或有条件地被法律承认。有鉴于此，笔者认为未办结婚登记即以夫妻名义同居并得到社会承认的事实夫妻关系，其本身就是事实婚姻，而不能将它割裂成两种情形：在符合条件时认定为事实婚姻，在不符合条件时认定为非法同居。当然，对于事实婚姻和同居的有效界定及其理由，不妨借鉴前述外国立法例，即以当事人双方以夫妻身份相待并在社会上得到公认为其构成要素。

其次，这些法律对1994年2月1日之后成立的事实婚采取完全否定其效力的做法，也是值得商榷的。事实上，中国的事实婚姻问题多是由于社会习俗、道德同法律之间的不一致产生的。从我国的实际情况来看，有条件地赋予事实婚姻以法律效力，就能在以下几个方面稳定与此相关的家庭关系和社会关系：(1)由于被承认的事实婚姻具有婚姻

〔31〕 参见余延满：《试论近、现代法上婚姻的本质属性——关于婚姻概念的反思》，载《法学评论》2002年第3期。

身份的效力,使当事人双方互相负有同居、相互协助并遵守贞操的义务,从而稳定这种已在事实上存在的夫妻关系。(2)在财产关系上,如夫妻共同生活费用的负担、财产的归属以及财产的管理收益等,都可以按夫妻关系对待,尤其是家庭债务的连带责任,如果按有效婚姻处理,更有利于保障债权人的利益。(3)在以婚姻为中心的其他法律关系上,如遗产的继承,配偶就能获得相应的权利;对于相关的子女,虽然我国婚姻法规定非婚生子女视同婚生子女,但不承认事实婚姻,毕竟不能获得婚生子女的社会地位。

当然,应肯定的是,即使承认事实婚具有婚姻关系的效力,也是一种不得已的办法,这绝不能成为否认婚姻应采取登记主义的理由,否则将否定结婚登记的效用。

或许正是基于以上理由,我国 2001 年修正的《婚姻法》和最高人民法院的相关司法解释开始改弦易辙。其中,最高人民法院《关于适用〈中华人民共和国婚姻法〉若干问题的解释(一)》[以下简称《婚姻法解释(一)》]第 2 条明确把同居界定为“不以夫妻名义,持续、稳定地共同居住”,从而有效区分了同居和事实婚。而《婚姻法》第 8 条“未办理结婚登记的,应当补办登记”的规定,显然针对的是事实婚问题,对此,《婚姻法解释(一)》第 4 条也规定:“男女双方根据婚姻法第八条规定补办结婚登记的,婚姻关系的效力从双方均符合婚姻法所规定的结婚的实质要件时起算”,其第 5 条更进一步规定:“未按婚姻法第八条规定办理结婚登记而以夫妻名义共同生活的男女,起诉到人民法院要求离婚的,应当区别对待:一、1994 年 2 月 1 日民政部《婚姻登记管理条例》公布实施以前,男女双方已经符合结婚实质要件的,按事实婚姻处理;二、1994 年 2 月 1 日民政部《婚姻登记管理条例》公布实施以后,男女双方符合结婚实质要件的,人民法院应当告知其在案件受理前补办结婚登记;未补办结婚登记的,按解除同居关系处理”。

以上立法的转向意味着立法者对事实婚问题之认识的深化,但细细品味,这些规定仍嫌粗陋和武断,有待进一步完善。首先,虽然 2001 年修正的《婚姻法》第 8 条规定未办理结婚登记者应当补办登记,但并未规定其明确的法律后果。而《婚姻法解释(一)》第5条则规定,1994年2月1日民政部《婚姻登记管理条例》公布实施以后未按规定办理结婚登记而以夫妻名义共同生活的男女,在诉请离婚时,如果不补办登记,就会遭受“按解除同居关系处理”的不利后果。该规定从一个侧面体现了一种立法精神,即这些规定并未积极地强制事实夫妻必须补办登记,而只是使未补办者遭受某种不利益,这实际上会对不办理登记的事实夫妻产生一种消极强制的作用。但问题在于,如果只有一方愿意补办登记,尤其是在该方又处于劣势地位的情况下,那么,对于长期以夫妻名义共同生活且已育有子女的事实婚而言,“补办登记”的不可能无疑对事实上的家庭具有摧毁力。

其次,最高人民法院的司法解释仍以“1994年2月1日民政部《婚姻登记管理条例》公布实施”为判断事实婚的分水岭,显得过于刚性。综观各国立法例,对于是否构成事实婚,以及是否赋予其一定法律效力,其时间上的判断依据皆非刚性的时间点,而是一定期间的完成。甚至在有些国家,如《法国民法典》第311—1条第2款、《智利民法典》第312条,对于身份的占有只是要求其关系必须是持续的,而这种持续性一般没有时间上的标准,它主要根据其他的要素加以判断。[32]

再次,最高人民法院的司法解释仅仅针对事实夫妻诉请离婚以及一方死亡他方主张继承权两种情形,而在现实生活中,事实婚辐射的其他法律关系并非少数,如与事实上的家庭有财产关系的第三人的保护问题、生存配偶能否主张继承权之外的其他权利以及子女的法律地位问题等。对于这些问题的有效解决,直接关系到社会生活的稳定和有序发展。

最后,我们必须正视的是,事实婚不过是登记婚的产物,它并非可谴责的婚姻形态。正如前述,有限地承认事实婚的效力,对于作为事实状态已经存在的夫妻关系的稳定,以及由该事实关系所辐射的其他法

〔32〕 参见吴天月、徐涤宇:《论身份的占有——在事实和法律之间》,载《法商研究》2000年第6期。

律关系的处理，大有裨益。相反，漠视事实夫妻关系因其持续性而形成的社会效果，在一定程度上是反社会现实和反人伦性的。

四、结语：事实婚和非婚共同生活在未来民法典中的应然构建

基于以上认识，笔者认为，在即将展开的我国民法典之家庭法编的编纂工作中，我们不妨借鉴诸如《法国民法典》（第196条）、《智利民法典》（第310条、第312条）等的做法，在夫妻身份的占有经过一定期间（如5年甚至一个更长的期间）后，男女双方符合结婚实质要件的，有条件地赋予其法律上婚姻的效力或对婚姻存在的证明力，或者至少承认事实夫妻之间有婚姻登记之请求权，从而由法院来决定是否应予登记；对于不符合条件或法院裁决不应予以登记的事实夫妻关系，则应根据具体情形，有限地承认此种关系所辐射的某些法律关系的存在。[33]

至于那些并无婚意的非婚共同生活或曰事实家庭，在现行立法的框架内，仅在非婚同居者生育子女的情况下，才有可能受到最低限度的法律救济。也就是说，在现行法中，并无直接规范非婚共同生活之积极或消极法律效果的规定，我们只能经由《婚姻法》第25条关于非婚生子女之法律地位和扶养请求权的规定，间接窥得现行法仅仅保护非婚同居者所生育的子女。当然，未来民法典是否应将非婚共同生活作为婚姻之外的一种新的民事结合关系，以特别规定的方式在何种程度上直接赋予其积极的法律效果，并据此进行具体的制度构建，则是法政策上必须认真对待的一个问题。

（原文载于《法学评论》2016年第3期）

---

〔33〕 具体制度的构建，可参见吴天月、徐涤宇：《论身份的占有——在事实和法律之间》，载《法商研究》2000年第6期。

肆

余　论

法律文化视角下中国民法实证研究之展开

中国民法研究的进路究竟应该是怎样的,首先要放在法律文化的框架下思考。这是因为,任何一种民事纠纷的解决机制,都是在特定文化背景下生成的。事实上,在西法东渐前的传统社会里,中国有没有民法是一个伪问题,民事纠纷是如何被解决的才是真实存在的问题。我们现在所言的民法本来就是舶来品,这种在被称为"阿贡(竞技)型诉讼"结构下孕育出来的裁判规范体系,将"法"视为划定相互争执的两个主体间权利义务的严格准则,并试图将这些准则实定化,使其构成完备的体系,以应对市民生活的一切局面,给其中可能发生的任何纠纷以明确的裁定结果的设定。按照日本学者滋贺秀三的观点,这种实定性私法体系的观念,在传统中国根本不存在,或者说即便有些萌芽,在逻辑上也没有可能促使其生长的素材和机制,传统中国民事诉讼的特殊样式规定了该文化的法的样式:其民事诉讼、审判的基本性质是"作为行政之一环的司法"或"行政式的审判";处理民事纠纷的"听讼"只意味着作为民之父母的(社会秩序和福利的总守护人)皇帝通过官僚机构而实施的一种社会管理职能。这种民事审判实质上是一种调解,争讼者和审判者之间通过交涉谈判、讨价还价,最终经由哪怕是当事人勉勉强强的承认,而达到使案件在三方都可以接受或不得不接受的"情理”范围内的自然终结。[1] 显然，这种民事纠纷解决机制区别于当事人不同主张之间制度化的对决、斗争以及第三人对此判定胜负的西方诉讼结构。

19 世纪初发生的西法东渐，通过国家的立法表达、司法机构与行政机构职能的分离，以及作为裁判规范的私法体系在司法实务中的适用，自上而下地改变着中国传统文化中的法的样式。西方实定性私法体系观念的贯彻和渗透，一方面，是在立法上试图由国家制定一个能与社会生活的一切局面相对应的统一完备的裁判规范体系，这些裁判规则实际上是对司法者发出的适用命令，它要求从官僚机构中独立出来的审判机关，以一种无论过去还是将来，只要是同类案型就必须给以同样处理的方式来对待其面临的争讼（司法平等原则）；另一方面，就是建立一种尽管人员流动却长期保持制度延续性的强有力的审判机关，该机关不能是“作为行政之一环的司法”，而应根据权力分立和制衡的原则，仅服从于立法者关于法律适用的命令，并且其判决一旦确定，就必须作为不可更改的决定而被毫不妥协地执行。

20 世纪中叶，这一西法东渐的进程最终在我国大陆地区和台湾地区花开两朵。在我国台湾地区，中国传统的法的样式基本被以解决制度化对决为目标的实定性私法体系取代，并且，借由其自有的相关规定、判例和学说，我国台湾地区的私法及其研究结束了对其继受源的依赖，形成了自给自足的民法教义学。在我国大陆地区，社会主义改造运动一度中断了西法的东渐，私法属性的财产归属和流转制度为公法属性的公有制和计划合同取代。据黄宗智先生的研究，在家庭这些仅存的民事领域，也由于在毛泽东时代“‘敌我矛盾’消失后‘人民内部矛盾’乃非对抗性矛盾”这一表达，竞技型诉讼再次由调解机制取代，后者实际上已演化为国家通过司法系统实施的消除人民内部矛盾的“方法”。国家的这种积极介入各个私人领域的“全能主义”形象，即便在

[1] 详见［日］滋贺秀三：《清代诉讼制度之民事法源的概括性考察——情、理、法》，载［日］滋贺秀三、寺田浩明、岸本美绪、夫马进著，王亚新、梁治平编：《明清时期的民事审判与民间契约》，王亚新、范愉、陈少峰译，法律出版社 1998 年版，第 19 页以下。

改革开放后，也体现在民事司法政策中，只不过它此时承担的更多是一种维稳的社会管理功能。所以，在后毛泽东时代，一边是高歌猛进的大规模民事立法表达，一边是法官可以打着“以调解促和谐”的旗号堂而皇之地弃裁判规范于不用，从而消解着民法规则的规范效力。[2]

对中国法的样式做出历史的和现状的素描，本身就是一种实证研究的态度。因为中国民事法律制度的样式及其相互之间的关联，存在于历史文档以及当下的实在法和司法实务中，我们完全可以通过观察、分析等方法去检验其真实性，这符合法学实证研究的本质性要素：把法学从所有“形而上学的”特征中解放出来，使其论述在真实性和虚假性上具有可检验性。如果我们撇开形而上地论证中国传统法的样式应不应该由西方私法体系取代，而是实证地来观察和认识移植的过程及其效果，就会发现移植既然都是从立法的层面开始，那么当时的学说也就是站在立法论的立场，在认识和理解西方各种具体法律制度的基础上（不排除囫囵吞枣式的理解），相互竞争地提出具体立法方案。例如，在中国改革开放后大规模的民事立法活动中，宏观上有关于民法典体系继受模式之争以及与此相关的侵权责任独立成编之争，微观上有物权行为理论之争、英美代理制度引入是否水土不服的异议；如此等等，促成了立法论的表面繁荣。

问题在于，徒法不能实施。而且，不管是基于现代化的要求还是其他理由，中国传统的民事纠纷解决机制要由竞技型诉讼结构替代，除由立法者为胜负裁断初始化地构建私法规范之外，端赖一种保持制度连续性的强有力的司法机关，以预设的裁判规范来平等对待争讼。换言之，法院仅应遵守立法者通过实在法发布的命令，经由解释而认知其规范意义并予适用；法学研究的任务也只是秉持法律实证主义的立场，帮助法官认识和理解实在法，而尽量避免评价它们。此时，立法论上“应然”的问题，转化为解释论上的“实然”问题。准此，《侵权责任法》的出

[2] 详见[美]黄宗智：《过去和现在：中国民事法律实践的探索》，法律出版社2009年版，第202～205、254～255页。

台事实上已标志着其独立,应否“独立于债法”的立法论问题已趋冷落;[3]在法律行为理论上,尽管关于物权行为的通说尚未形成,但《合同法》第51条经由解释而蕴藏处分行为理论已成强音,该法第132条关于出卖人应有处分权的规定在体系解释上反而佐证了实在法已经承认处分行为,其第2条关于合同的定义也为物权合同留下解释的空间,而《物权法》第15条的规定,俨然就是对物权合同及其独立性效力的承认;[4]就《合同法》第402条和第403条的规定而言,争论也不应再是间接代理制度是否水土不服而应予取消或完善的问题,这些规定应该放在我国实在法的框架下,被分别解释为将受托人的行为后果直接归属于委托人的归属规范,以及基于委托人或第三人行使形成权而发生的特殊形态的债权让与、债务承担。[5]

对实证的解释论的强调,当可杜绝法官以法无规定为由拒绝裁判或自以为是造法的行为,在学说上也能避免研究者动辄走向立法论。例如,《侵权责任法》第20条关于“损失难以确定,侵权人因此获利的,按其所获利益赔偿”的规定,据信源于“王军霞诉昆明卷烟厂侵权”案。吉林省高级人民法院终审时按照昆明卷烟厂侵犯王的人格权而应承担侵权赔偿责任的进路说理,反而遭遇适用要件不尽满足尤其是“损失

[3] 详见张谷:《作为救济法的侵权法,也是自由保障法——对〈中华人民共和国侵权责任法(草案)〉的几点意见》,载《暨南学报》(哲学社会科学版)2009年第2期;魏振瀛:《制定侵权责任法的学理分析——侵权行为之债立法模式的借鉴与变革》,载《法学家》2009年第1期;魏振瀛:《侵权责任法在我国民法中的地位及其与民法其他部分的关系——兼与传统民法相关问题比较》,载《中国法学》2010年第2期;崔建远:《中国债法的现状与未来》,载《法律科学》(西北政法大学学报)2013年第1期。

[4] 例如,韩世远:《无权处分与合同效力》,载《人民法院报》1999年11月23日;丁文联:《无权处分与合同效力——合同法第51条的理解与适用》,载《南京大学法学评论》1999年第2期;张谷:《略论合同行为的效力——兼评〈合同法〉第三章》,载《中外法学》2000年第2期;孙宪忠:《中国物权法总论》,法律出版社2009年版,第270、454页;朱广新:《合同法总则》,中国人民大学出版社2012年版,第208~216页;朱庆育:《物权行为的规范结构与我国之所有权变动》,载《法学家》2013年第6期。

[5] 例如,方新军:《对我国合同法第402、403条的评说——关于两大法系代理理论差异的再思考》,载《北大法律评论》2001年第2期;徐涤宇:《间接代理制度对仲裁条款的适用》,载《法学研究》2009年第1期;尹田:《民事代理之显名主义及其发展》,载《清华法学》2010年第4期;尹田:《论代理制度的独立性——从一种法技术运用的角度》,载《北方法学》2010年第5期;尹飞:《代理:体系整合与概念梳理——以公开原则为中心》,载《法学家》2011年第2期;尹飞:《论隐名代理的构成与效力》,载《法律科学》2011年第3期。

无法查清”的障碍,于是不得不在法律和司法解释未对这种侵权赔偿规定所谓最高限额的情况下,通过调查卷烟厂的获利并考虑其承受能力而“另辟蹊径”地判决 80 万元的赔偿数额。其实,该案可径行适用《民法通则》第 92 条关于不当得利的规定,在学理上此情形被称为“权益侵害型不当得利”,其适用要件不若侵权责任那么严格,而仅由王军霞受有损失(本可收取肖像使用费)、卷烟厂直接受益且没有合法依据构成,王军霞所受损失则按获利人所得利益(按明星代言的市场行情本应支付的肖像使用费)确定。然而,该案法律适用不当在学说上却引起立法论上的追捧,从而催生了《侵权责任法》的上述规则。〔6〕这种现象也暴露了我国大陆地区民法实证研究的一根软肋,即欠缺像我国台湾地区那样成熟的、自给自足的法教义学的研究模式。法教义学阐述的是对现行法具有重要意义的证明和解决模式,它包括一切可以在法律中找到的规则和原则,也包括法学与法律实践为法律增加的理论规则、基本规则和原则,并因此在解释现行法时具备理性的说服力。所以,中国的民法研究也应在阐释实在法规范意义的同时,加强对判例的研究,在此基础上形成更多主流的或“多数的”观点,从而和立法、判例一道,为裁判积累并分析目前解决模式中的经验和效果。

需指出的是,中国传统的法的样式有其自身的纠纷解决机理,而我们在继受西方法的同时并不能割断历史的关联,所以中国民法的研究断不能忽视历史实证的方法。在我们的实在法中,一些规则植根于传统民事纠纷的解决样式,并为其现代运用埋下伏笔。对于这些规则,必须根据立法表达和法律实践的历史材料去认知。黄宗智依据大量史料而做出的研究表明,在毛泽东时代的民事法律制度中,国家为了促进社

---

〔6〕 详见梁慧星:《侵权责任法的立法成就与不足》,载《中国法律》2012 年第 4 期;梁慧星:《中国民法典中不能设置人格权编》,载《中州学刊》2016 年第 2 期。另有学者认为,《侵权责任法》第 20 条并非仅仅是将王军霞案件的判决要旨上升为法律条文,该案只是所依据的经验之一。德国法学说承认的“人格权具有财产价值”,美国法的“商品化权”“公开权”,日本法的“商业形象权”,与王军霞案等无数案件积累的司法经验、我国公开权的理论研究成果,均出自同一法理,从而共同构成《侵权责任法》第 20 条的法理基础。详见杨立新:《对民法典规定人格权法重大争论的理性思考》,载《中国法律评论》2016 年第 1 期。不过,这种观点至少也印证了该案对我国相关立法的影响。

会主义的人民内部的和谐关系，扮演着“全能主义”的家父角色，那些通常被认为是超出公共或政治领域之外的“私人领域”的事务，也可由国家全面控制，国家甚至应当介入夫妻的“感情”。于是，不归责于任何一方的“感情破裂”构成离婚的中国式标准，而调解和好则是法院追求的消除婚姻矛盾（人民内部矛盾）的最佳效果。[7] 这种传统特色的民事制度，不独残存于现行婚姻家庭法中，而且在相邻关系中也可觅踪迹。《民法通则》第 83 条规定，不动产相邻各方应按照有利生产、方便生活、团结互助、公平合理的精神正确处理相邻关系，实质上反映的是以调解为主要手段处理人民内部矛盾的司法政策。《物权法》虽对相邻关系设立了 7 条具体的裁判规则，但其第 84 条的规定和《民法通则》第 83 条如出一辙，它甚至可能通过法院的适用策略而凌驾于具体规则之上，从而消解后者的规范效力。

最后，我们来看看时下颇为时髦的社会实证研究方法。西法东渐是否产生实效，确实可以借助访谈、问卷调查等社会学方法去测知，甚至可以运用计量学、统计学等方法去评价其实效，但这些研究严格来说已逸出法学研究的范畴。尤应警醒的是，以此种研究得出的结论来讥讽作为裁判规范的民法难获实效，并鼓吹以情理为依据、以调解为主要手段的传统民事纠纷解决机制，即便其打着本土资源的民族主义旗帜，本质上仍是对法治的反动。如果法治的路向不变，学者对民事实在法的社会实证研究，要么应该是以立法论为目的的方案构建，要么应该是缕析法律实践中实在法的规范效力如何被策略地规避或抵消，进而揭示其反法治的危险性，甚至对其做出否定的评价，以真正落实法的规范效力。

（原文载于《法学研究》2012 年第 1 期）

---

〔7〕 详见[美]黄宗智：《过去和现在：中国民事法律实践的探索》，法律出版社 2009 年版，第 105～108、116～120 页。

图书在版编目(CIP)数据

民法实证研究之展开 / 徐涤宇著. -- 北京 : 法律出版社, 2020
ISBN 978-7-5197-4797-8

Ⅰ. ①民… Ⅱ. ①徐… Ⅲ. ①民法-研究-中国 Ⅳ. ①D923.04

中国版本图书馆 CIP 数据核字(2020)第 135129 号

民法实证研究之展开
MINFA SHIZHENG YANJIU ZHI ZHANKAI

徐涤宇 著

责任编辑 吴 昉
装帧设计 凌点工作室

出版 法律出版社
总发行 中国法律图书有限公司
经销 新华书店
印刷 永清县金鑫印刷有限公司
责任校对 王晓萍
责任印制 胡晓雅

编辑统筹 法律教育出版分社
开本 710 毫米×1000 毫米 1/16
印张 19.5
字数 270 千
版本 2020 年 10 月第 1 版
印次 2020 年 10 月第 1 次印刷

法律出版社/北京市丰台区莲花池西里 7 号(100073)
网址/www.lawpress.com.cn
投稿邮箱/info@lawpress.com.cn
举报维权邮箱/jbwq@lawpress.com.cn
销售热线/400-660-8393
咨询电话/010-63939796

中国法律图书有限公司/北京市丰台区莲花池西里 7 号(100073)
全国各地中法图分、子公司销售电话:
统一销售客服/400-660-8393/6393
第一法律书店/010-83938432/8433
西安分公司/029-85330678
重庆分公司/023-67453036
上海分公司/021-62071639/1636
深圳分公司/0755-83072995

书号:ISBN 978-7-5197-4797-8
定价:49.00 元